Herderbücherei

Band 511

Über das Buch

China ist für die westliche Welt wieder in das Zentrum des Interesses gerückt. Die Flut der Veröffentlichungen der letzten Zeit zeigt das. Doch erweist sich die chinesische Bildsprache, die nur schwer in westliche Begriffe und Formeln zu übertragen ist, als eine schwer zu überwindende Verständnisschranke.
Das „Wörterbuch der chinesischen Revolution" bietet erstmals, lexikographisch geordnet, knappe Erläuterungen der wesentlichen Begriffe und Formeln der chinesischen Revolution. Ein ausführliches Verweissystem bringt die Einzelbegriffe in einen umfassenden Zusammenhang, so daß der Benutzer von jedem einzelnen Stichwort aus in das System des chinesischen Kommunismus einsteigen kann.

Über den Autor

Peter Dittmar, geb. 1935 in Halle (Saale). Studium der Theaterwissenschaft, Philosophie, Publizistik und Kunstgeschichte. 1962 Promotion mit einem Thema über den deutschen Stummfilm. Nach dem Studium Redaktionsassistent beim Rias-Schulfunk, von 1963–1968 Hilfsreferent im Fernsehreferat des Bundespresseamtes. Seit 1969 ist Peter Dittmar Redakteur in der Featureabteilung des Deutschlandfunks und dort mitverantwortlich für die zeitgeschichtliche und zeitkritische Dienstagabendreihe. Generalthema seiner Arbeiten ist der Widerspruch zwischen Theorie und Praxis in den kommunistischen Staaten. Neben großen Rundfunkdokumentationen und Beiträge für verschiedene Zeitungen und Zeitschriften, arbeitete er an mehreren Dokumentarfilmen mit und veröffentlichte 1973 sein erstes Chinabuch „Gelbe Gefahr – Rote Gefahr?", 1974 „Im Prinzip schon", ein Buch über die Effizienz des Sozialismus.

Peter Dittmar

Wörterbuch der chinesischen Revolution

Herderbücherei

Originalausgabe
veröffentlicht als Herder-Taschenbuch

Herder Freiburg · Basel · Wien
Freiburger Graphische Betriebe 1975
ISBN 3-451-07511-3

Vorwort

China ist keine terra incognita mehr. Inzwischen liegt in Originalausgaben und Übersetzungen ein reiches Informationsangebot vor. Für den Leser entstehen jedoch häufig Verständnisschwierigkeiten, weil Ereignisse, Begriffe und Parolen nur mit Formeln und Schlagworten – die die Eigenart der chinesischen Sprache nahelegt – bezeichnet werden. Der Brauch, bestimmte historische Geschehnisse mit einer dem Europäer oft merkwürdig poetisch klingenden Wortverbindung zu charakterisieren, ist sehr alt. Das „Wörterbuch der chinesischen Revolution" beschränkt sich auf die Zeit seit dem Opiumkrieg, das „Jahrhundert der chinesischen Revolution" (W. Franke), weil um die Mitte des 19. Jahrhunderts entscheidende Wandlungen begannen, deren Kenntnis zum Verständnis des heutigen China nicht unwesentlich ist.
Die Auswahl der Stichwörter muß zwangsläufig unvollständig sein, denn ständig werden neue Schlagwörter und Parolen geprägt. In das Wörterbuch wurden die Stichwörter aufgenommen, die häufig in Äußerungen chinesischer Politiker und in offiziellen Veröffentlichungen zu finden sind. Das Schwergewicht liegt auf Ereignissen, Begriffen und Parolen des kommunistischen China.
Nicht einbezogen wurden:

- Schlagwörter und Kampagnen, die auch ohne Erläuterungen verständlich sind; z.B. „Amerika Widerstand, Korea Hilfe leisten", „Die rote Fahne schwenken, um die rote Fahne zu bekämpfen", „Den Worten nach links, den Taten nach rechts".
- Die zahlreichen Losungen und Namen von Gruppen und Kampfblättern der Kulturrevolution, die nur zeitweilig von Bedeutung waren.
- Personennamen, mit Ausnahme von Schimpfnamen; z. B. *Chruschtschew Chinas, Betrüger von der Art Liu Shao-ch'is,* oder von Namen, die zur Charakterisierung einer politischen Linie dienen; z.B. *Li-Li-san-Linie, Lei Feng.*
- Ortsnamen, soweit mit ihnen nicht ein bestimmtes Ereignis oder eine Kampagne verbunden ist; z. B. *Geist von Yenan, Wuhan-Zwischenfall*

Dieses Wörterbuch entstand aus der journalistischen Praxis, dem Zwang, in Rundfunksendungen und Zeitschriftenartikeln knapp zu umschreiben, was sich hinter den eigenartigen Wortfolgen verbirgt. Das mag manche Subjektivität der Auswahl und manches Ungleichgewicht im Umfang der Erläuterungen erklären. Die Materialsammlung wurde im April 1974 abgeschlossen.
Das Buch ist hoffentlich frei von der Betriebsblindheit der Sinologen und Chinaexperten, für die keiner Erklärung bedarf, was für den normalen Leser oft unverständlich bleibt. Ohne die umfangreiche Fach- und Populärliteratur zum Thema China wäre das Wörterbuch nicht zu erarbeiten gewesen.

Im Januar 1975 Peter Dittmar

Erläuterungen zum Gebrauch

Die Anordnung der Stichwörter erfolgt nach dem ersten wesentlichen Wort: *Auf beiden Beinen gehen* steht unter „A", *Langer Marsch* unter „L", *Das Land denen, die es bebauen* ebenfalls unter „L".

Ausnahmen ergeben sich, wenn der Hauptbegriff bekannter als die ganze Wortkombination ist: *Große Proletarische Kulturrevolution* steht unter *Kulturrevolution.*

Zahlen, auch wenn sie mit Ziffern geschrieben sind, werden nach ihrer Schreibweise eingeordnet.

Da die einzelnen Begriffe häufig unterschiedlich übersetzt werden, wurden alle wesentlichen Formen in das Stichwortregister aufgenommen: z. B. *Drei Volksprinzipien, Drei Volksgrundsätze →Drei Grundlehren vom Volk.*

Chinesische Wörter wurden nur dann berücksichtigt, wenn sie sich häufiger unübersetzt in der deutschsprachigen Literatur finden. Dabei wurden dann die verschiedenen Transkriptionsmöglichkeiten berücksichtigt: z. B. *cheng-feng, Tscheng-feng →Überwindungsbewegung.*

Die alphabetische Anordnung der Stichwörter ist auch bei Wortfolgen beibehalten worden, wobei die Zwischenräume unberücksichtigt bleiben; z. B. folgt aufeinander: *Drei Drittel, Dreierverbindung, Drei Erweiterungen, Dreifache* ... Umlaute werden wie der einfache Vokal behandelt, also „ä" unter „a", „ö" unter „o".

Um wichtige Zusammenhänge nicht auseinanderreißen oder in mehreren Stichwortartikeln wiederholen zu müssen, wurden Stichwörter eines Themenkomplexes in den umfangreicheren Hauptstichwörtern zusammengefaßt; so werden im Hauptstichwort *Rote Gebiete* behandelt: *Gebiete der selbständigen Macht, Befreite Gebiete, Chinkangshan, Grenzgebiete, Zentrales Rätegebiet, Chinesische Sowjetrepublik, Oyuwan-Sowjet, Kleines Hinterland, Großes Hinterland* u. a. m. Diese Stichwörter werden im Text durch KAPITÄLCHEN herausgehoben. Die Hauptstichwörter sind im Stichwortregister fett gedruckt.

Chinesische Namen, Zeitungstitel, Ortsbezeichnungen und Begriffe werden in der Regel nach Giles-Wade transkribiert. In Zitaten wurde die Schreibweise jedoch nicht verändert. Gewisse Inkonsequenzen lassen sich bei der Fülle der Transkriptionsformen trotzdem nicht immer vermeiden. Das gilt besonders bei Orts- und Personennamen, bei denen sich oft abweichende Schreibweisen eingebürgert haben. Der Name Mao Tsetung wird – wie in Pekinger Publikationen seit der Kulturrevolution üblich – ohne Bindestrich zwischen Generationsname und persönlichem Namen geschrieben. Eine Ausnahme bildet die alte Schreibweise in Buchtiteln und Zitaten.

In der Übersicht über die Aussprache chinesischer Wörter wurden die drei häufigsten Transkriptionsweisen berücksichtigt.

In das Literaturverzeichnis wurden nur deutschsprachige Werke aufgenommen. Es handelt sich hauptsächlich um Bücher, die in den letzten Jahren erschienen und deshalb noch erhältlich sind. Die Schlüsselzahlen unter den Stichwörtern verweisen auf diese Bibliographie. Eine Ausnahme wurde bei den Schriften Maos gemacht. Die Abkürzungen M I–IV bezeichnen die Pekinger Ausgabe der „Ausgewählten Werke", MWo die „Worte des Vorsitzenden Mao" und MAS die von Tilemann Grimm herausgegebenen „Ausgewählten Schriften".

Mit einem T wird die Fundstelle für den vollständigen Wortlaut eines Dokuments markiert. Die nachgestellte arabische Ziffer gibt die Seitenzahl an.

Zeitungs- und Zeitschriftentitel werden abgekürzt benutzt. Ein Verzeichnis der Abkürzungen schließt sich an die Bibliographie an. Im Text wurde weitgehend auf Abkürzungen – mit Ausnahme einiger weniger Begriffe, die sich in der politischen Literatur eingebürgert haben – verzichtet.

Die bibliographischen Angaben unter den Stichwortartikeln sind Quellenangabe und Literaturhinweis.

Anmerkungen zur Aussprache

Es gibt eine Fülle von Transkriptionsvorschlägen und -systemen für das Chinesische in lateinischer Schrift. In der angelsächsichen Literatur und in den meisten wissenschaftlichen Werken wird das System benutzt, das Sir Thomas Wade 1859 entwickelte und das von Herbert Allan Giles 1892 verbessert wurde (1). Die VR China verwendet in ihren Publikationen ein davon erheblich abweichendes System. Es basiert auf der Umschrift, die in chinesischen Schulen als Hilfsmittel zum Erlernen der Aussprache der Schriftzeichen dient (2). In den Ostberliner Publikationen wird ein System verwendet, das aus verschiedenen Quellen schöpft, um eine annähernd der chinesischen Aussprache entsprechende Schreibweise zu erreichen (3). Daneben finden sich Mischformen, die es – besonders bei Orts- und Personennamen – oft schwer machen festzustellen, was oder wer gemeint ist.

zum Beispiel:

Chou En-lai	auch: *Tschou, Tschu, Dschou, Zhou;*
Peking	auch: *Peiching, Beidjing, Beijing, Beiging;*
tzu	(Das an die Namen großer Gelehrter angefügte Wort für Meister, Weiser) auch: *tze, tsze, dsi, dse, zi*

Die Pekinger „Volkszeitung" wird entweder *jen-min jih-pao* oder *Renmin Ribao* transkribiert.

Der Fülle der chinesischen Schriftzeichen (→Sprach- und Schriftreform) wird keines der Transkriptionssysteme gerecht, weil in lateinischer Schrift häufig als gleich erscheint, was im geschriebenen Chinesisch durch unterschiedliche Schriftzeichen leicht zu unterscheiden ist. Beim Sprechen können gleichlautende Silben durch verschiedene Tongebung unterschieden werden.
In der Hochsprache sind das vier Töne:
1. gleichmäßig hoher Ton
2. Heben der Stimme
3. Schnelles Senken und Heben der Stimme
4. Abfallender Ton

(1)	(2)	(3)	ausgesprochen wie in:
a	a	a	da
ai	ai	ai	Hai
an	an	an	man
ang	ang	ang	Fang
ao	ao	au	lau
c	c	ts	hart wie t + s
c	j	dj	weich wie d + j (vor i + ü)
ch	zh	dsch	Dschungel
ch'	ch	tsch	Tscheche
ch'	q	tj	engl. cheese (vor i + ü)
e	e	ä	Leck
e, ê	e	ö	Spötter (nach (l) h, k, k' oft auch o geschrieben)
ei	ei	ee	langes e mit kurzem i-Nachklang
en	en	ön	machen
eng	eng	öng	eng
f	f	f	Fall
h	h	h	ach
hs	x	ss	ich
i	i, yi	i	nie (als Anfangs- oder Einzelbuchstabe meist ji)
ia	ia, ya	ja	Jahr
ian	ian	iän	Jänner
iang	iang, yang	jang	engl. young
iao, yao	iao	iao, jau	jaulen
ieh	ie	iä, jä	je
in	in	in	Sinn
ing	ing	ying	Ding
iu	iu	iu, ju	Juli
iung	iong	jung	jung
j	r	r	zwischen engl. r + franz. j
k	g	g	gut
k'	k	k	kalt
l	l	l	lang
m	m	m	Mut

(1)	(2)	(3)	ausgesprochen wie in:
n	n	n	nun
ng	ng	ng	Ring
o	o	o	offen (als Anfangsbuchstabe meist wo) (nach (1) h, k, k' wie ö in Spötter)
ou	ou	ou	engl. Joe
p	b	b	Bann
p'	p	p	Pan
s	s	ss, sz	Faß
sh	sh	sch	Schal
t	d	d	das
t'	t	t	Tee
ts, tz	z	ds	d + stimmhaftes s
ts', tz'	ts	ts	Fratze
u	u	u	du (als Anfangsbuchstabe meist wie wu) (nach ss, sz, tz, tz' wie ö in Götter)
ua	ua	wa	Guam
uai	uai	wai	engl. why
uan	uan	wan	engl. w + an
uang	uang	wang	engl. w + ang
ui	ui	uee	Etui
un	un	un	uneben
ung	ong	ung	Achtung
uo	uo	o, uo	engl. wall
ü, u	ü, yu	ü	Hüte (nach (2) j, q, x, wie u)
üan, uan	üan, yuan	üan	einsilbig ü + an (nach (2) j, q, x wie u)
üeh	üe, yue	üä	einsilbig ü + eh (nach (2) j, q, x wie u)
ün, un	ün, yun	ün	Düne (nach (2) j, q, x, wie u)
w	w	w	engl. w
y	y	y	Junge (als Vokal wie ü)

Auf die Bezeichnung des Tones wird allerdings – mit Ausnahme von Wörterbüchern – bei der Transkription gewöhnlich verzichtet. So sieht in der Transkription das Wort kung, das sowohl in „Kommune" *(kung-she)* als auch in „kommunistisch" *(kung-ch'an)* vorkommt, gleich aus, obwohl es verschiedene Wörter bezeichnet.

Das erste (mit 1. Ton) heißt „allgemein, öffentlich, staatlich, gerecht“: das zweite (mit 4. Ton) aber „gemeinsam, zusammen“. Oft ist jedoch auch für den Chinesen eine Unterscheidung nur aus dem Zusammenhang oder aus der Schreibweise möglich. Das Ideogramm *mao* im Namen Mao Tsetung, das u. a. Haar, wollen, rauh, aber auch klein und unbedeutend bezeichnet, wird genauso ausgesprochen (2. Ton) wie *mao*, das Ideogramm für Lanze, das gemeinsam mit dem Schriftzeichen für Schild *(tun)* den Begriff Widerspruch, Antagonismus *(mao-tun)* bildet.

(3n; 3q; 4e; 4p; 5i; 7a)

Verwaltungsgliederung der Volksrepublik China

Aus: Bodo Wiethoff, China. Fackelträger Verlag, Hannover.

A

AB-Bund

auch: *A-B-Liga; Bund der Antibolschewiken*

AB = antibolschewistisch. Organisation im Zentralen Rätegebiet (→*Rote Gebiete*). Von den Kommunisten als Untergrundorganisation der KMT zur Unterwanderung der Räteregierung und der Roten Armee bezeichnet. Die Politik des A.es bereitete den Kommunisten erhebliche Schwierigkeiten. Der A. soll den →*Fut'ien-Zwischenfall* ausgelöst haben. 4400 Mitglieder des A. im Rang von Offizieren der Roten Armee sollen im November/Dezember 1930 verhaftet worden sein. In „Strategische Probleme des revolutionären Krieges" spricht Mao von „zwei so schwierigen Problemen wie der Linie Li Li-sans und dem AB-Bund" (M I, 257) (→*Li-Li-san-Linie*).

(2k; 5g)

Abendgespräche am Yenshan

auch: *Abendplaudereien am Schwalbenberg*

Yenshan = Schwalbenberge, in der Sung-Zeit Name des Gebietes, auf dem heute Peking liegt.

A. ist der Sammeltitel von 153 Essays, die von März 1961 bis September 1962 hauptsächlich in der *pei-chin wan-pao* (Pekinger Abendzeitung) erschienen. Unter dem Pseudonym Ma Nan-ts'un verbarg sich Teng T'o, langjähriger Chefredakteur der *jen-min jih-pao,* dann Chefredakteur der Zweimonatsschrift *ch'ien-hsien* (Frontlinie) und gleichzeitig einer der Sekretäre des Pekinger Stadtkomitees.

Gemeinsam mit Wu Han, dem stellvertretenden Bürgermeister von Peking, und Liao Mo-sha, dem Leiter der Volksfrontabteilung des Pekinger Stadtkomitees, verfaßte Teng T'o auch die NOTIZEN AUS DEM DREIFAMILIENDORF (auch: NOTIZEN ZUM DORF DER DREI FAMILIEN), die vom Oktober 1961 bis Juli 1964 in *ch'ien-hsien* erschienen. Das Pseudonym dieser Artikelserie Wu Nan-hsing setzt sich aus Teilen des Namens oder der Pseudonyme von *Wu* Han, Ma *Nan*-ts'un (d.i. Teng T'o) und Fan *Hsing* (d.i. Liao Mo-sha) zusammen.

Nach dem alten chinesischen Prinzip „mit dem Altertum auf die Gegenwart anspielen" wird Kritik an den →*Drei Roten Bannern* geübt. Die Essays sind zwar in der Umgangssprache geschrieben, benutzen jedoch zahlreiche Zitate aus der alten Literatur im klas-

sischen Chinesisch und Gleichnisse aus der Geschichte, so daß sie weitgehend nur für Gebildete verständlich sind.
Am Anfang der Kulturrevolution steht der Angriff gegen Wu Han und sein Theaterstück →*Hai Jui wird entlassen* am 10. November 1965. Der Versuch von Wu, Teng und Liao, sich durch eine Selbstkritik am 16. April 1966 aus der Affäre zu ziehen, mißlang.
Der erste namentliche Angriff auf Teng T'o, die A. und die „Notizen aus dem Dreifamiliendorf" erfolgte durch Yao Wen-yüan am 8. Mai 1966 in der *kuang-ming jih-pao*. Mit dem Sturz des Bürgermeisters von Peking, P'eng Chen, verloren sie ebenfalls ihre Stellungen.
(6e; 7d)

Acht Anklagen gegen den Parteischematismus
Wesentlicher Inhalt der Rede Maos „Wider den Parteischematismus", gehalten am 8. Februar 1942 auf einer Funktionärskonferenz in Yenan (M III, 55ff):
1. Endlose Phrasendrescherei und gegenstandsloses Geschwätz.
2. Wichtigtuerei zum Zwecke der Einschüchterung anderer.
3. Die Pfeile ziellos verschießen, und nicht in Betracht ziehen, an wen man sich wendet.
4. Trockene und farblose Sprache.
5. Das schematische Anordnen des Materials wie in einer chinesischen Apotheke.
6. Verantwortungslos sein und überall Schaden anrichten.
7. Das Gift breitet sich in der ganzen Partei aus und gefährdet die Revolution.
8. Die Verbreitung des Giftes kann katastrophale Folgen für das Land und das Volk haben.

Die A. wurden nach Maos Aussage in ironischer Anlehnung an den →*achtgliedrigen Aufsatz*, nach Vermutung Ch'ens (1g, 218) in Anlehnung an die 1919 von Hu Shih konzipierten Acht Verbote formuliert. (→Sprach- und Schriftreform)
Deshalb Hinzufügen der Thesen 7 und 8, die im Gegensatz zu den Thesen 1–6 von Mao nicht erläutert werden.

Achtgliedriger Aufsatz
auch: *achtstufige Prosa*
Eine der Aufgaben bei den Beamtenprüfungen im kaiserlichen China, die im 15. Jahrhundert eingeführt wurde und zu einer weiteren Formalisierung der Prüfung führte. Eine schriftliche Darle-

gung, die sich an ein strenges achtgliedriges Schema zu halten hatte.
Der A. wurde gegen Ende des 19. Jahrhunderts von vielen Gebildeten als unzeitgemäßer und darum lächerlicher Formalismus betrachtet. Mao benutzt den Ausdruck A. gewöhnlich als Synonym für Dogmatismus. In einem der ersten Dekrete während der →*Hundert Tage der Reform* von 1898 wurden die Prüfungsinhalte grundlegend geändert und der A. abgeschafft. Diese Bestimmung wurde jedoch mit dem Scheitern der Reformbewegung noch im selben Jahr annulliert. Erst 1905 wurde das System der Beamtenprüfungen, die als einzige Grundlage für den Staatsdienst eine genaue Kenntnis der konfuzianischen Lehre voraussetzten, beseitigt.
(4g; 4q)

Acht Prinzipien für die Hilfe Chinas an andere Länder
auch: *Acht Prinzipien der Entwicklungshilfe*
Von Chou En-lai während seiner Afrikareise 1963/64 bekanntgegeben, erneut während der dritten UNO-Konferenz für Handel und Entwicklung im April/Mai 1972 hervorgehoben:
1. Gleichberechtigung und gegenseitiger Nutzen.
2. Keine Bedingungen für den Empfänger und keine Privilegien für China.
3. Zinslose Anleihen oder niedrige Zinsen.
4. Nicht Abhängigkeit von China, sondern unabhängige Entwicklung der Wirtschaft.
5. Projekte, die bei geringen Investitionen schnelle Resultate zeigen, werden bevorzugt.
6. „Die chinesische Regierung liefert Ausrüstungen und Materialien eigener Erzeugung in bester Qualität zu Weltmarktpreisen …“ Umtausch garantiert, wenn diese Materialien nicht den Abmachungen entsprechen.
7. Technische Ausbildung des einheimischen Personals.
8. Chinesische Spezialisten werden nur denselben Lebensstandard beanspruchen wie die Spezialisten des Empfängerlandes.

(T: PR 17/72, Ca Mai 1972)

Acht-Punkte-Programm für die Landwirtschaft
Weisung Maos für die Verbesserung der landwirtschaftlichen Produktion durch Überwindung althergebrachter Methoden; zuerst 1956, erneut 1970 propagiert:

1. Bewässerung und Wasserregulierung.
2. Rationelle Nutzung von Düngemitteln.
3. Bodenverbesserung.
4. Verbesserung des Saatgutes.
5. Dichteres Pflanzen.
6. Schutz der Ernte vor Krankheit und Schädlingen.
7. Verbesserung des landwirtschaftlichen Geräts.
8. Angemessene Nutzung der Felder.

In dem ZWÖLF-PUNKTE-PROGRAMM FÜR DIE MODERNISIERUNG DER LANDWIRTSCHAFT wird zusätzlich die Erweiterung der Anbauflächen mit zwei Ernten im Jahr und der Anbauflächen mit hohen Erträgen gefordert, die Vermehrung der Zugtiere und die Urbarmachung von Brachland. (8c, 68) In den VIERZEHN PUNKTEN, die in Punkt 3 der →*Sechzig Punkte über Arbeitsmethoden* angeführt werden, kommen noch die Aufforstung, die Förderung der Nebenproduktion sowie die medizinische Versorgung und Gesundheitsfürsorge hinzu. Diese Vierzehn Punkte sind Teil des VIERZIG-PUNKTE-PROGRAMMS ZUR ENTWICKLUNG DER LANDWIRTSCHAFT, mit denen in fünf bis acht Jahren die Politik der →*Drei Roten Banner* auf dem Lande verwirklicht werden sollten (1g, 83). Nach dem 9. Plenum des 8. ZK im Januar 1961 wurde in den SECHZIG PUNKTEN die Lage auf dem Lande analysiert (→*Drei bittere Jahre*) und eine Rücknahme extremer Maßnahmen, wie die Verminderung der Bedeutung der Volkskommunen, angeordnet. (6e, 34)

Acht Punkte zur Beachtung

auch: *acht zu berücksichtigende Punkte*

Von Mao im Sommer 1928 als Ergänzung der →*Drei Hauptregeln der Disziplin* für die Soldaten der Roten Armee festgelegt: (Nicht verwechseln mit dem →*Drei-Acht-Arbeitsstil.*)

„1. Hänge die Türen wieder ein, die Du ausgehängt hast, um Dein Lager darauf zu bereiten.
2. Ersetze das Stroh, das Du für Deine Lagerstatt genommen hast.
3. Sprich höflich.
4. Bezahle für alles, was Du gekauft hast, den angemessenen Preis.
5. Gib alles, was Du entliehen hast, zurück.
6. Bezahle für alles, was Du beschädigt hast."

1929 fügte Mao zwei weitere Punkte hinzu:

„7. Bade nicht, solange Frauen in der Nähe sind.

8. Gib Verwundeten der Weißen Armee Medizin, behandle Gefangene der Weißen Armee nicht schlecht."

Andere Formulierungen der Regel 8:
„Plündere Gefangene nicht aus" oder „Durchsuche nicht die Taschen der Gefangenen."
Die Regeln wurden wiederholt abgewandelt. Heute sind sie in der Formulierung vom Oktober 1947 verbreitet (auch als Lied; s. 5i, 217 und 101, 152).

„1. Sprich höflich.
2. Sei ehrlich, wenn Du was kaufst und verkaufst.
3. Gib zurück, was Du entliehen hast.
4. Bezahle für das, was Du beschädigt hast.
5. Schlage und beschimpfe niemanden.
6. Beschädige nicht die Ackerbaukulturen.
7. Belästige keine Frauen.
8. Mißhandle nicht Gefangene."

Durch die „Drei Hauptregeln der Disziplin" und die A. sollte sich die Rote Armee von den anderen Armeen – die wie alle Soldaten in China wegen ihrer Übergriffe schlecht angesehen waren – unterscheiden. Wichtige Voraussetzung für den →*Guerillakrieg.*
(M IV, 159)

Achtundzwanzig Bolschewiken
auch: *die (aus Rußland) zurückgekehrten Studenten; Clique der zurückgekehrten Studenten*
Gruppe von 28 Chinesen, die unter Führung von Wang Ming (d. i. Ch'en Shao-yü) an der Moskauer „Sun-Yat-sen-Universität" ausgebildet worden waren. In dem Machtkampf zwischen Stalin, Trotzki, Sinowjew und Bucharin vertraten nur die A. unter den Hunderten chinesischer Studenten Stalins Linie. Gemeinsam mit dem Kominternbeauftragten Pavel Mif kehrten die A. im Mai 1930 nach China zurück. Ihr Vorstoß in die Führungsspitze gelang erst nach dem Scheitern der →*Li-Li-san-Linie.* Auf dem 4. Plenum des VI. ZK der KPCh im Januar 1931 übernahm Wang Ming praktisch die Führung der Partei, obwohl er erst im Juni 1931 – nach der Ermordung des Generalsekretärs Hsiang Chung-fa durch die KMT – offiziell Generalsekretär wurde. Wang Ming kehrte mit Mif nach dem →*Mukden-Zwischenfall* 1931 nach Moskau zurück, seine Funktion übernahm Po Ku (d. i. Ch'in Pang-hsien). Er widersprach einem Bündnis der Kommunisten mit der meuternden 19. Route-Armee nach dem →*Fukien-Zwischenfall.* Den Macht-

kampf mit Mao konnte Po im Kiangsi-Sowjet (→*Rote Gebiete*) zuerst für sich entscheiden. Po vertrat, gestützt auf den deutschen Kominternberater Li Teh (d. i. Otto Braun), den Kurs der Komintern. Nach dem Beginn des →*Langen Marsches* 1934 verloren die A. ihren Einfluß. Mao rechnete im September 1971 die Linie der A. (WANG-MING-LINIE) als linkssektiererische Abweichung zu den →*Zehn feindlichen Linien* in der Entwicklung der KPCh. Chou En-lai sprach auf dem X. Parteitag der KPCh 1973 von Wang Mings „Linksopportunismus" des „nur Kampf, kein Bündnis", der Rechtsabweichungen einschließe.

(2k; 5c; 5i; Ca Oktober 72)

Amerasia-Fall

auch: *Amerasia-Affäre*

„Amerasia" war eine amerikanische Monatsschrift geringer Auflage, herausgegeben von Philipp Jacob Jaffe. Ihre Sympathien lagen bei den chinesischen Kommunisten. Im März 1945 wurden bei einer Hausdurchsuchung in der Redaktion der „Amerasia" mehrere hundert geheime Regierungsdokumente, teils im Original, teils als Kopien, gefunden. Ein Großteil stammte von dem Diplomaten John Stewart Service, der für eine Abwendung der amerikanischen China-Politik von der Nationalregierung zugunsten der Kommunisten eintrat. Ob die in der Amerasia-Redaktion gefundenen Papiere auch geheimdienstlichen Zwecken gedient hatten, wurde nicht geklärt, da durch Einfluß der amerikanischen Regierung ein großer Prozeß umgangen wurde. Auch die späteren Untersuchungen durch Kongreß und Senat erbrachten keine entsprechenden Tatsachen.
Den A. und die Verhaftung von Service benutzte Mao als Vorwand für die Änderung der kommunistischen Politik gegenüber den USA. In Amerika ist verschiedentlich behauptet worden, der A. sei die Ursache für den „Verlust Chinas" und den Sieg der KPCh (so auch: 13a).

Antijapanische Universität (k'ang ta)

auch: *Nordwestliche antijapanische Universität der Roten Armee; Antijapanische Widerstandsuniversität; Antijapanische Militärisch-Politische Akademie*

Im Februar 1936 in Yenan gegründet, zur Ausbildung von Kadern für den antijapanischen, nationalen Revolutionskrieg. Voraussetzung der Immatrikulation: Abschluß der Oberstufe einer Grundschule oder höhere Ausbildung.

Vier Sektionen: 1. Offiziere (1000 Studenten)
2. politische Führer (1200 Studenten)
3. Guerillaführer (300 Studenten)
Ausbildungszeit der Sektionen 1–3: jeweils 6 Monate
4. Spezialisten wie Kavallerie-, Artillerie-, Ingenieur-Offiziere (200 Studenten)
Ausbildungszeit: 1 Jahr

Während der →*Kulturrevolution* wurde Liu Shao-ch'i beschuldigt, Universitäten vom Typ der A. oder der Nachfolgeform ab 1946, der REVOLUTIONÄREN VOLKSUNIVERSITÄT, abgelehnt zu haben, weil diese Kurzausbildung nicht ausreiche und das Niveau niedrig sei. Demgegenüber wurden bei der Wiedereröffnung der Hochschulen nach der Kulturrevolution die Kriterien der A. als Vorbild hervorgehoben.

(2k; 6e; Radio Kanton 2. 12. 70)

Arbeiterpropagandatrupp der Ideen Mao Tsetungs

Ein A., zusammengesetzt aus Industriearbeitern und – unbewaffneten – Soldaten, trat zum erstenmal am 27. Juni 1968 in der Pekinger Ch'ing-hua-Universität auf, um die extremen ideologischen Auseinandersetzungen unter den Studenten zu beenden. Die A. basieren auf einer Weisung Maos vom 7. März 1967 (T: 1g, 85), wonach die Armee bei der Wiedereröffnung der Grund-, Mittel- und Hochschulen in den leitenden Organen nach dem Prinzip der →*Dreierverbindung* vertreten sein und die politische und militärische Ausbildung übernehmen soll.

Am 27. August 1968 durch eine neue Weisung Maos ergänzt (T: 1g, 172), sollte nun die „proletarische Revolution im Erziehungswesen ... unter Führung und Beteiligung der Arbeiterklasse durchgeführt werden". Aufgabe der A., die „lange Zeit in den Schulen verbleiben", die Durchsetzung von →*Kampf – Kritik – Umgestaltung*, Ersetzen der reaktionären →*bürgerlichen Autoritäten*. Am 5. August 1968 ließ Mao den A. einen Korb mit MANGO-FRÜCHTEN überreichen, die er „von ausländischen Freunden" (wahrscheinlich einer pakistanischen Delegation) erhalten hatte. Diese Geste wurde als symbolischer Akt für den Übergang der Macht von den →*Roten Garden* auf die A. gedeutet, die sich seitdem überall im Land am Erziehungswesen beteiligten.

(2a; 7k; 10d)

Arbeitsgruppen (kung-tso-tui)
auch: *Arbeitsteams*
In der KPCh war es seit den dreißiger Jahren üblich, durch A. in schwierigen Situationen den Boden für politische und gesellschaftliche Veränderungen vorbereiten zu lassen. Eine besondere Rolle spielten die A. bei der →*Landreform* in den →*Roten Gebieten* und später bei der Kollektivierung. Seit der →*Sozialistischen Erziehungsbewegung* 1963 dienen die A. jedoch weitgehend der Festigung der Parteiherrschaft. A. wurden durch Parteibeschluß im Mai 1966 (während der Abwesenheit Maos von Peking) zur Kanalisierung der Anfänge der →*Kulturrevolution* entsandt. Die A. überprüften die Personalakten, um „Pseudo-Linke" auszuschalten und organisierten „Kampfversammlungen" zur öffentlichen Kritik der extremen Linken in den Hochschulen. Von den →*Roten Garden* wurden die A. als konterrevolutionär und als Werkzeug der →*Machthaber in der Partei, die den kapitalistischen Weg gehen,* kritisiert. Mao stellte sich in diesem Machtkampf auf die Seite der Roten Garden gegen die A., die nach dem 11. Plenum des 8. ZK im August 1966 durch die →*Sechzehn Punkte* aufgelöst wurden.
(6e)

Arbeitsstil
Die drei für den A. der Parteimitglieder wesentlichen Eigenschaften sind: 1. die Verbindung von Theorie und Praxis, 2. die Verbundenheit mit den Volksmassen, 3. Kritik und Selbstkritik. Im vom IX. Parteitag verabschiedeten Statut wird dieser A. im Art. 12 (Die Grundorganisationen der Partei) genannt, im vom X. Ptg. verabschiedeten Statut dagegen bereits im den einzelnen Kapiteln vorangestellten Allgemeinen Programm.
(6i)

arm und unbeschrieben
auch: *arm und weiß; arm und blank*
In der Rede über die →*Zehn großen Beziehungen* vom April 1956 vor dem Politbüro sprach Mao zum erstenmal davon, daß das chinesische Volk arm und unbeschrieben wie ein weißes Blatt sei. Diese These wurde in der ersten Nummer der *„hung-ch'i"* (Juni 1958) erneut aufgenommen (T: 1 h, 311). Im Gegensatz zu 1956 sprach Mao nicht mehr von den – vor allem ökonomischen – Nachteilen dieser Tatsache, sondern lediglich von den Vorteilen: der Armut, die zur Revolution drängt, und dem unbeschriebenen Blatt, auf das die „neuesten und schönsten Schriftzeichen" ge-

schrieben werden und die „neuesten und schönsten Bilder" gemalt werden könnten. Diese These ist nur bedingt marxistisch. Der Zustand der Armut, den Mao meint, kann zwar mit der Armut des Proletariats als Folge der Ausbeutung verglichen werden. Die Passivität und das Nichtentwickeltsein des „unbeschrieben" als revolutionäre Tugend widerspricht jedoch der These von Marx, daß die Revolution in den hochentwickelten Ländern von den bewußten aktiven Kräften des Proletariats ausgelöst wird. Bauer (4b) hat darauf hingewiesen, daß das „unbeschrieben" Züge des taoistischen und buddhistischen Ideals trage, wonach sich der Mensch seiner Vergangenheit entledigen muß, um zu einem „neuen Menschen" im Sinne dieser Lehren zu werden.

Auf beiden Beinen gehen

auch: *auf zwei Beinen gehen*

Weisung Maos vom Frühjahr 1958, die die wirtschaftlichen Ziele der →*Drei roten Banner* zusammenfaßt: gleichmäßige Entwicklung von Industrie *(Großer Sprung nach vorn)* und Landwirtschaft *(Volkskommunen)* mit Hilfe von Groß- und Kleinbetrieben (z.B. Kleinsthochöfen, industrielle Produktion in den Volkskommunen) durch Anwendung moderner (meist ausländischer) und traditioneller Produktionsmethoden.

Bewußte Absage an die Bevorzugung der Schwerindustrie gemäß dem sowjetischen Entwicklungsmodell.

(6i)

Aufstand von Nanch'ang

auch: *Erhebung von Nanch'ang, Nanch'ang-Aufstand*

Gescheiterter Versuch der Kommunisten, am 1. August 1927 in der Stadt Nanch'ang eine militärische Erhebung durchzuführen, um die dort stationierten Regierungstruppen zum Übertritt in das kommunistische Lager zu veranlassen. Der A. war Teil der kommunistischen Erhebungen, zu denen auch die →*Herbsternteaufstände* gehörten. Auf der →*Notstandskonferenz vom 7. August* wurde er als „Militärische Abenteurerei" bezeichnet. Der Tag des A. wird in der VR China als Tag der Roten Armee gefeiert.

(2k)

Auslandschinesen

auch: *Überseechinesen*

Die außerhalb Chinas (im Sprachgebrauch der VR China oft auch die auf Taiwan, in Hongkong und Macao) lebenden Chinesen. Eine

genaue Definition, ob das nur die chinesischen Staatsbürger oder auch im Ausland geborene oder naturalisierte Chinesen sind, ist nicht möglich.
Eine chinesische Auswanderung gibt es seit dem 15. Jahrhundert, obwohl das Verlassen des Landes ohne Genehmigung des Kaiserhofes strafbar war. Nach der Öffnung Chinas durch die →*Ungleichen Verträge* wurden chinesische Arbeiter von den Kolonialmächten in ganz Südostasien eingesetzt, gleichzeitig begann die Auswanderung nach Nordamerika. Die A. bildeten gewöhnlich eine Minderheit, die ihre kulturellen Eigenheiten bewahrte und keine Integration im Gastland anstrebte. Sehr bald übernahmen sie eine Mittlerposition vor allem im Handel zwischen Kolonialmächten und Einheimischen, die den A. wirtschaftlichen Gewinn und Macht brachte. Das verstärkte die Abneigungen gegen diese Minderheit, die häufig zu dem Vorwurf führt, die A. seien „unproduktiv" und beuteten die Gastländer aus. Die A. in Südostasien werden oft als das DRITTE CHINA bezeichnet.
Da die A. meist eigene Schulen unterhalten, die chinesische Sprache bevorzugen und die Sprache des Gastlandes nur ungenügend beherrschen (in Malaysia bestanden 1973 von 29000 indischen und chinesischen Schülern wegen unzureichender Kenntnisse des Malayischen 14000 nicht das Abitur) und außerdem wenig Beziehungen zur Politik des Gastlandes haben, entsteht leicht der Verdacht, daß die A. als „fünfte Kolonne" wirken. In Krisenzeiten sind Ausschreitungen gegen die A. deshalb häufig (z.B. 1965 nach dem kommunistischen Putsch in Indonesien, 1969 in Malaysia). In der Vergangenheit haben die A. wiederholt revolutionäre Bewegungen in China unterstützt, so wie chinesische Revolutionäre häufig vom Ausland wirkten. Sun Yat-sen erhielt erhebliche Mittel von A., und während des chinesisch-japanischen Krieges sollen 97,2% des Außenhandelsdefizits der Republik durch Spenden der A. gedeckt worden sein.
Den A. wurde seit der Revolution von 1911 deshalb immer eine besondere Vertretung in den politischen Gremien zugebilligt. Das gilt noch für die Nationalversammlung auf Taiwan und den Nationalen Volkskongreß in Peking, in dem den A. 30 von 3000 Sitzen zustehen. (Eine entsprechende Regelung ist auch in dem Verfassungsentwurf von 1970 vorgesehen.) (T: 9i)
Als selbständiges Ressort des Staatsrates der VR wurde 1954 das Komitee für Angelegenheiten chinesischer Bürger, die im Ausland leben, geschaffen. Außerdem entstand in Peking eine Universität für A.

Land	zahl der Chinesen	Gesamt bevölkerung	Prozentsatz der Chinesen
Brunei	20000 25000	95000 137000	26 26,3
Burma	320000 400000	25300000 28700000	1 1,6
Kambodscha	270000 435000	6250000 7100000	2–3 10
Indonesien	2750000 4000000	106000000 125000000	2,6 3
Malaysia (mit Sabah und Sarawak)	2600000 3315000	7200000 11745000	30 38
Singapur	1300000 1800000	1600000 2200000	75
Philippinen	200000 450000	32100000 40800000	1 1,4
Thailand	2500000 5000000	28000000 37900000	8,5 13
Nord-Vietnam	60000 300000	18400000 23200000	1 1
Süd-Vietnam	500000 860000	16300000 19300000	5,3 5,3
Gesamt	11810000 17000000		

Die obere Zahl gibt jeweils die niedrigste, die untere Zahl die höchste Schätzung an. Die Prozentzahlen wurden nicht errechnet, sondern entstammen Schätzungen, die oft unabhängig von den absoluten Zahlen entstanden.

(3c; 3m; 3p; dpa Hintergrund 21. 5. 1966, NZZ 27. 10. 72)

Den Rückkehrern wurden besondere Rechte (wie Schutz des Privatvermögens) zugebilligt, sie bilden auch in der VR eine Sondergruppe. So gab es während der Kulturrevolution eine Rotgardistengruppe, die sich „Vereinigtes Komitee Revolutionärer Rückkehrer in Shanghai“ nannte.
Verschiedentlich wurde auch versucht, die Kulturrevolution mit Hilfe der A. auch ins Ausland zu tragen, was zu erheblichen Spannungen führte. Inzwischen bemüht sich die Regierung in Peking um eine Beruhigung der Lage. Sie erhebt keinen Alleinvertretungsanspruch für alle Chinesen mehr, und wiederholt wurden die A. aufgefordert, sich als loyale Bürger ihrer Gastländer zu erweisen. Als äußeres Zeichen dieser Veränderungen wurde das Komitee beim Staatsrat aufgelöst.
(3c; 3o; 3p; 6e)

B

Barfuß-Ärzte
auch: *barfüßige Ärzte*
Bauern und hinuntergeschickte Jugendliche (→*Hinunterschicken*), die über medizinische Grundkenntnisse verfügen und neben der Arbeit medizinische Funktionen ausüben, um den Ärztemangel der Landgebiete zu mildern. Ihr Gegenstück in den Industriegebieten sind die Roten Arbeiterärzte, die allerdings – da richtige Ärzte leicht erreichbar sind – nur die Aufgaben eines Sanitäters haben.
Die B. werden in Dreimonatskursen ausgebildet. Das Durchschnittsalter der B. soll bei 20 Jahren liegen. In regelmäßigen Wiederholungskursen werden die Kenntnisse vertieft. Ein Teil nimmt ein reguläres Studium auf, um „mittlerer Arzt“ (zwei- bis vierjährige medizinische Ausbildung) oder Arzt mit Hochschulabschluß (sechs Jahre Studium) zu werden.
Angeregt durch Maos zwei Gedichte „Leb wohl, Seuchengott“, veröffentlicht am 1. Juni 1958 (T: 1f, 35), soll sich zum ersten Mal eine Bewegung von Gesundheitshelfern für die ländlichen Gebiete entwickelt haben. Durch Lius Einfluß soll diese Bewegung eingeschränkt worden sein. Sie lebte erneut auf, als Mao am 26. Juni 1965 die Weisung gab: „In der medizinischen Arbeit und Gesundheitspflege muß der Schwerpunkt auf die Dörfer gelegt werden“ (1g, 134). In der Kommune Chiangchen, einem Vorort von

Shanghai, wurde erstmals die Bezeichnung B. verwendet, weil diese Ärzte mit den Bauern barfuß in den Reisfeldern arbeiteten. „Alle von ihnen können etwa hundert Medikamente verschreiben, Diagnosen stellen und ungefähr hundert, in den Bezirken auf dem Lande allgemein vorkommende oder auftretende gewöhnliche Leiden heilen. Sie können an mehr als hundert Stellen des menschlichen Körpers Akupunktur vornehmen. Sie können so gewöhnliche, aber in den ländlichen Bezirken häufig ernsthafte Krankheiten wie Masern, Lungenentzündung und Rippenfellentzündung heilen" (PR 31/68).
Schwierige Fälle werden an die Krankenhäuser der Volkskommunen überwiesen. Außerdem gehört zu den Aufgaben der B. allgemeine Hygiene, Vorbeugung und vorbeugende Behandlung, wie Impfungen sowie Information über Familienplanung. Bis Mitte 1972 sollen etwa eine halbe Million B. ausgebildet worden sein.
(1g; 6g; 101; PR 21/73; Ca Juni 72)

Betrüger von der Art Liu Shao-ch'is
auch: *Schwindler in der Art von Liu Shao-ch'i*
Schimpfname für Lin Piao. Die Bezeichnung taucht Anfang November 1971 – also anderthalb Monate, nachdem der Machtkampf durch den Tod Lins zugunsten Maos entschieden ist – zuerst in der Provinzpresse auf. Der Name Lin Piaos wird offiziell erst auf dem X. Ptg. der KPCh in Verbindung mit dem →*Projekt 571* als eine der →*Zehn feindlichen Linien* genannt (→*Chruschtschew Chinas*).

Bevölkerung
Obwohl seit der Zeitwende in China regelmäßig Volkszählungen durchgeführt wurden, gibt es keine genauen Zahlen über die B.s-Entwicklung. Das lag zum einen an den noch ungenauen Zählmethoden (Haushaltszählung; Ungewißheit, ob Sklaven und Soldaten mitgezählt wurden), zum andern aber auch an bewußten Versuchen, die Genauigkeit zu beeinträchtigen (niedrigere Angaben bei Kopfsteuer; Flucht vor den Zählbeamten), sowie an ständigen Veränderungen des Gebietsbestandes, je nach der Stärke der Zentralregierung. Nach einigermaßen gesicherten Zahlen kann folgende Entwicklung als wahrscheinlich gelten: (Siehe Tabelle S. 28.)
Die Volkszählung von 1908 ergab eine B.szahl von 374 Millionen. Da die Grundlagen dieses Zensus jedoch ungenau waren, schwanken die Schätzungen der tatsächlichen B. zwischen 400 und 450 Mio. Nach einer Haushaltszählung der KMT 1947 wurde die B.

2	12,2 Mio. Haushalte	60 Mio. Personen
140	9,7	49
um 750	8,9	51
1292	11,6	54
1393	10,7	61
1662	19,1	
1711	24,6	
1741		143
1775		265
1850		430

auf 475 Millionen geschätzt. Die erste Volkszählung der VR China 1953 ergab 583 Mio., eine Zahl, die heute meist als um etwa 50 Mio. überhöht angesehen wird. Aus den folgenden Jahren fehlen alle genauen Angaben. In der Propaganda wurde von 1958 bis 1966 meist von den 650 Millionen Chinesen gesprochen, seitdem von den 700 Mio. 1960 findet sich in einem offiziellen statistischen Handbuch für 1957 eine Bevölkerungszahl von 646 Mio. In dem Interview mit Edgar Snow 1964 nannte Mao die Zahl von 680 bis 690 Mio., genaue Unterlagen gebe es jedoch nicht. Ein Taschenatlas, der im Februar 1972 erschien, gibt 697 Mio. Einwohner an und spricht gleichzeitig zweimal von „über 700 Mio.“. Wahrscheinlich sind das Zahlen von 1968/69. Die über die einzelnen Provinzen während der Kulturrevolution bekanntgewordenen Zahlen schwanken zwischen 712 Mio. und 740 Mio. Der chinesische Delegierte vor der Stockholmer Umweltschutzkonferenz erklärte Mitte 1972: „Chinas Bevölkerung betrug 1949 500 Mio.; 1970 lag sie über 700 Mio.“

Li Hsien-nien meinte im August 1971, die Bevölkerung betrage „bestimmt über 750 Mio.“, und im April 1972 erklärte Chou En-lai: „Wir nehmen an, daß es mehr als 700 Mio., aber noch nicht ganz 800 Mio. sind.“

Im September 1973 nannte NCNA wiederholt für 1972 eine Zahl „leicht über 700 Mio.“.

Die während der Kulturrevolution bekanntgewordenen Zahlen scheinen ungefähr der tatsächlichen Bevölkerung zu entsprechen. Bei einem Vergleich mit den offiziellen Zensusangaben von 1953 muß berücksichtigt werden, daß sich der Umfang einiger Provinzen verändert hat. Außerdem sind beide Zahlen nicht miteinander vereinbar, weil bei einer durchschnittlichen Wachstumsrate von um 2% entweder die Zahl für 1953 zu hoch oder die heutige Zahl zu niedrig wäre.

	1953	GPKR
Autonome Städte		
Peking	2,8 Mio.	7,0 – 7,8 Mio.
Shanghai	6,2	10,7 – 20,0
Tientsin	2,7	4,0
Provinzen		
Anhui	30,3	35,0
Chekiang	22,9	31,0
Chinghai	1,7	2,0
Fukien	13,1	17,0 – 18,0
Heilungkiang	11,9	21,0 – 25,0
Honan	44,2	50,0
Hopei	38,7	43,0 – 47,0
Hunan	33,2	38,0
Hupei	27,8	32,0
Kansu	11,3	13,0 – 17,0
Kiangsi	16,8	22,0 – 25,0
Kiangsu	41,3	47,0
Kirin	11,3	17,0 – 20,0
Kuangtung	34,8	40,0 – 42,0
Kueichou	15,0	17,0 – 20,0
Liaoning	23,7	28,0
Shansi	14,3	18,0 – 20,0
Shantung	48,9	57,0
Shensi	15,9	21,0
Szechuan	62,3	70,0
Yünnan	17,5	23,0
Autonome Gebiete		
Innere Mongolei	7,0	13,0
Kuangsi	19,0	24,0
Ninghsia	1,7	2,0
Sinkiang	4,9	8,0
Tibet	1,3	1,3
	582,6	712,0 – 740,1

(3c; 3d; 4p; 8d; APo 7/71)

Block von außen
auch: *äußerer Block*
Im „Ersten Manifest zur gegenwärtigen Lage“ vom 10. Juni 1922 und im „Manifest des Zweiten Nationalkongresses der KPCh“ vom Juli 1922 (beide T: 5b; 30ff) forderten die chinesischen Kommunisten zum erstenmal die Einheitsfront mit den „revolutionären Elementen in der KMT und den revolutionären Sozialisten“. Damit sollte eine Zusammenarbeit mit der KMT bei völliger Selbständigkeit der KPCh angestrebt werden. Dazu war Sun Yat-sen jedoch nicht bereit. Der B. kam nicht zustande, wohl auch, weil die KPCh bereits im August 1922 entsprechend den Weisungen der Komintern zur Politik des →*Blocks von innen* überging (→*Erster revolutionärer Bürgerkrieg*). Mitte 1925 soll die trotzkische Linksopposition die Forderung der Auflösung des *Blocks von innen* und die Erneuerungen des B. gefordert haben, weil die KPCh in dem Bündnis so erstarkt war, daß sie glaubte, selbständig operieren zu können. In Auswirkung der Machtkämpfe um die Lenin-Nachfolge in Rußland fand dieser Plan keine Unterstützung bei der Komintern, weil er mit Trotzkis Politik in Zusammenhang gebracht wurde, während Stalin für den *Block von innen* eintrat.
Die Zusammenarbeit mit der KMT in der →*Zweiten* (antijapanischen) *Einheitsfront* entsprach wieder der Politik des B.
(5b; 5c)

Block von innen
auch: *innerer Block*
Während die KPCh nach ihrem Zweiten Nationalkongreß für den →*Block von außen* (die Einheitsfront mit der KMT bei völliger Selbständigkeit der KPCh) eintrat, forderte die Komintern – beeinflußt durch ihren Beauftragten für China, Maring (d.i. Hendricus Sneevliet) – die Politik des B., weil Sun Yat-sen nur dann zu einer Zusammenarbeit mit der KPCh bereit war, wenn die Kommunisten einzeln Mitglieder der KMT würden. Maring setzte diese Politik im August 1922 in einer Sitzung des ZK der KPCh durch, formell würde sie von der Partei im Juni 1923 auf dem Dritten Nationalkongreß bestätigt. Ab Januar 1924 war für die Kommunisten dann die Doppelmitgliedschaft in KPCh und KMT möglich (→*Erster revolutionärer Bürgerkrieg*).
Sowohl KMT als auch KPCh hofften durch die *Erste Einheitsfront* die beherrschende Position auf Kosten des anderen zu gewinnen. Der B. zerbricht mit dem →*Massaker von Shanghai.*
(5b; 5c)

Boxeraufstand
auch: *Boxerkrieg, Yihotuan-Krieg*
Unter den zahlreichen sozialrevolutionären Bewegungen und Aufständen, die China selbst und sein Verhältnis zum Ausland verändern wollten, nimmt der B. eine Sonderstellung ein, weil er vor allem die westlichen Mächte tangierte. Der B. wurde getragen von der Gesellschaft „Faust zum Schutz von Gerechtigkeit und Eintracht" (auch: „Faust für Recht und Einheit" *i-ho-chüan*), die in Nordchina verbreitet war. Die Verbindung dieser Gesellschaft zu den verschiedenen Geheimgesellschaften Chinas ist nicht eindeutig geklärt. Der Regierung gelang es, Einfluß auf die sogenannten „Boxer" zu gewinnen und ihre Zielsetzung, die ursprünglich gegen die herrschende Mandschu-(*Ch'ing-*)Dynastie und die sie stützende Schicht gerichtet war, zu ändern. Die neue Parole lautete: „Unterstützt die Ch'ing, vernichtet die Fremden." Nun traten Fremdenfeindlichkeit – vor allem gegen Missionare und chinesische Christen gerichtet – und Maschinenstürmerei – gegen die Eisenbahnen, mit denen sich der Einfluß der Fremdmächte verbreitete – in den Vordergrund. Die „Boxer" bildeten teilweise auf Weisung der Regierung regelrechte Milizeinheiten (*i-ho-tuan*, auch: Yihotuan). Im Mai 1900 hatten sie die Eisenbahnverbindungen zwischen Tientsin und Peking unterbrochen und drangen in Peking ein. Die ausländischen Gesandtschaften verstärkten daraufhin ihre Schutztruppen. Am 11. Juni wurde der Kanzler der japanischen Gesandtschaft ermordet. Das Schutzersuchen der Diplomaten beantwortete das für die Auswärtigen Beziehungen zuständige *tsung-li ya-men* am 17. Juni mit der Aufforderung, daß alle Ausländer binnen 24 Stunden Peking verlassen sollten, da ihr Schutz länger nicht gewährleistet werden könne.
Am 19. Juni wurde der deutsche Gesandte, Klemens von Ketteler, ermordet. Am 20. Juni begann die Belagerung des Gesandtschaftsviertels durch „Boxer" und reguläre Truppen. Am 21. Juni erklärte die Kaiserinwitwe, Tz'u-hsi, die die Regierungsgeschäfte führte, den Westmächten den Krieg. Da es jedoch auch eine Gruppe in der Regierung gab, die die Folgen dieser Aktionen realistischer beurteilte, standen den Belagerern in Peking nicht die Waffen zur Verfügung, die eine Einnahme des Gesandtschaftsviertels ermöglicht hätten. Die westlichen Mächte stellten zum Entsatz ein internationales Expeditionskorps zusammen, denen Deutsche, Briten, Franzosen, Amerikaner, Italiener, Russen und Japaner angehörten. Der Oberbefehl wurde dem deutschen – zum „Weltmarschall" ernannten – Grafen Waldersee übertragen, der

allerdings erst am 25. September in Tientsin eintraf. (Bei der Verabschiedung eines deutschen Expeditionskorps am 27. Juli 1900 in Bremerhaven hielt Wilhelm II. seine „Hunnen"-Rede.) Am 14. Juli wurde Tientsin, am 14. August Peking von dem Internationalen Expeditionskorps eingenommen. Dabei kam es zu erheblichen Übergriffen auch gegen die Zivilbevölkerung.

Nach langen Verhandlungen wurde am 7. September 1901 das sogenannte BOXERPROTOKOLL unterzeichnet, in dem China eine Kontribution von 450 Millionen Goldtaels, Erlaß eines Verbots fremdenfeindlicher Organisationen, die Entmilitarisierung, die Besetzung wichtiger strategischer Punkte auf dem Weg nach Peking durch ausländische Truppen, das Verbot der Waffeneinfuhr und die Entsendung von „Sühnegesandtschaften" mit Mitgliedern des Kaiserhauses nach Japan und Deutschland auferlegt wurden.

Diese harten Maßnahmen nährten den Haß auf die herrschenden Mandschus und die ausländischen Mächte. Sie werden deshalb – besonders von den Kommunisten – als Ausgangspunkt einer Entwicklung betrachtet, die zum Sieg der Kommunisten 1949 führen mußte.

(4e; 4f; 4k; 4n)

Bürgerliche Autoritäten

auch: *akademische Autoritäten, akademische Despoten*

Im *Rundschreiben vom 16. Mai* (1966) wird behauptet, die Fünfergruppe (→*Kulturrevolution*) hätte versucht, die „sogenannten ‚akademischen Autoritäten' der Bourgeoisie zu preisen und ihr Prestige zu heben" (7n, 133f). Gemeint waren damit die akademischen Lehrer, die, gewöhnlich bürgerlichen Kreisen entstammend und häufig auf ausländischen Universitäten ausgebildet, an den Hochschulen wegen ihres Wissens besonderes Ansehen genossen. Während der Kulturrevolution wiederholten sich die Angriffe, die bereits am Ende der →*Hundert Blumen* gegen diese Akademiker erhoben worden waren, weil sie von der systemimmanenten Kritik zur Systemkritik übergegangen waren. Der Kampf gegen die B. war deshalb ein zentraler Punkt der Kulturrevolution an den Universitäten.

C

Chruschtschew Chinas

auch: *der chinesische Chruschtschew*

Einer der Schimpfnamen für Liu Shao-ch'i.

Liu wurde namentlich in Wandzeitungen der →*Roten Garden* bereits 1966 angegriffen. Das geschah auch weiterhin, obwohl in den →*Sechzehn Punkten* über die Große Proletarische Kulturrevolution unter Punkt 11 u. a. festgelegt worden war: „Die namentliche Kritik in der Presse soll nach Erörterung vom Parteikomitee gleicher Ebene beschlossen und in manchen Fällen dem Parteikomitee höherer Ebene zur Genehmigung vorgelegt werden" (7n, 168). Im *Rundschreiben vom 16. Mai* (1966) wird von „Leuten vom Schlage Chruschtschews, die noch immer neben uns nisten" (7n, 145), gesprochen. Im August 1966 rutscht Liu in der offiziellen Rangfolge vom 2. auf den 8. Platz. Am 30. März 1967 wird in *hung-ch'i* der erste Angriff in der offiziellen Presse gestartet, noch immer ohne Namensnennung. Lius Selbstkritik vom 9. Juli 1967 wird nicht angenommen (T: 7g, 62). Der namentliche Angriff erfolgt im Kommuniqué der erweiterten 12. Plenartagung des VIII. ZK der KPCh vom 31. Oktober 1968, mit dem der Parteiausschluß Lius und der Verlust aller seiner Funktionen in und außerhalb der Partei – also auch das Amt des Vorsitzenden der VR China (Staatspräsident) – bekanntgegeben wurde. Liu gilt auch als einer der →*Machthaber in der Partei, die den kapitalistischen Weg gehen,* und seine Politik wird unter die →*Zehn feindlichen Linien* gerechnet.

Chu-Mao-Armee

Volkstümliche Bezeichnung für das 4. Armeekorps der Roten Arbeiter- und Bauernarmee (→*Rote Armee*) nach der Vereinigung der Truppen von Chu Teh und Mao im Mai 1928 (→*Rote Gebiete*). Hsia (7e) vermutet, daß diese Bezeichnung nicht ohne Ironie gewählt wurde, weil „Chu Mao" lautmäßig auch Schweineborste bedeutet. Bianco (5a) berichtet, als die ersten Erfolge der Kommunisten auch in Moskau bekannt wurden, wären sie von der Komintern einem Genossen Peng Chu-mao zugeschrieben worden. Das war eine Kombination der Namen von P'eng Teh-huai, Chu Teh und Mao.

D

Demokratie in den drei Hauptbereichen
auch: *dreifache Demokratie, Dreierdemokratie*
Prinzip für die Volksbefreiungsarmee (→*Rote Armee*), das Mao bereits sehr früh, wenn auch nicht mit dieser Formel, festgelegt hat, damit sich die Rote Armee von dem „feudalen Schimpf- und Prügelsystem" der anderen Armeen unterscheide. Gemeint sind: 1. die politische Demokratie, das Recht der Soldaten, Versammlungen abzuhalten und ihre Meinung zu äußern, auch wenn sie falsch ist, um zu einer größtmöglichen politischen Einheit in der Armee zu gelangen; 2. die wirtschaftliche Demokratie, die Befugnis von Vertretern der Soldaten bei „der Verproviantierung und Verpflegung der Kompanien behilflich zu sein (ohne darüber hinauszugehen)" (MWo, 190), um den Lebensstandard in der Armee zu heben. Die *Dreifache Überprüfung* und die →*Dreifache Ausrichtung,* die 1948 durchgeführt wurden, galten demselben Ziel; 3. die militärische Demokratie, die gegenseitige Unterweisung von Offizieren und Soldaten während der Übungen und die Diskussion mit den Soldaten über die beste Lösung der Kampfaufgaben bei Gefechten.
Das Prinzip der D. wurde während der →*Kulturrevolution* auch auf den zivilen Bereich übertragen. Bemerkenswert ist, daß der entsprechende Abschnitt in den „Worten des Vorsitzenden Mao Tse-tung" mit einem Auszug aus „Über die Berichtigung falscher Ansichten in der Partei" vom Dezember 1929 endet, in dem Mao vor einer „extremen Demokratisierung" warnt, deren „Wurzeln... in der kleinbürgerlichen individualistischen Undiszipliniertheit zu suchen sind" (MWo, 194; MI, 119). Gemeint ist damit eine extreme Gleichmacherei und die Aufhebung der aus den geistigen und körperlichen Fähigkeiten des einzelnen resultierenden notwendigen Unterschiede.

Direktive vom 4. Mai 1946
auch: *Direktive über die Bodenfrage*
Mit dieser Direktive des ZK der KPCh begann eine neue Etappe der Bodenpolitik. Während des chinesisch-japanischen Krieges (→*Zweite Einheitsfront*) hatten die Kommunisten in den befreiten →*Roten Gebieten* häufig rigorose Maßnahmen unterlassen, um auch die Bessergestellten für sich zu gewinnen. Meist wurde auf die Enteignung des Bodens verzichtet und statt dessen die Dop-

PELTE SENKUNG (auch: ZWEIFACHE HERABSETZUNG) der Pacht- und Darlehnszinssätze erzwungen. Mit der D. beginnt die Enteignung des Grundbesitzes, der die Flächen übersteigt, die ein Bauer mit seiner Familie zu bearbeiten vermag, und die Übereignung an die ehemaligen Pächter und Landarbeiter. Die Industrie- und Handelsbetriebe der Grundbesitzer wurden als „fortschrittlich" eingestuft und deshalb von diesen Enteignungen ausgenommen, weil sonst die Produktion und der Warenaustausch nicht wieder in Gang gekommen wären (10c).

Doppelter Zehnter
auch: *Doppelzehnter*
Der 10. Oktober; Nationalfeiertag der chinesischen Republik, weil an diesem Tag mit dem Aufstand der Armee in Wuchang die Revolution von 1911 begann, die zum Sturz der Mandschu-Dynastie und damit zur Gründung der Republik führte.

Doppel-Zehn-Abkommen
auch: *Übereinkommen vom 10. Oktober*
Übereinkommen, das am 10. 10. (darum D.) 1945 nach den vierzigtätigen, durch die Vermittlung des Sonderbeauftragten des amerikanischen Präsidenten, George Marshall, zustande gekommenen Verhandlungen zwischen KMT (Chiang Kai-shek) und KPCH (Mao) in Chungking getroffen wurde. Ziel war die Einberufung einer →*Politischen Konsultativkonferenz,* die zu einer Koalitionsregierung zwischen KMT und KPCh führen sollte. Die KMT forderte allerdings die Unterstellung der →*Roten Armee* unter den Befehl der Nationalregierung und die Auflösung der kommunistischen Verwaltungen in den →*Roten Gebieten.*
Das D. konnte – obwohl die *Politische Konsultativkonferenz* zusammentrat – den →*Dritten revolutionären Bürgerkrieg* nicht verhindern.
(9d; M IV, 60)

Drei Abfälle
auch: *drei Abfallstoffe*
Die Bewegung zur Beseitigung und Umwandlung der D. – Abgase, Abwässer, Schlacken – wurde durch einen Beitrag in der *jen-min jih-pao* vom 7. September 1971 begründet. Es ist eine modifizierte Form der Bewegung zur Produktionssteigerung und Sparsamkeit aus der Zeit des 1. Fünfjahrplanes (1953/57). Unter Sparsamkeit

wurde vor allem die Mehrzwecknutzung, d. h. die Wiederverwendung und rationelle Nutzung der Abfallstoffe aus der industriellen Produktion verstanden. Bereits 1956 wurde eine Richtlinie zur Erweiterung der Mehrzwecknutzung erlassen, und seit 1971 liegt der Akzent auf dem Umweltschutz.
(Ca Mai 72; Ca Sept. 73; PR 5/72)

Drei-Acht-Arbeitsstil
auch: *Drei-und-Acht-Arbeitsstil*
Kampagne in der Volksbefreiungsarmee (→*Rote Armee*), die im Mai 1960 begann und in der →*Kulturrevolution* besonders hervorgehoben wurde. Mao soll seinen Arbeitsstil mit drei Sätzen und acht Schriftzeichen (die für vier Begriffe stehen) umschrieben haben:
1. entschlossene und richtige politische Orientierung;
2. schlichter und harter Arbeitsstil;
3. elastische und bewegliche Strategie und Taktik;
a) Einigkeit; b) Wachsamkeit; c) Ernsthaftigkeit; d) Lebhaftigkeit.
Mao hat wiederholt die Anwendung des D.s und der →*Vier Ersten* gefordert, um die Massen revolutionär aufzurütteln (z.B. 1964, s. 1g, 132). Im September 1967 bestätigte Mao in einer Weisung, daß die politische und militärische Arbeit der Volksbefreiungsarmee einen „gewaltigen Aufschwung genommen" hat, seit Lin Piao den D. und die *Vier Ersten* einführte (1g, 187).
(4n; 7h; PR 51 + 52/69; NCNA 18. 12. 67)

Drei-Anti-Kampagne (san-fan yün-tang)
Eine der großen Kampagnen nach der Machtergreifung zur Stabilisierung der Herrschaft der KPCh auf politischem und wirtschaftlichem Gebiet. Die D. begann Ende August 1951 in Tungpei (Mandschurei) und wurde auf Empfehlung der Politischen Konsultativkonferenz im Dezember auf ganz China ausgedehnt. Damit schloß sie sich praktisch an die →*Überwindungskampagne* an. Die D. richtete sich gegen die DREI ÜBEL: Korruption, Verschwendung, Bürokratismus. Sie betraf die Kader in der Verwaltung, meist Beamte der Nationalregierung und ehemalige Angehörige der KMT, aber auch Mitglieder der KPCh. Die Strafen aufgrund der im April 1952 erlassenen Vorschrift zur Bestrafung von Korruptionsfällen reichten von Maßregelungen bis zur Todesstrafe. Nach offiziellen Angaben sollen 4,5 Prozent der Kader der D. zum Opfer gefallen sein (JMJP 9. 4. 52).
Die D. soll die Einheit von Regierung und Volk, die Leistungsfähigkeit und die Sparsamkeit der Verwaltung gefördert haben. Sie

hinterließ jedoch bei den Kadern auch eine ausgeprägte Verantwortungsscheu. Kao Kang (→*Zehn feindliche Linien*) wurde später vorgeworfen, er habe die D. benutzt, um sich eine Hausmacht aufzubauen. Der D. folgte die →*Fünf-Anti-Kampagne.*
(2k; 3d; 6c; 6d)

Drei bittere Jahre
auch: *Drei schlimme Jahre*
Bezeichnung für die Jahre 1960–62, die durch das Scheitern der Politik der →*Drei Roten Banner,* verbunden mit dem Abzug der sowjetischen Berater (als Auswirkung des offen ausbrechenden chinesisch-sowjetischen Konfliktes) und Mißernten (durch Naturkatastrophen) gekennzeichnet waren. Um die schweren Rückschläge der D. nicht einzugestehen, werden seitdem keine Statistiken über die wirtschaftliche Entwicklung mehr veröffentlicht.
Mit den D.n war der Anspruch der VR China, als erstes Land den Übergang vom Sozialismus zum Kommunismus vollzogen zu haben, hinfällig, da die Befriedigung der Bedürfnisse der Bevölkerung (eine Voraussetzung des Kommunismus) nicht erreicht werden konnte.
Die Auswirkungen der D. wurden durch eine Erweiterung des Spielraums für private Initiativen in Landwirtschaft und Industrie (→*Ökonomismus*) überwunden; ein Kurs, der dann in der Kulturrevolution als *kapitalistischer Weg* (→*Zwei Linien*) bekämpft wurde.
(6c; 8d)

Drei-Drittel-System
(1) Taktik der KPCh während der →*Zweiten Einheitsfront,* um die Massen zu gewinnen. Von Mao in der parteiinternen Direktive „Die Frage der politischen Macht in den Stützpunktgebieten des Widerstands gegen die japanische Aggression“ vom 6. März 1940 erläutert. Danach sollten alle Gremien je zu einem Drittel mit Kommunisten, mit „linken fortschrittlichen Elementen“ und mit „in der Mitte Stehenden und anderen Personen“ besetzt werden. Eine wirkliche Machtteilung war jedoch nicht beabsichtigt. „Den Kommunisten muß die führende Stellung in den Machtorganen gesichert sein, und deshalb ist es notwendig, daß die Kommunisten, die zahlenmäßig ein Drittel ausmachen, hervorragende Qualitäten besitzen“ (M II, 494). Das D. galt nur für die zivile Verwaltung. „Selbstverständlich darf man in unserer Armee das D. nicht einführen“ (M II, 530).

(2) Bezeichnung für einen der Versuche, der Verbürokratisierung der *Kader* vor der *Kulturrevolution* entgegenzuwirken. Danach sollte ein Drittel der *Kader* die Routinearbeit erledigen, ein Drittel Kontroll- und Untersuchungsarbeit an der Basis (also nicht nur nach Berichten vom Schreibtisch aus) durchführen und ein Drittel an der körperlichen Arbeit in der Produktion teilnehmen. Das D. wurde im großen Umfang nicht verwirklicht. Es wurde während und nach der *Kulturrevolution* durch die →*7.-Mai-Schulen* abgelöst.
(Ca Mai 72; 6i)

Dreierverbindung
auch: *Dreierallianz, Dreierunion, Drei-in-einem, Dreiergruppe, Drei-in-einem-Allianz, Drei-in-einem-Kombination*
(1)
Während der *Kulturrevolution* entstand an Stelle der bisherigen Machtorgane auf Lokal- und Provinzebene (Partei und Massenorganisationen) die revolutionäre D., eine Verbindung der „revolutionären Massen" (der →*Roten Garde* und →*Revolutionären Rebellen* zur GROSSEN ALLIANZ) als „grundlegenden Kräften", der Angehörigen der Volksbefreiungsarmee als „fester Stütze" und der „revolutionären Kader" als Führungskern. Auf Maos Vorschlag wurde diese D. in REVOLUTIONSKOMITEE umbenannt. (T: 6i, 445; 1g, 176) Damit griff Mao eine Bezeichnung der Yenan-Zeit auf, wo die unteren Verwaltungsorgane, die nach dem Einmarsch der Roten Armee gewählt wurden, ebenfalls *Revolutionskomitees* genannt wurden.
Die ersten Provinz-Revolutionskomitees während der *Kulturrevolution* entstanden in Heilungkiang (31. 1. 1967), Shantung (3. 2.), Kueichou (13. 2.), Shanghai (24. 2.), Shansi (18. 3.), Peking (20. 4.) häufig gegen den Widerstand der bisherigen Führungsgruppe. Nach dem →*Zwischenfall von Wuhan* traten die Angehörigen der Volksbefreiungsarmee stärker in den Vordergrund, die Regionalkommandanten waren nun meist die treibende Kraft. Trotzdem dauerte es bis 5. September 1968, ehe mit Tibet und Sinkiang die Bildung der *Revolutionskomitees* in allen Provinzen abgeschlossen war. *Revolutionskomitees* wurden auch in den unteren Verwaltungseinheiten und den Betrieben, Volkskommunen und Schulen gebildet. Je später die *Revolutionskomitees* gegründet waren, desto stärker war gewöhnlich der Einfluß der militärischen Kräfte. Das änderte sich erst nach dem Sturz Lin Piaos. Während seines Berichtes an den X. Ptg der KPCh forderte Wang Hung-wen, daß

die *Revolutionskomitees* auch künftig voll zur Geltung zu bringen seien.

(2a; 3d; 6i; 7e; PR 35–36/73)

(2)

Nach der *Kulturrevolution* entstanden D. für Planungs- und Forschungsaufgaben in Landwirtschaft und Industrie. In den Fabriken setzten sie sich aus „revolutionären" Technikern, revolutionären *Kadern* und Arbeitern zusammen, in der Landwirtschaft wurden sogenannte „wissenschaftliche Experimentiergruppen" aus Agronomen, revolutionären *Kadern* und Bauern gebildet. Sie sollen die D. von „Produktion, wissenschaftlicher Forschung und Anwendung", die als ein aus der *Kulturrevolution* hervorgegangenes Phänomen bezeichnet werden, verwirklichen.

(3)

Mit dem Abklingen der *Kulturrevolution* wird die D. der Älteren (über 45 Jahre), Mittelaltrigen (35–45 Jahre) und Jüngeren (bis 35 Jahre) bei vielen Aufgaben gefordert. Im Statut der KPCh vom August 1973 wird in Art. 5 diese D. für die Parteiorgane aller Ebenen zur Bedingung gemacht.

(10m; Radio Peking 14.12.1970)

Drei Erweiterungen, eine Festlegung (san-tzu i-pao)

auch: *Drei Freiheiten, eine Festlegung*
Drei Freiheiten und eine vertragliche Verpflichtung; Drei Freiheiten – eine Garantie; Drei Freiheiten und ein Vertrag; Dreimal Ausdehnung und einmal Festlegung

Liu sah einen Ausweg aus der Krise der →*Drei bitteren Jahre* in einer Aktivierung materieller Anreize (→*Ökonomismus*). Dem dienten die →*Drei Verpflichtungen, eine Prämie* und die D.:

1. erhöhte Zuteilung von privat zu nutzenden Landflächen.
2. freier Handel mit den Erträgen der privat genutzten Parzellen auf freien Märkten.
3. Gründung kleiner Betriebe mit eigener Verantwortung für Gewinn und Verlust.
4. Produktionsquoten werden nur noch für die kleinste Einheit der *Volkskommune,* die einzelne Bauernfamilie, festgelegt.

Diese Politik widersprach den →*Drei roten Bannern*, die die Reste privatwirtschaftlicher Produktionsweisen eliminieren und die Verantwortung des einzelnen für das Ganze einführen sollten. Gestützt auf die Berichte P'eng Teh-huais, der 1960/61 eine Reihe von Provinzen bereist und über das Scheitern der *Volkskommunen* berichtet hatte, begann die Praktizierung der D. bereits 1960, ob-

wohl sie als Parole erst 1962 für das 10. Plenum des VIII. ZK formuliert wurde.
(6c; 6f; 7e; 7g; 7h; 10i; 10l)

Dreifache Ausrichtung
auch: *dreifache Konsolidierung*
Im Frühjahr 1948 wurde im Zusammenhang mit der Bodenreform die Bewegung der DREIFACHEN ÜBERPRÜFUNG (auch: DREI ÜBERPRÜFUNGEN; *san ch'a)* und der D. durchgeführt. Mao bezeichnet sie in der Direktive „Die demokratische Bewegung in der Armee" (MIV, 199, MWo, 189) als sehr erfolgreich.
In Massenversammlungen wurden in den zivilen Verwaltungen und Organisationen 1. die Klassenherkunft, 2. das ideologische Bewußtsein und 3. der Arbeitsstil, in den Armee-Einheiten wurden 1. die Klassenherkunft, 2. die Arbeitsleistung und 3. der Kampfwille der Soldaten und Offiziere überprüft und kritisiert. Ihr Ziel war die D.: 1. die organisatorische Festigung, 2. die ideologische Erziehung und 3. die Verbesserung des Arbeitsstiles der *Kader* in Verwaltung und Armee zur Sicherung der kommunistischen Herrschaft in den →*Roten Gebieten*.
(10c)

Drei große Berge
auch: *Drei Kolosse*
Allegorische Bezeichnung für 1. den Imperialismus, 2. den Feudalismus und 3. den bürokratischen Kapitalismus, die auf China lasteten und von denen es sich unter der Führung Maos befreite.
(7h; PR 17/72)

Drei große revolutionäre Bewegungen
auch: *Drei revolutionäre Bewegungen*
„Der Klassenkampf, der Produktionskampf und wissenschaftliches Experimentieren – das sind die D. für den Aufbau eines mächtigen sozialistischen Landes" (MWo, 49). Dieses Zitat aus „Über den Pseudokommunismus Chruschtschews" vom 13. Juli 1964 wurde durch das Kommuniqué des 11. Plenums des ZK der KPCh vom 12. Aug. 1966 (T: 7n, 176f) zu einer zentralen These in der Kulturrevolution. Die Begriffe benutzte Mao zuerst in „Über die Praxis" (1937, M I, 347), um die Beziehung zwischen theoretischer Erkenntnis und politischer Praxis zu charakterisieren (MWo, 241).

In der *Kulturrevolution* wurden die D. jedoch weniger als die Beziehung zwischen theoretischer Erkenntnis und politischer Praxis, sondern mehr als die Einheit von praktischer, politischer und wissenschaftlicher Bildung und Ausbildung angesehen (→*Rot und Experte*).
(6i; 10i)

Drei Grundlehren vom Volk (san min chu-i)
auch: *Drei Volksprinzipien, Drei Volksgrundsätze*
Sun Yat-sens politisches Konzept. Vorarbeiten begannen 1897; wiederholt überarbeitet; letzte Fassung: die Vorlesungen über D. vor Mitgliedern der KMT 1924 (T: 41). Die D. sind noch heute die ideologische Grundlage der KMT in Taiwan.
1. GRUNDLEHRE VOM VOLKSTUM *(min-tsu chu-i)*
auch: VOLKSNATION, VOLKSEINHEIT
Vor der Revolution von 1911 Besinnung auf die Nation, Erweiterung des Sippenbewußtseins zum Nationalbewußtsein auf der Basis der konfuzianischen Tugenden: Loyalität, Ehrfurcht, Menschlichkeit, Liebe, Gerechtigkeit, Friedfertigkeit. Integrationsparole gegen die Mandschu-(Ch'ing)-Dynastie. Nach 1911 gegen die aus den →*Ungleichen Verträgen* rührenden Vorrechte der ausländischen Mächte in China und für die Gleichberechtigung der nichtchinesischen (→*fünf großen) Rassen* in China.
2. GRUNDLEHRE VON DEN VOLKSRECHTEN *(min-ch'üan chu-i)*
auch: VOLKSMACHT, VOLKSHERRSCHAFT, VOLKSNATION
Verbindung der klassischen chinesischen Staatslehre und westlicher Vorbilder zu einer China gemäßen Form der Demokratie. Grundlagen: vier politische Rechte des Volkes: Wahlrecht, Recht zur Abberufung, Initiativrecht und Volksentscheid; und die FÜNF-GEWALTEN- (auch: FUNKTIONEN)-VERFASSUNG: zu den drei Gewalten der westlichen Staatslehre (gesetzgebende, ausübende, rechtsprechende Gewalt) treten die aus der klassischen Beamtenprüfung (bis 1905) abgeleiteten Eignungsprüfungen durch unabhängige Gremien für Abgeordnete und Beamte sowie, entsprechend dem klassischen chinesischen Zensorat, eine unabhängige Kontrollinstanz gegenüber den anderen vier Gewalten. Die Verwirklichung sollte in drei Stufen erfolgen: bis zur Einigung eine Militärdiktatur, dann eine sechsjährige Periode der ERZIEHUNGSDIKTATUR (auch: VORMUNDSCHAFTSREGIERUNG), in der das Volk zur Ausübung seiner politischen Rechte erzogen wird: schließlich ein Verfassungsstaat.
Die Periode der Erziehungsdiktatur wurde von der KMT nach dem

Nordfeldzug (→*Warlords*) eingeleitet, wegen des Krieges gegen Japan und des Bürgerkrieges jedoch nicht abgeschlossen.

3. GRUNDLEHRE VOM VOLKSWOHL *(min-sheng chu-i)*
auch: VOLKSLEBEN, VOLKSLEBENSUNTERHALT, VOLKSWOHLFAHRT

Durch die VIER FRIEDLICHEN METHODEN: 1. soziale und wirtschaftliche Reformen, 2. Nationalisierung der Verkehrs- und Transportmittel, 3. direkte Besteuerung und 4. sozialisierte, d.h. genossenschaftliche Verteilung, sollen die VIER NOTWENDIGKEITEN: Ernährung, Kleidung, Wohnung und Verkehrsmittel, gesichert werden. Das erfordert eine Beschränkung des Kapitalismus und eine gerechte Verteilung des Bodens (→*Das Land denen, die es bebauen*).

Sun bestreitet die Identität dieser Grundlehre mit dem Sozialismus oder Kommunismus. Die Lehre der KMT sei im Gegensatz zum Marxismus nicht nur Ideal, sondern auch Methode, wobei das Endziel Kommunismus von Sun mit dem konfuzianischen Ideal der →*Großen Gleichheit* parallelgesetzt wird.

In seinen Vorlesungen hat Sun die D. interpretierend mit der Parole der Französischen Revolution: Freiheit, Gleichheit, Brüderlichkeit sowie Lincolns Grundsatz einer „Regierung des Volkes durch das Volk und für das Volk" verglichen. Mao bezeichnet wiederholt (z.B. in „Die chinesische Revolution und die KPCh" (1939) und in „Über die neue Demokratie" (1940) (M II, 382 + 424) die D. als die D. der bürgerlich-demokratischen Revolution in einem halbkolonialen Land, die durch die revolutionären oder echten D., wie sie von Sun im Manifest des I. Nationalkongresses der KMT von 1924 gedeutet worden seien, ersetzt werden müßten. Mao meint damit die DREI GROSSEN POLITISCHEN MASSNAHMEN *(san-ta cheng-ts'ê):* 1. Bündnis mit Rußland, 2. Bündnis mit der Kommunistischen Partei, 3. Unterstützung der Arbeiter und Bauern. Dieser Begriff wurde jedoch – wie Domes feststellt – erst am 13. Dezember 1926 auf einer Sonderkonferenz des ZK der KPCh verwendet. Allerdings findet er sich als die DREI POLITISCHEN HAUPTRICHTLINIEN bereits in den Anmerkungen zu Maos „Analyse der Klassen in der chinesischen Gesellschaft" vom März 1926 (M I, 17).

(4l; 4b; 5c)

Drei Grundsätze der japanischen Chinapolitik
auch: *Drei Prinzipien Hirotas*
Forderungen der Japaner, die am 8. Oktober 1935 formuliert und von Außenminister Hirota vertreten wurden:
1. Unterbinden der antijapanischen Boykotte und aller antijapanischen Bewegungen in China sowie Verzicht auf die Zusammenarbeit mit Amerika und Europa, um eine chinesisch-japanische Zusammenarbeit möglich zu machen.
2. Anerkennung von *Manchukuo* und Regelung der Beziehungen zwischen Japan, China und *Manchukuo.*
3. Die gemeinsame Verteidigung Chinas, Japans und *Manchukuos* gegen den Kommunismus.

Die D. widersprachen dem Grundsatz, daß China die Abtrennung der Nordostprovinz durch Japan nicht anerkennen würde.
(4k; 5c)

Drei Hauptregeln der Disziplin
auch: *Drei Disziplinargesetze, Drei Regeln der Disziplin*
Von Mao im Frühjahr 1928 für die →*Rote Armee* aufgestellt:
1. Gehorche dem Kommando bei dem, was du tust.
2. Nimm Arbeitern und Bauern nichts weg.
3. Liefere alle Strafgelder ab, die du von den örtlichen Despoten genommen hast.

1929 wurde von Mao die zweite und dritte Regel geändert:
2. Nimm den Massen nicht eine Nadel, nicht einen Faden weg.
3. Liefere Geldsummen, die du aufgebracht hast, ab.

Später wurde die 3. Regel nochmals variiert:
3. Liefere alles Beutegut ab.

Diese Regeln ergänzte Mao 1928 durch zuerst sechs, dann 1929 um zwei weitere Punkte vermehrt, →*Acht Punkte zur Beachtung.*
Im Oktober 1947 wurden die D. erneut mit den *Acht Punkten zur Beachtung* als Instruktion des Oberkommandos der chinesischen Volksbefreiungsarmee ausgegeben.
Während der Kulturrevolution ergänzten die →*Roten Garden* die D. zu den VIER HAUPTREGELN DER DISZIPLIN:
Gehorche dem Vorsitzenden Mao und dem ZK der KPCh.
(M IV, 159f; 2a)

Drei Rote Banner (san-mien hung-ch'i)
auch: *Drei Rote Fahnen*
Die Politik, die von Mao Anfang 1958 entwickelt, zuerst von Liu Shao-ch'i auf der Zweiten Vollsitzung des VIII. Ptg. im Mai vorge-

tragen und in der Resolution des 5. Plenums des VIII. ZK am 28. August 1958 verabschiedet wurde. Sie umfaßt:

1. Die GENERALLINIE des sozialistischen Aufbaus,
2. den GROSSEN SPRUNG NACH VORN (auch: GROSSER SPRUNG VORAN, VORWÄRTS),
3. die VOLKSKOMMUNEN.

Die Ziele der drei Kampagnen waren die gleichwertige Entwicklung der Landwirtschaft neben der Industrie, die Steigerung des Aufbautempos durch eine umfassende Mobilisierung der Massen und die Herausbildung neuer Formen der sozialistischen Gemeinschaft, die Vorstufen für den baldigen Übergang zum Kommunismus sein sollten. Damit erhob die KPCh den Anspruch, die Sowjetunion auf gesellschaftlichem Gebiet zu überholen.

Die *Generallinie* sollte die Ungleichgewichte in der wirtschaftlichen Entwicklung beseitigen (→*Auf beiden Beinen gehen*), wobei Erfahrungen der Massenkampagnen (vor allem bei der Urbarmachung und Bewässerung) in den →*Roten Gebieten* genutzt werden sollten. Wesentlich blieb jedoch der Vorrang der Politik vor der Wirtschaft, wie es die Formel ZWEI DEZENTRALISIERUNGEN, DREI ZENTRALISIERUNGEN, EINE VERANTWORTUNG zusammenfaßt, d.i. die Dezentralisierung der Arbeitskräfte und lokalen Investitionsmittel, die Zentralisierung der politischen Entscheidungen, der Planung und Verwaltung staatlicher Investitionen sowie die Verantwortung jeder Einheit der jeweils nächsthöheren Stufe gegenüber. Der *Große Sprung* sollte ein schnelleres Wirtschaftswachstum durch die Mobilisierung der Arbeitskraftreserven, der technischen Hilfsmittel und der lokalen Investitionen fördern, um Großbritannien in der Pro-Kopf-Produktion 1972 „einzuholen und zu überholen". Dabei sollte die Politik der materiellen Anreize (wie sie in der Sowjetunion üblich ist), weil sie den Individualismus und den Egoismus fördert, durch kollektive Arbeit im Interesse der Gemeinschaft ersetzt werden. Auf dieser Basis sollten Sachwerte ohne Kapitaleinsatz geschaffen werden, wie beispielsweise die Vielzahl der Kleinsthochöfen.

Die *Volkskommunen* auf dem Land sollten den Übergang vom Kollektiveigentum zum Volkseigentum markieren. Mit dem chinesischen Wort *jen-min kung-she,* das Ch'en Po-ta zum erstenmal am 1. Juli 1958 in *„hung-ch'i"* benutzte, wurde auf das Wort *kung-she* zurückgegriffen, das in der Literatur aus dem Jahrtausend vor der Zeitwende die Form des menschlichen Zusammenlebens in der →*Großen Gleichheit* charakterisiert.

Die *Volkskommunen* strebten einen Übergang vom sozialistischen

Prinzip „Jedem nach seiner Leistung" zum kommunistischen „Jedem nach seinen Bedürfnissen" an. Deshalb erfolgte die Entlohnung häufig zum überwiegenden Teil in Naturalien und nur zu etwa einem Drittel in Geld. Die *Volkskommunen* sollten die neue „Grundeinheit der sozialistischen Gesellschaftsstruktur" sein, indem sie „die Industrie, die Landwirtschaft, den Handel, die Volksbildung und das Militärwesen" umfaßten und damit eine weitgehende Autonomie gewannen. In der Regel wurden in einer *Volkskommune* die Produktionsgenossenschaften einer Verwaltungseinheit zusammengefaßt. Das war günstig für die Mobilisierung der Massen für Großobjekte, vor allem für Bewässerung, Straßen- und Wasserbau. Diese Aufgliederung des Landes in möglichst autarke Einheiten widersprach ebenfalls dem sowjetischen Vorbild der Zentralisierung der industriellen Produktion, entsprach aber den chinesischen Erfahrungen mit den →*Roten Gebieten* und gehört heute zum →*Vorbereitet sein auf den Krieg*...
Die erste *Volkskommune* entstand (nach einer Anregung Maos vom März 1958 vor Parteiführern in Chengtu) im April in Suip'ing (Honan). Nach einer Rekordernte galt diese Volkskommune „Sputnik" als Modell; ihr Statut wurde am 4. September 1958 in der *„jen-min jih-pao"* veröffentlicht. Vorausgegangen war der Beschluß des ZK der KPCh über die Schaffung von Volkskommunen in den Dörfern vom 29. August 1958 (T: 6h, 475). Bis Anfang Dezember hatten sich – angeblich freiwillig – (gemäß dem Beschluß des ZK der KPCh vom 10. Dezember 1958; T: 6h, 479) bereits 740000 landwirtschaftliche Produktionsgenossenschaften zu 26000 Volkskommunen zusammengeschlossen, die 99 Prozent aller bäuerlichen Wirtschaften mit 120 Millionen Familien umfaßten.
Die *Volkskommunen* unterteilen sich in PRODUKTIONSBRIGADEN, die etwa den alten Produktionsgenossenschaften entsprechen, PRODUKTIONSGRUPPEN (auch: -TEAMS, -MANNSCHAFTEN), die gewöhnlich ein Dorf umfassen, und Arbeitsgruppen, meist eine Familie.
Das anfängliche Ziel, die „Befreiung der Frauen" zu fördern, indem das Essen für alle Kommunemitglieder in Gemeinschaftskantinen eingenommen wurde, die Kinder nur an den Wochenenden zur Familie kamen, und in manchen Kommunen sogar die Familiengemeinschaft durch getrennte Massenunterkünfte für Männer und Frauen aufgehoben wurde, mußte sehr bald aufgegeben werden, weil zu den ungenügenden materiell-technischen Voraussetzungen der Widerstand der Betroffenen trat. Eine Reihe von

Großkommunen wurde außerdem in mehrere kleinere Volkskommunen aufgeteilt, so daß sich die Zahl von 70000 bis 80000 Volkskommunen ergab, die auch heute noch zutreffen dürfte. Gleichzeitig hat sich das Schwergewicht wieder auf die Produktionsbrigaden verlagert. Der Versuch, städtische und industrielle *Volkskommunen* zu schaffen, die entweder einen Wohnbezirk mit dazugehörigen Arbeitsstätten oder nur einen Industriekomplex umfassen sollten, mußte bereits nach dem Dezemberplenum 1958 aufgegeben werden. Die Politik der D. war spontan entwickelt worden und nicht vorausgeplant. Die Ziele hatten keine reale Basis. Deshalb mußte diese Fehleinschätzung der technischen und menschlichen Möglichkeiten der VR China zum Scheitern der D. führen.
Die anfängliche Begeisterung für die Masseneinsätze ebbte sehr bald ab, als die ständige physische Überbeanspruchung zu keinen greifbaren schnellen Erfolgen führte. Dazu kamen Rückschläge auf technischem Gebiet, weil die Maschinen der Dauerbelastung nicht gewachsen, Reparaturen aber zugunsten der Produktion vernachlässigt worden waren und das Transportsystem den erhöhten Anforderungen nicht genügen konnte. Naturkatastrophen und Mißernten sowie der Widerstand und schließlich der Rückzug der sowjetischen Berater verschärften die Situation weiter. Die Folge waren die →*Drei bitteren Jahre.* Zuvor gab es in der Parteiführung auf der →*Lushan-Konferenz* im August 1959 bereits heftige Auseinandersetzungen. Der Zweite Fünfjahrplan mußte abgebrochen werden.
(3d; 3p; 6c; 6d; 6f; 8c; 12g)

Drei-Selbst-Bewegung (san-tzu yün-tung)
Voraussetzung für das weitere Wirken der christlichen Kirchen in der Volksrepublik:
1. Selbstunterstützung,
2. geistliche Selbstversorgung,
3. Selbstverwaltung.

D. h. 1. die Kirchen müssen völlig autonom von Verbindungen zum Ausland leben und von den Spenden ihrer Mitglieder, nicht von irgendwelchen Zuschüssen existieren, 2. sie dürfen nicht missionieren, und 3. sie müssen in jeder Hinsicht für sich selbst sorgen. Papst Pius XII. verurteilte 1954 in „ad Sinarum gentem“ die D.
(Ca Okt. 72)

30.-Mai-Bewegung

auch: *Bewegung des 30. Mai; Zwischenfall vom 30. Mai; Massaker des 30. Mai; Erhebung vom 30. Mai*

Höhepunkt der Streik- und Demonstrationsbewegung 1925 wegen steigender Reispreise und Geldentwertung in den südchinesischen Hafenstädten. Ausgelöst am 15. Mai, als bei einer Demonstration vor einer japanischen Textilfabrik in Shanghai wegen der Aussperrung von 20 000 Arbeitern von den japanischen Fabrikwachen ein Arbeiter erschossen und zwölf verwundet wurden. Die Welle täglicher Demonstrationen, die daraufhin am 18. Mai einsetzte, führte am 30. Mai zu einer Studentendemonstration in der *Internationalen Niederlassung* (→*Konzessionen*). Gefordert wurde die Aufhebung der Sonderrechte für Ausländer und der Exterritorialität. Die britische Polizei, die in der Niederlassung gemäß ihrer Rechte aus den →*Ungleichen Verträgen* die Polizeigewalt wahrnahm, verhaftete mehrere Studenten. Als wenig später rund 10 000 Demonstranten deren Freilassung forderten, ließ der britische Kommandant, Inspektor Everson, nach Warnschüssen in die Menge schießen. Dabei wurden zehn oder 13 Chinesen erschossen, 40 oder 50 verwundet und weitere hundert verhaftet. Das löste erneut Streiks (an 135 Streiks sollen 400 000 Arbeiter beteiligt gewesen sein) und Boykottaktionen (→*Shamien-Affäre)* gegen die Ausländer aus.

Folge der D. war ein Anwachsen der nationalistischen Bewegung. Die Mitgliederzahlen der KPCh und der von ihr geführten Massenorganisationen stiegen erheblich an:

	vor der D.	nach der D.
KPCh	1000	10 000
Sozialistisches Jugendcorps	2000	10 000
Gewerkschaften	540 000	1 000 000
Bauernverbände	400 000	950 000

Durch die D. gewann die KPCh eine Massenbasis.

Die KMT nutzte die D. zur Massenagitation gegen die *Ungleichen Verträge* und für den *Nordfeldzug* gegen die →*Warlords* in Nordchina, die mit den Ausländern kooperierten.

(M I, 17; 4c; 4g; 4q; 5c; 5d; 5i; 6f)

Drei ständig zu lesende Artikel

auch: *Drei immerwährend zu lesende Schriften*

Im Mittelpunkt einer Kampagne zur Verbreitung der →*Mao-Tsetung-Ideen* stand im Dezember 1966 die Lernbewegung der D. Das sind:

1. „Dem Gedenken Bethunes“ vom 21. Dezember 1939, die Würdigung eines kanadischen Arztes, der selbstlos den Kommunisten diente und sich bei der Operation eines schwerverwundeten Soldaten eine tödliche Blutvergiftung zuzog (M II, 391).
2. „Dem Volke dienen“ vom 8. September 1944, die Gedenkrede Maos für einen Soldaten, der beim Kohlebrennen ums Leben kam. Ein klassisches Zitat des Historikers Ssu-ma Ch'ien (auch: Sih-ma Tsch'ien, Sima Tjian; etwa 145–90 v. Chr.) ausdeutend, betont Mao, daß nicht wichtig sei, wie jemand stirbt, sondern für wessen Interessen: „Stirbt man für die Interessen des Volkes, so ist der Tod gewichtiger als der Tai-Berg; steht man im Sold der Faschisten und stirbt für die Ausbeuter und Unterdrücker des Volkes, so hat der Tod weniger Gewicht als der Schwanenflaum“ (M III, 205).
3. „Yü Gung versetzt Berge“, die Schlußrede Maos auf dem VII. Ptg. der KPCh am 11. Juni 1945, in der er ein Gleichnis aus dem Buch *lieh-tzu* aufgreift, auf das er bereits im April 1917 in seiner Studie über die Leibeserziehung hingewiesen hat. Der närrische Greis (d. i. Yü Gung, auch *yü-kung)* wird verspottet, weil er zwei Berge abzutragen versucht, die ihm den Weg versperren. Darauf Yü Gung: „Sterbe ich, bleiben meine Kinder; sterben die Kinder, bleiben die Enkelkinder, und so werden sich die Generationen in einer endlosen Reihe ablösen. Die Berge sind zwar hoch, aber sie können nicht mehr höher werden; um das, was wir abtragen, werden sie niedriger; warum sollten wir sie da nicht abtragen können?“ (M III, 321; MWo, 236).
Die D. (Auflage während der Kulturrevolution 700 Mio.) gelten als eine „gewaltige ideologische Waffe, mit der man den Egoismus überwindet, und es dahin bringt, sich dem Interesse der Gemeinschaft zu widmen und sein Wesen zu wandeln.“
Die D. propagieren Tugenden, die in China nicht als selbstverständlich gelten: den selbstlosen Einsatz für die Interessen des Volkes, wobei im Falle Dr. Norman Bethunes eine internationalistische Komponente dazukommt, und das Handeln für die Zukunft, ohne an den augenblicklichen Vorteil zu denken.
(1h; 2a; 4b)

Drei Total
auch: *Politik des dreifachen Total, drei alles, Dreiermethode*
Kommunistische Bezeichnung für die Taktik der Japaner in Nord-China gegen die →*Roten Gebiete:* alles niederbrennen, alles töten, alles plündern.
(4k)

Drei Tun und drei Nichttun
Wang Hung-wen hob diese drei Prinzipien, die von Mao aufgestellt wurden, in seinem Bericht an den X. Parteitag der KPCh am 24. August 1973 als wesentlich für die Mitglieder der Partei hervor: „Marxismus und nicht Revisionismus praktizieren, sich zusammenschließen und keine Spaltung zu betreiben; offen und ehrlich sein und sich nicht mit Verschwörungen und Intrigen befassen." Besonders das erste Prinzip wurde als das wichtigste bezeichnet und deshalb in das neue Statut der KPCh Art. 3 Punkt 1 und Art. 12 Punkt 1 in der fast gleichlautenden Formulierung aufgenommen: „Gewissenhaft den Marxismus, den Leninismus und die Maotsetungideen studieren und den Revisionismus kritisieren."
(PR 35–36/73; NCNA 2. 9. 73)

Drei-Türen-Kader
auch: *Drei-Tore-Kader*
Negative Charakterisierung der →*Kader,* die keine Verbindung zu den Massen haben, weil sie nur *drei Türen* durchschritten haben, die Tür des Vaterhauses, der Schule und des Amtes, wo sie alle Aufgaben vom Schreibtisch aus zu lösen versuchen. Durch die →*7.-Mai-Schulen* sollen sie lernen, die *vierte Tür* (auch: *Tor*), die Tür der Revolution, zu durchschreiten.
(Ca Mai 72)

Drei Unterschiede
auch: *Drei große Unterschiede; Drei große Ungleichheiten*
Die Überwindung der D. ist die Voraussetzung für den Aufbau einer kommunistischen Gesellschaft (nicht nur in China):
1. der Unterschiede zwischen geistiger und körperlicher Arbeit,
2. der Unterschiede zwischen Arbeitern und Bauern,
3. der Unterschiede zwischen Stadt und Land.
Diesem Ziel dient unter anderem das →*Hinunterschicken.*
(7f)

Drei Unterstützungen und zwei Militärischen (san-chih liang-chün)
auch: *Dreifache Hilfe und zwei Militäraufgaben; Drei Stützungen und zwei Militärdinge; Drei Unterstützungen und zwei Militäraufgaben*
Aufgabe der Soldaten während der Stabilisierungsphase der *Kulturrevolution* in den *Revolutionskomitees* (→*Dreierverbindung*): Unterstützung der breiten Massen der Linken, der Industrie und der Landwirtschaft sowie Ausübung der Militärkontrolle und der Leitung der militärisch-politischen Ausbildung.

Anfangs wurde mit dieser Parole der starke Einfluß der Volksbefreiungsarmee im zivilen Bereich während der Stabilisierungsphase der *Kulturrevolution* umschrieben. Die D. wurden jedoch auch nach dem Sturz Lin Piaos und der Verminderung der zentralen Rolle der Armee im nichtmilitärischen Bereich beibehalten.
(JMJP 1.8.70; PR 31/72; PR 32/71; Ca Okt. 72; 7f; 7h)

Drei Verpflichtungen, eine Prämie (san-pao i-chiang)
auch: *Drei Fixierungen, eine Belohnung; Drei Verträge und eine Belohnung*
Um die wirtschaftliche Misere der →*Drei bitteren Jahre* zu überwinden, trat Liu seit 1961 für die →*Drei Freiheiten, eine Festlegung,* ein, die bei der Arbeit der *Volkskommunen* durch das Prinzip der D. ergänzt wurden:
Festgelegt wurden die Ertragsnormen, die Höhe der Gewinnabgabe an den Staat und die Höhe der Löhne. Dafür wurden die Überschüsse als Prämie im Verhältnis 5:1 aufgeteilt, die Hälfte erhält das Kollektiv, 10 Prozent fließen in einen Fond für Reparaturen, Sozialausgaben u. a., und 40 Prozent erhalten die Mitglieder der Produktionseinheit. Dieses Prinzip der materiellen Anreize zur Steigerung der Produktion wurde Liu in der *Kulturrevolution* als →*Ökonomismus* vorgeworfen.
(6d; 6i)

Drei Versöhnungen, eine Beschränkung (san-ho i-shao)
auch: *Dreimal Koexistenz, einmal Herabsetzung; Drei Vereinigungen, eine Schmälerung; Drei Vereinigungen, eine Minderung; Dreifacher Frieden*
In Anklang an die Formel →*Drei Erweiterungen, eine Festlegung* wurde Lius Politik in der *Kulturrevolution* als D. charakterisiert: Versöhnung mit den Imperialisten, den Reaktionären und den modernen Revisionisten (der Sowjetunion) sowie die Beschränkung der Hilfe für die revolutionären Kämpfe anderer Völker.
(7g; 7l; 10i; 10m)

Dritter revolutionärer Bürgerkrieg
auch: *Volksbefreiungskrieg*
Periode von der Kapitulation Japans am 14. August 1945 bis zur Gründung der Volksrepublik China am 1. Oktober 1949. Die Amerikaner hofften, im Anschluß an die →*Zweite Einheitsfront* eine Koalitionsregierung aus KMT und KPCh erreichen zu können. Obwohl als Ergebnis des →*Doppel-Zehn-Abkommens* im

Januar 1946 in Chungking die →*Politische Konsultativkonferenz* zusammentrat, wollten die KMT und die KPCh keine wirkliche Zusammenarbeit. Sie wollten nur Zeit für den unausweichlichen Bürgerkrieg gewinnen. Bereits im Februar brachen die Kämpfe erneut aus. Dem amerikanischen Vermittler gelang es, einen kurzfristigen Waffenstillstand vom 7. bis zum 30. Juni 1946 auszuhandeln, doch eine Koalitionsregierung und damit ein Ende des Bürgerkrieges konnte er nicht zustande bringen. Marshall kehrte am 7. Januar 1947 in die Vereinigten Staaten zurück. Damit waren die amerikanischen Vermittlungsversuche gescheitert, der Bürgerkrieg brach offen aus. Bis Mitte 1947 schien es so, als könnte die KMT die Oberhand gewinnen, denn ihr gelang die Eroberung zahlreicher bislang kommunistisch beherrschter Städte, unter anderem am 19. März 1947 auch Yenans. Doch die Kommunisten zogen sich nur – entsprechend Maos Strategie für den →*Guerillakrieg* – in die ländlichen Gebiete zurück. Dort verstärkten sie ihre Truppen und begannen im Juli 1947 ihre Gegenoffensive. Am 22. April 1948 wurde Yenan zurückerobert, am 1. November Mukden (Shenyang), am 15. Januar 1949 Tientsin, am 31. Januar Peking, am 23. April Nanking, am 25. Mai Shanghai besetzt. Die Städte des Südens fallen nach Ausrufung der VR China: Kanton am 14. Oktober und Chungking, die provisorische Hauptstadt der Nationalregierung, am 30. November 1949.
(2k; 5b; 6f; 9d)

E

Edikt des guten Willens
Erlaß der Nationalregierung vom 10. Juni 1935, durch den alle „unfreundlichen oder provokatorischen“ Aktionen gegen „befreundete Staaten“ unter Strafe gestellt wurden. Es war auf Druck der Japaner erlassen worden, um den Boykott japanischer Waren in China und die Entwicklung antijapanischer Organisationen einzudämmen. Die Nationalregierung hoffte auf diese Weise den Ausbruch eines bewaffneten Konflikts mit Japan hinauszögern zu können. Das E. war Ausdruck der Appeasement-Politik der Nationalregierung gegenüber Japan, solange die Kommunisten als innenpolitischer Gegner nicht ausgeschaltet waren. Das E. erfüllte jedoch nicht seinen Zweck; neue Forderungen der Japaner (wie

die →*Drei Grundsätze der japanischen Chinapolitik*) führten zu einer zunehmenden Verschärfung der antijapanischen Ressentiments und Aktionen in China *(→Sian-Zwischenfall)*.

(5c)

Einer gegen zehn – Zehn gegen einen

In der Abhandlung „Strategische Probleme des revolutionären Krieges", die 1936 verfaßt und 1941 zum ersten Mal veröffentlicht wurde, führte Mao aus: „Unsere Strategie ist: ‚Einer gegen zehn', unsere Taktik: ‚Zehn gegen einen'; das ist eine unserer Grundregeln, dank derer wir den Feind besiegen können" (M I, 277). D. h., die den Truppen der Nationalregierung zahlenmäßig erheblich unterlegenen militärischen Kräfte der Kommunisten müssen allen Kämpfen ausweichen, in denen sie nicht einem zahlenmäßig erheblich unterlegenen Teil der gegnerischen Streitkräfte gegenüberstehen. Ziel des →*Guerillakrieges* ist es deshalb, den Gegner durch Täuschungsmanöver zu einer Aufsplitterung seiner Kräfte zu verleiten.

Einheit – Kritik – Einheit

Mit dieser Formel griff Mao 1957 ein Prinzip auf, das er bereits 1942 als Modell für die Lösung nicht-antagonistischer →*Widersprüche* in der Rede „Den Arbeitsstil der Partei verbessern" vom 1. Februar 1942 (M III, 52) entwickelt hat. In der Rede „Über die richtige Behandlung von Widersprüchen im Volk" vom 25. Februar 1957 (mit der die →*Hundert Blumen* begannen) erläutert Mao diese Methode, „von dem Wunsch nach Einheit auszugehen, durch Kritik oder Auseinandersetzung Richtiges und Falsches klar unterscheiden und auf neuer Basis zu einer neuen Einheit zu gelangen" (MAS, 196). Diese Formel war die Grundlage aller →*Überwindungskampagnen* und spielte dementsprechend auch in der *Kulturrevolution* (Punkt 12 im →*Sechzehn-Punkte-Programm*) eine wichtige Rolle. In einer Weisung vom 17. September 1967 verdeutlichte Mao sie zu „Einheit – Kritik – Selbstkritik – Einheit" (1g, 188).

(6i; 7f; 7l; 10i)

Einundzwanzig Forderungen

Von Japan am 18. Januar 1915 gegenüber China nach der Eroberung des deutschen →*Pachtgebietes* Kiautschou und der unter deutscher Kontrolle stehenden Shantung-Bahn erhoben. Gefordert wird die Kontrolle Japans über die chinesischen Nordprovin-

zen, die sog. Mandschurei, die Innere Mongolei, Shantung und die Südostküste. China reagierte nicht auf die E., deshalb wurden sie am 7. Mai als Ultimatum wiederholt. Da Widerstand sinnlos schien, nahm Präsident Yüan Shih-k'ai die E. am 9. Mai an. Der 7. Mai 1915 galt seitdem als TAG DER NATIONALEN DEMÜTIGUNG (auch: GEDENKTAG DER NATIONALEN SCHANDE). Eine auf den 4. Mai 1919 vorverlegte Massenkundgebung aus Anlaß des vierten Jahrestages des 7. Mai mündete in die →*4.-Mai-Bewegung.*
Die E. konnten von Japan nicht vollständig durchgesetzt werden.
(M I; 4k; 5c)

Eins teilt sich in zwei
Mit dem Gegensatzpaar E. und ZWEI ZU EINEM VEREINEN griff Mao auf Formeln zurück, die der Philosoph Fang I-chin (Anfang des 17. Jahrhunderts) in seinen Erörterungen zur Metaphysik eingeführt hatte.
Für Mao entspricht E. (auch: THEORIE DER ZWEI PUNKTE; THEORIE VON DER TEILUNG IN ZWEI; THEORIE VON DER DOPPELNATUR) dem Kernsatz der Dialektik von der Einheit der Gegensätze, auf die praktische Politik angewandt, dem Weiterbestehen antagonistischer Widersprüche auch im Sozialismus *(→Widerspruch).*
Demgegenüber hätte Liu Shao-ch'i – gestützt auf Yang Hsien-chen, den Direktor der Parteihochschule – die Theorie des *Zwei zu einem vereinen* (auch: VERSCHMELZUNG VON ZWEI ZU EINEM) propagiert, die von der Identität der Widersprüche ausgehe, die Gegensätze zwischen Proletariat und Bourgeoisie leugne und das Erlöschen des Klassenkampfes predige.
(2a; PR 19/71; PR 2/72)

Erster Allchinesischer Rätekongreß
Der E. trat am 7. November 1931 in der Stadt Juichin, die im Zentralen Rätegebiet, dem größten der →*Roten Gebiete,* lag, zusammen, um die *Chinesische Sowjetrepublik* zu proklamieren. 290 Delegierte der verschiedenen kommunistischen Rätegebiete verabschiedeten eine provisorische Verfassung und erließen ein Bodengesetz, das die Enteignung des Landbesitzes der größeren Bauern und die Verteilung an Pächter, Landarbeiter und Soldaten vorsah. Außerdem wurde ein aus 61 Mitgliedern bestehendes Zentrales Exekutiv-Komitee gewählt, dessen Vorsitzender Mao war.
(5c)

Erster revolutionärer Bürgerkrieg
Kommunistische Bezeichnung für die ERSTE EINHEITSFRONT, die erste Periode der Zusammenarbeit mit der KMT 1924–1927. In einem Manifest des II. Ptg. der KPCh vom 10. Juni 1922 war die Forderung nach einer Einheitsfront zum Kampf gegen die →*Warlords* erhoben worden. In Verhandlungen mit Komintern-Beauftragten erklärte sich Sun Yat-sen zu einer solchen Zusammenarbeit nur bereit, wenn die Kommunisten Einzelmitglieder der KMT würden. Ein entsprechender Beschluß der Komintern stieß zuerst auf den Widerstand der chinesischen Kommunisten. Das →*Sun-Joffe-Abkommen* vom 26. Januar 1923 und ein Beschluß des 1. Nationalkongresses der KMT vom 20. Januar 1924 ermöglichten diese Zusammenarbeit auf der Basis der Einzelmitgliedschaft. Wichtige Etappen dieser Einheitsfront waren: die Gründung der →*Whampoa-Militärakademie,* die →*30.-Mai-Bewegung;* die Gegensätze zwischen KMT und KPCh wurden deutlich beim →*Staatsstreich vom 20. März 1926,* dem Arbeiteraufstand in Shanghai am 21. März 1927, dem →*Nanking-Zwischenfall* vom 24. März 1927 und dem →*Massaker von Shanghai* am 12. April 1927, mit dem Chiang die Kommunisten ausschaltete und zu vernichten versuchte. Trotzdem bemühten sich die Kommunisten, die Einheitsfront mit der Wuhan-Regierung unter Wang Ching-wei fortzusetzen. Am 15. Juli kam es auch in Wuhan zum Bruch. Der →*Zweite revolutionäre Bürgerkrieg* war bis zum Zustandekommen der →*Zweiten Einheitsfront* 1937 vom Kampf der KMT gegen die KPCh (→*Rote Gebiete;* →*Vernichtungsfeldzüge)* bestimmt.
(3d; 4k)

Erziehung durch Arbeit
Umschreibung für Zwangsarbeit, die meist mit einem System physischen und psychischen Druckes verbunden zur Umerziehung Oppositioneller führen sollte, besonders wenn diese Wandlung nicht durch die →*Gedankenreform* zu erreichen war.
In der als Folge des Scheiterns der →*Hundert-Blumen*-Bewegung eingeleiteten Kampagne gegen die „Rechtsabweichler" (Juni 1957) wurde den Behörden durch einen Beschluß des Staatsrates vom 1. August 1957 die Möglichkeit eingeräumt, auf administrativem Wege gegen sogenannte Vagabunden, Faulenzer (wenn sie gegen polizeiliche Bestimmungen verstießen) und gegen Reaktionäre und Gegenrevolutionäre (auch wenn sie sich nichts hatten zuschulden kommen lassen) vorzugehen und sie in Zwangsarbeitsla-

ger zur E. einzuweisen. Gewöhnlich wurden die betreffenden Personen auf öffentlichen Versammlungen in Schulen, Betrieben und Organisationen angeklagt und dann den Behörden zur E. übergeben.

(6c)

F

Fisch im Wasser

Mao benutzt in der Arbeit „Aus einem Funken kann ein Steppenbrand entstehen“ vom 5. Januar 1930 (M I, 133) ein Zitat von Menzius, der einen Tyrannen, der seine Untertanen zur Flucht unter einen milderen Herrscher veranlaßt, mit einem Otter vergleicht, der „die Fische dorthin treibt, wo das Wasser tiefer ist“. Später wandelt Mao dieses Bild ab, um die Beziehungen zwischen der *Roten Armee* und *Bevölkerung* in den →*Roten Gebieten* nach 1949 zwischen Volksbefreiungsarmee und →*Volk* sowie →*Kader* und *Volk* zu charakterisieren.

Die Volksmassen werden als das Wasser verstanden, in dem die Fische (Armee und Kader) wirken können. Trennen sie sich vom „Wasser“, dem Volke also, so „trocknen sie aus“. Daraus folgt, daß ein →*Guerillakrieg* nur im eigenen Volk geführt und nicht über die Grenzen exportiert werden kann.

(1h; 2a)

Fukien-Affäre

auch: *Fukien-Rebellion; Fukien-Meuterei; Aufstand der 19. Route-(auch: Marsch-, Feld-)Armee*

Am 20. November 1933 gründeten die Führer der 19. Route-Armee, die von West-Fukien gegen das Zentrale Rätegebiet (→*Rote Gebiete)* kämpfen sollte, eine gegen die Nationalregierung und die KMT gerichtete „Chinesische Republik“. An ihrer Spitze stand eine REVOLUTIONÄRE VOLKSREGIERUNG (auch: REVOLUTIONSREGIERUNG DES VOLKES), die zu ehemaligen →*Warlords* und zu Mao Tsetung Kontake aufnehmen wollte. Die Kommunisten waren entgegen früheren Erklärungen zu einer Zusammenarbeit mit der 19. Route-Armee nicht bereit. So konnte Chiang Kai-shek die Rebellion niederschlagen, was das Prestige seiner Zentralarmee bedeutend aufwertete, denn die 19. Route-Armee galt wegen

der Verteidigung Shanghais gegen die Japaner im Januar/Februar 1932 als „unbesiegbar“.
(2k; 5c; 5i)

Fünf-Anti-Kampagne (wu-fan yün-tang)
Anfang 1952 Ergänzung der →*Drei-Anti-Kampagne.* Gerichtet gegen die *nationale Bourgeoisie (→Klassen),* also Geschäftsleute und Unternehmer. Bekämpft werden sollten die FÜNF GIFTE: 1. Bestechung von Regierungsangestellten, 2. Steuerhinterziehung, 3. Diebstahl von Staatseigentum, 4. Betrug bei staatlichen Aufträgen, 5. Wirtschaftsspionage für private Spekulationen.
Durch die F. wurde das Bürgertum, das im Gegensatz zu den Grundbesitzern nicht enteignet worden war, weil seine Aufgaben während der Bürgerkriege und der ersten Konsolidierungsphase nicht von den Arbeitern oder Parteifunktionären übernommen werden konnte, zerschlagen. Nach offiziellen Angaben sollen von 450000 überprüften kapitalistischen Industrie- und Handelsunternehmen in den sieben oder acht größten Städten 76 Prozent mindestens in einem Punkt schuldig gewesen sein. 500 Personen sollen hingerichtet, 4000 zu Strafen von mehr als zehn Jahren Gefängnis, 30000 zu Strafen bis zu zehn Jahren Gefängnis verurteilt worden sein. Fast alle Betroffenen mußten hohe Geldstrafen zahlen, die sie zwangen, eine staatliche Beteiligung in ihren Unternehmen zuzulassen. Damit verloren sie ihre finanzielle Unabhängigkeit, blieben dem Staat als Führungskräfte, die noch nicht ersetzbar waren, erhalten. Die DDR hat später dieses Modell der halbstaatlichen Betriebe übernommen.
(2k; 3d; 6c; 6d)

Fünf Garantien
Zusicherung der Partei gegenüber den Bauern, ungeachtet ihrer Arbeitsfähigkeit. Garantiert werden:
1. Ernährung,
2. Wohnung und Kleidung,
3. Brennmaterial und Energie,
4. medizinische Betreuung
   (in anderer Version: Recht auf die Ausbildung der Kinder),
5. Sorge für die ordnungsgemäße Bestattung.

(7f; 10l)

Fünf große Rassen
auch: *Fünf Nationalitäten*
1. Han (Chinesen)

2. Mandschus
3. Mongolen
4. Tataren (oder Mohammedaner)
5. Tibeter

Davon stellen die Han mit 96 Prozent den größten Bevölkerungsanteil. Jedoch bilden die anderen Rassen auf rund 55% des chinesischen Territoriums die Mehrheit. Sun Yat-sen sprach von der chinesischen Republik als einer „Republik der Fünf Nationalitäten“, um damit gleichzeitig den Anspruch auf die damals außerhalb chinesischer Hoheit stehenden Randgebiete Tibet, Mongolei und Mandschurei zu unterstreichen. In der VR China sollen neben den Han 54 Nationalitäten als „nationale Minderheiten“ anerkannt worden sein. In den 5 autonomen Regionen, 29 autonomen Bezirken und 69 autonomen Kreisen genießen diese Minderheiten Sonderrechte, wie beispielsweise Zulassung ihrer Sprache als Amtssprache neben dem Chinesischen.

In Peking wurde 1951 ein „Zentralinstitut für Minderheiten“ gegründet, das einheimische Kader ausbildet, die die noch immer überwiegenden Han-Kader ablösen sollen.

(3p; 4q; 5i; FAZ 22.10.73)

Fünf-Gut-Kämpfer

auch: *Soldat mit fünffachen Vorzügen*

Parole, die die Forderungen an die →*Vier-Gut-Kompanien* auf den einzelnen Soldaten überträgt:

1. gut im politischen Denken,
2. gut im →*Drei-Acht-Arbeitsstil,*
3. gut in der militärischen Ausbildung,
4. gut in der Erfüllung von Kampfaufträgen,
5. gutes körperliches Training.

(PR 32/69; 4n)

Fünf Prinzipien der friedlichen Koexistenz

auch: *Panch Shila (Sanskrit: Fünf Grundpfeiler); Fünf Grundsätze*

Im Abkommen zwischen der VR China und der Republik Indien über den Handel und Verkehr zwischen dem tibetischen Gebiet Chinas und Indien vom 29. April 1954 (T: 3c, 234) werden in der Präambel fünf Grundsätze genannt:

1. Gegenseitige Achtung der territorialen Integrität und Souveränität.
2. Unterlassen von Angriffshandlungen.
3. Nichteinmischung in die inneren Angelegenheiten des anderen.

4. Gleichberechtigung und gegenseitige Begünstigung.
5. Friedliche Koexistenz.

Die Punkte 1 und 4 finden sich bereits in Maos Ansprache auf der Tagung des Vorbereitungsausschusses der neuen Politischen Konsultativkonferenz vom 15. Juni 1949 (M IV, 431). Die F. wurden von Chou En-lai und Nehru am 28. Juni 1954 als Grundlage für die Beziehungen in Asien zwischen Staaten mit unterschiedlicher Gesellschaftsordnung verkündet.

(2k; 3c; 9b; 9e)

Fünf rote Elemente

auch: *fünf Rot*

Sammelbegriff für die politisch bewußten Gruppen:
1. Arbeiter,
2. arme Bauern und untere Mittelbauern,
3. revolutionäre Kader,
4. revolutionäre Soldaten,
5. revolutionäre Märtyrer.

Die F. und ihre Kinder genießen besondere Privilegien. In der *Kulturrevolution* durften anfangs nur Kinder der F. Mitglieder der →*Roten Garden* werden.

Gegenteil: →*Fünf schwarze Elemente*

(6c; OP 24. 2. 67)

Fünf schwarze Elemente

auch: *Fünf negative Elemente; Fünf Schwarz*

Sammelbegriff für die Feinde des →*Volkes:*
1. Gutsbesitzer,
2. reiche Bauern,
3. Konterrevolutionäre,
4. Rechtsabweichler,
5. kriminelle Gruppen.

Die F. erhalten, auch wenn sie „ihre Fehler eingesehen haben“, lange Zeit keine vollen Bürgerrechte. Ihre Kinder durften nicht Mitglied der →*Roten Garden* werden.

Gegenteil: →*Fünf rote Elemente*

(6c; OP 24. 2. 67)

25 Thesen vom 14. Juni 1963

Die Antwort des ZK der KPCh auf den Brief des ZK der KPdSU vom 30. März 1963, in der die Chinesen noch einmal ihre Beziehungen zu den anderen kommunistischen Parteien und insbesondere zur KPdSU darstellen und daraus einen „Vorschlag zur Generallinie der internationalen kommunistischen Bewegung“ entwickeln. Die F. überschneiden sich häufig in ihrer Argumentation. Im wesentlichen werfen die Chinesen den Sowjets vor:

a) Mißachtung der gemeinsamen Erklärung der kommunistischen Parteien von 1957 und 1960 mit der Verurteilung Jugoslawiens durch das Bemühen um eine Wiederannäherung der Sowjetunion an Jugoslawien.

b) Einseitige Beschränkung auf die Thesen von der „friedlichen Koexistenz“ und damit Mißachtung der These von der „Unvermeidbarkeit des Krieges“.

c) Falsche Interpretation der Entwicklung in den sozialistischen Ländern mit der These vom „Staat des ganzen Volkes“, wodurch das Weiterbestehen antagonistischer Widersprüche, das Weiterbestehen von Klassen und die Notwendigkeit der Fortführung der „Diktatur des Proletariats“ geleugnet werde.

d) Mit dem „Kampf gegen den Personenkult“ werde die Kampfkraft der Partei gelähmt, denn sie bringe die Führer in Opposition zu den Massen.

e) Durch den Rat für gegenseitige Wirtschaftshilfe (COMECON) werde das Prinzip der Gleichberechtigung zwischen sozialistischen Parteien verletzt, weil sich die kleinen und wirtschaftlich schwachen der großen Partei unterwerfen müßten.

f) Durch das Pochen auf angebliche „Mehrheiten“ werde versucht, Differenzen nicht auszutragen, sondern durch Mehrheitsbeschlüsse zu unterdrücken.

g) Verschweigen des chinesischen Standpunktes gegenüber den Sowjetbürgern, obwohl China die sowjetischen Angriffe veröffentlicht hat. (T: 12c; 235)

Die F. bilden einen Höhepunkt in der ersten Phase der öffentlichen Auseinandersetzung zwischen China und der Sowjetunion. Die F. wurden unmittelbar vor einer Plenarsitzung des ZK der KPdSU veröffentlicht. Die Sowjetunion bemühte sich mit allen Mitteln, die Verbreitung und Bekanntmachung der F. zu verhindern. Mehrere chinesiche Diplomaten, die diesen Brief verteilt hatten, wurden deshalb aus Moskau ausgewiesen. Mit diesen Hypotheken belastet, konnte das Treffen von Delegationen der KPdSU und der KPCh in Moskau vom 5. bis 20. Juli 1963 keine Annäherung bringen.

Fut'ien-Zwischenfall
auch: *Zwischenfall von Fut'ien; Fut'ien-Umsturz; Fut'ien-Putsch*
Der F. entwickelte sich aus der Opposition der Führer der 20. Roten Armee in Südwest-Kiangsi, die Anhänger der Politik Li Lisans (→*Li-Li-san-Linie*) waren, gegen Mao. Mao ließ, weil er seine Macht gefährdet sah, am 7. Dezembeer 1930 mehrere Oppositionelle verhaften und beschuldigte sie, Mitglieder des →*AB-Bundes* zu sein. Teile der 20. Roten Armee befreiten diese Männer aus dem Gefängnis von Fut'ien, nahmen den Vorsitzenden des Kiangsi-Sowjets (→*Rote Gebiete*) sowie eine Reihe von Offizieren und Funktionären gefangen und erklärten Mao zum „Konterrevolutionär". Der Widerstand konnte von Mao erst nach zwei Monaten gebrochen werden. „Der Anführer Liu Ti-chao wurde verhaftet und andere Rebellen entwaffnet und liquidiert", erklärte Mao gegenüber Snow (5i, 222). Während Snow meint, nur „einige Kommunisten" wurden getötet, wohingegen die anderen inhaftiert oder umerzogen wurden, sprechen andere Quellen von 2000–3000 Toten. Mao rechnet den F. nicht zu den →*Zehn feindlichen Linien.*
(2k; 5c; 5g; 6f)

G

Gedankenreform
Im Ausland häufig als GEHIRNWÄSCHE bezeichnet. Kampagne zur Umerziehung der Intellektuellen, die 1951 der →*Kampagne gegen die Gegenrevolutionäre* folgte und der →*Drei-Anti-* und →*Fünf-Anti-*Kampagne vorausging. Die G. richtet sich im Gegensatz zu der →*Überwindungsbewegung* gegen Personen, die nicht Mitglied der KPCh sind. In der Regel waren das Angehörige der bürgerlichen Schichten.
Obwohl sich die G. hauptsächlich auf Mittel der Überredung und des psychischen Druckes stützte, waren sich die Betroffenen durchaus bewußt, daß bei „Uneinsichtigkeit" auch physische Gewaltmittel wie die →*Erziehung durch Arbeit* angewendet werden konnten.
Der Erfolg der G. erwies sich im Verlauf der →*Hundert Blumen* deshalb häufig als eine Unterwerfung unter die Regeln der KPCh, ohne daß damit wirklich eine Reform der Gedanken verbunden war.
(2k; 3l; 5c; 6f)

Geist von Yenan

Yenan (auch: JÄNAN) war seit Januar 1937 die Hauptstadt des von den Kommunisten beherrschten GRENZGEBIETES SHENSI-KANSU-NINGHSIA. Obwohl sie dort während der →*Zweiten Einheitsfront* keinen Angriffen der KMT-Truppen ausgesetzt und das Gebiet eigentlich nicht blockiert war, blieben die Kommunisten auf sich selbst angewiesen. Im Gegensatz zu den bisherigen chinesischen Armeen lebte die →*Rote Armee* jedoch nicht von Steuern und Abgaben, die sie von der Bevölkerung erhob, sondern handelte nach dem Motto: „Mit eigenen Händen ... ausreichende Kleidung und Nahrung verschaffen" (M III, 176). Für die Soldaten wie für die Intellektuellen galten die DREI GROSSEN REVOLUTIONÄREN PRAKTIKEN:

1. sich mit den Arbeitern und Bauern verbinden,
2. von den Arbeitern und Bauern lernen,
3. den Arbeitern und Bauern dienen.

Dem YENAN-IDEAL entsprach ein Mann, der Arbeiter, Bauer, Soldat und Studierender in einem war. Nicht das theoretische Buchwissen, sondern die Verbindung von Theorie und Praxis galten als wichtig.

Der G. wurde während der →*Kulturrevolution* immer wieder als Ideal hervorgehoben *(→Weisung vom 7. Mai)* und in der Formel „Harter Kampf und Vertrauen auf die eigene Kraft" zusammengefaßt.

(6e; PR 44/72)

Gelbe Gefahr

Das Schlagwort entstand Ende des 19. Jahrhunderts. Es meinte die Bedrohung der europäischen Welt durch die asiatischen Völker allgemein, häufig aber auch Chinesen oder Japaner allein. Ein genauer Ursprung ist nicht nachweisbar, weil sich in diesem Schlagwort zwei Entwicklungslinien treffen. Zum einen die Charakterisierung der angeblichen Gefahren durch die Chinesen als „Gelber Schrecken" oder „Gelbes Gespenst" (wie sie um 1876 in Kalifornien und Australien üblich gewesen sein sollen), zum anderen die bei politischen Schlagworten häufige Kombination mit „Gefahr". Kaiser Wilhelm hat wiederholt für sich in Anspruch genommen, durch seine Zeichnung mit der Unterschrift „Völker Europas wahret eure heiligsten Güter" den Begriff G. bekanntgemacht zu haben. Dieses Blatt zeigt Erzengel Michael (den deutschen Michel) auf einem Felsplateau. Er weist sieben, die europäischen Nationen symbolisierende gerüstete Frauen (im Stile der Germania), über denen ein Kreuz erstrahlt, auf eine jenseits eines Flusses brennende Stadt hin, über deren Feuerschwaden sich eine Buddhagestalt erhebt. Diese Zeichnung mag zur Popularisierung des Schlagworts G. beigetragen haben. Zuerst war das Wort (wie die Forschungen von H. Gollwitzer [4h] ergaben) wahrscheinlich in Frankreich verbreitet, griff dann nach Deutschland über und gelangte erst um 1900 nach Großbritannien. Ausgangspunkt war der Sieg Japans im japanisch-chinesischen Krieg und der Friede von Shimonoseki von 1895 *(→Ungleiche Verträge)*.

Das Schlagwort G. wurde auf drei Ebenen gebraucht:

1. Gegenüber den chinesischen Arbeitern in den Vereinigten Staaten und den Kolonien, weil sie mit niedrigen Löhnen zufrieden waren und damit das Lohnniveau und infolgedessen den Lebensstandard der einheimischen Arbeiter drückten.
2. Auf wirtschaftlichem Gebiet, weil die Chinesen im Ausland schnell in die Mittelschicht aufstiegen und dort ganze Branchen – besonders häufig den Handel – zu beherrschen begannen. Außerdem wurde im billigen Nachbau europäischer Produkte – vor allem durch Japan – und die damit verbundene wirtschaftliche Expansion eine Bedrohung der europäischen Vormacht auf den internationalen Märkten gesehen.
3. Politisch, weil den weißen Völkern angeblich die Gefahr einer Überfremdung durch die (meist als rassisch minderwertig deklarierten) Asiaten drohe.

Das Schlagwort G. war vor allem vor dem Ersten Weltkrieg verbreitet.

Grabt tiefe Tunnel, legt Getreidevorräte an und trachtet niemals nach Hegemonie

auch: *Tiefe Tunnel graben, überall Getreidevorräte anlegen, nie nach Hegemonie trachten.*

Diese Parole findet sich in dem „Neujahrsbotschaft" überschriebenen gemeinsamen Leitartikel der führenden Zeitungen zum Neujahr 1973 als ein Zitat Maos (T: PR 1/73).

Gemeint ist die Vorsorge gegen einen Atomwaffenangriff durch die Sowjetunion, das *→Vorbereitet sein auf den Krieg, vorbereitet sein auf Naturkatastrophen* sowie die Versicherung, daß China keine Supermacht sei und niemals eine werde.

Dieses Zitat ist die Abwandlung eines Rates, der Chu Yüan-chang, dem Führer einer Bauernarmee, 1357 von einem Weisen in Anhui gegeben wurde: „Errichte hohe Wälle, lege Getreidevorräte an, erkläre dich nicht überall zum König." Chu Yüan-chang hielt sich daran, vertrieb die Mongolen-Dynastie nach Norden und begründete die Ming-Dynastie. Diese Zusammenhänge sind den gebildeten Chinesen aus den klassischen Werken über die Geschichte der Ming-Dynastie bekannt.

(Ca Mai 73; FAZ 19. 4. 73)

Große Gleichheit (ta-t'ung)

auch: *Große Gemeinschaft, Große Harmonie, umfassende Gemeinschaft*

Im „Buch der Riten" *(li-chi)* aus den vorchristlichen Jahrhunderten wird Konfuzius die Schilderung eines archaischen Idealstaates der Tugend und der Gleichberechtigung aller, der sozialen Sicherung und der Selbstentfaltung eines jeden zugeschrieben, den er G. nannte. Die G. war seitdem das Ideal zahlreicher Sozialutopien. Es beeinflußte die sozialrevolutionären Ideen der →*Taiping-Bewegung* und der →*Hundert Tage der Reform.* Der Reformer K'ang Yu-wei entwickelte in seinem „Buch der Großen Gleichheit", das 1884 begonnen, 1902 abgeschlossen, jedoch erst 1935 postum als Ganzes publiziert wurde, nicht nur das Bild eines zeitgemäßen Staates der G., sondern er schlägt eine Fülle konkreter politischer Maßnahmen zu diesem Ziel vor. Auch Sun Yat-sen griff auf das Ideal der G. zurück, als er in seinen →*Drei Grundlehren vom Volk* das Ziel der *Grundlehre vom Volkswohl* als einen Zustand der Gesellschaft beschrieb, „den Konfuzius als ta-t'ung bezeichnete" (T: 41, 118; 4b, 479). In seiner Rede „Über die demokratische Diktatur des Volkes" vom 30. Juni 1949 nennt Mao „die fernen Perspektiven des Fortschritts der Menschheit" das „Reich der Großen Harmonie" (M IV, 438). Der 1959 in einer Zusammenstellung von „Materialien über utopistische Ideen in China" vertretene Standpunkt, daß sich die besten Vorläufer des Kommunismus unter der Idee der G. zusammenfassen lassen, wurde allerdings in der *Kulturrevolution* kritisiert. Es ist eine Streitfrage, ob Mao mit dem Begriff der G. auf ein altes Ideal zurückgriff oder ob er eine alte Idee mit einem neuen Sinn erweiterte. Der Begriff der G. ist ein Beispiel für die Verbindungslinien zwischen klassischer Tradition und dem sinisierten Marxismus der →*Mao-Tsetung-Ideen.*

(1e; 4b; 4s; 5c)

Guerillakrieg

auch: *Guerillastrategie, Guerillataktik, Guerilladoktrin, Volkskrieg, Partisanenkrieg*

Der G. war in der Vergangenheit eine Verteidigungstaktik besetzter Völker, um sich gegen die Besatzung zu wehren. Erst Mao hat den G. zu einer Revolutionsstrategie für den Weg zur Macht entwickelt, vor allem in den Abhandlungen: „Strategische Probleme des revolutionären Krieges in China" (Dez. 1936) (M I, 209); „Strategische Probleme des Partisanenkrieges gegen die japanische Aggression" (Mai 1938) (M II, 83); „Über den langwierigen Krieg" (Mai 1938) (M II, 127); „Probleme des Krieges und der Strategie" (6. 11. 1938) (M II, 255).

Ausgangspunkt ist für Mao eine kleine bewaffnete Truppe bewußter Revolutionäre, die sich in entlegenen Landesteilen ein Stützpunktgebiet aufbaut. Mao bevorzugte dabei die Grenzgebiete zwischen den Provinzen, weil die Guerillas Vorteile aus der gewöhnlich unzureichenden Koordination der örtlichen Militärbehörden in den verschiedenen Provinzen ziehen konnten. Das Stützpunktgebiet *(→Rote Gebiete)* war keine Festung, sondern meist eine strategisch günstig gelegene Ortschaft. Die Aufgabe der bewaffneten Revolutionäre war es, die Bewohner mit politischen Mitteln für die Revolution zu gewinnen, d.h. eine meist geheime Parteizelle aufzubauen. Durch die *→Drei Hauptregeln der Disziplin* und die *→Acht Punkte zur Beachtung* sollten sich die Soldaten der *→Roten Armee* von dem sonst für China üblichen Soldatentypus unterscheiden, der wegen der Gewalttätigkeiten und der Mißachtung der Bauern gefürchtet war. Damit sich die Guerillas wie ein *→Fisch im Wasser* bewegen konnten, war eine Interessenidentität mit den Bauern notwendig. Die Soldaten lebten deshalb nicht besser als die Bauern, sorgten für sich selbst und halfen häufig bei der Landarbeit. Eine der ersten Aktionen in den Roten Gebieten war die Aufteilung des Landes der Grundbesitzer und reichen Bauern an die armen Bauern und Pächter. Durch gelenkten Terror wurden die Besitzenden zur Herausgabe ihres Besitzes gezwungen, außerdem wurden sie vor Volkstribunale gestellt und als Unterdrücker abgeurteilt. Da bei dieser Neuverteilung des Besitzes und der Macht keine neutrale Position geduldet wird, müssen die Bewohner des Stützpunktgebietes eine Rückkehr zu den alten Machtverhältnissen fürchten. Das bindet sie zusätzlich an die Kommunisten und sichert deren Kontrolle über die Bevölkerung. Eine Vermischung von Armee und Bauern wird nicht angestrebt, weil dadurch die Beweglichkeit beschränkt würde. Das erleichtert, einzelne Stützpunkte aus taktischen Gründen aufzugeben, obwohl der Bevölkerung dann Repressalien drohen. Außerdem gehört es zu den Aufgaben der Guerilla, einen Gegenterror der Regierung zu provozieren, um auf diese Weise die staatliche Autorität zu untergraben.

Das taktische Konzept des G. hat Mao in vier Sätzen zusammengefaßt, die im Chinesischen aus jeweils vier Schriftzeichen bestehen:

1. Rückt der Feind vor, ziehen wir uns zurück.
2. Macht er halt, umschwärmen wir ihn.
3. Ist er ermattet, schlagen wir zu.
4. Weicht er, verfolgen wir ihn (M I, 141).

Strategie und Taktik hat Mao in dem Satz: →*„Einer gegen zehn, zehn gegen einen“* zusammengefaßt.

Erst in der letzten Phase der Machteroberung, wenn bereits ausgedehnte Stützpunktgebiete und eine gut organisierte Armee bestehen, wird die Guerillataktik verlassen und zum Bewegungskrieg übergegangen. Die Entscheidung aber wird nach Maos Vorstellungen eine konventionelle Entscheidungsschlacht (Vernichtungsschlacht) bringen, auf die sich die *Rote Armee* allerdings erst einläßt, wenn sie des Sieges sicher ist.

Von den Sowjetkommunisten wird Mao vorgeworfen, er reduziere die vielfältigen Formen des revolutionären Kampfes allein auf den G. Damit löse er sich von der proletarischen Basis in den Städten und stütze sich mit den Bauern auf eine Schicht, die nicht politisch-revolutionär sei. Zweifellos entspricht Maos Guerillastrategie nicht dem marxistischen Revolutionsbild, das von der führenden Rolle des Proletariats ausgeht. Die Streitfrage ist, ob mit der Guerillastrategie die marxistische Theorie in die chinesische Praxis umgesetzt wurde oder ob Mao lediglich seine Erfahrungen zusammenfaßte und eine neue Theorie aus der Praxis entwickelte, wobei er sich stärker auf die chinesischen Klassiker der Kriegskunst (z. B. Sun Tze, auch: Sun Dsi) stützte als auf die Klassiker des Marxismus-Leninismus.

Der Einfluß auf die revolutionären Bewegungen in der Dritten Welt ist jedenfalls nicht zu bestreiten. Lin Piao hat 1965 Maos Guerillastrategie in seinem Artikel „Lang lebe der Sieg des Volkskrieges“ (T: 2i; 188) zum weltrevolutionären Konzept erklärt, indem er von den →*Landgebieten der Welt* sprach, die die *Städte der Welt* einkreisen und besiegen werden. Wobei jedoch immer wieder betont wird, daß die Revolution nicht exportiert werden kann, sondern jedes Volk seine eigene Revolution machen muß.

(2f; 3i; 4u; 5i; 6i)

H

Hai Juis Entlassung

auch: *Die Absetzung Hai Juis, Hai Jui wird seines Amtes enthoben, Hai Jui wird entlassen, Die Entlassung Hai Juis*

Titel einer Peking-Oper von Wu Han, die im Januar 1961 in der *„pei-ching wen-i"* (Pekinger Literatur und Kunst) veröffentlicht, wenig später in Peking uraufgeführt, jedoch nach wenigen Vorstellungen wieder abgesetzt wurde. Über die Gründe gibt es widersprüchliche Angaben. Blumer (7b; 41) vermutet, sie hätte nur geringen Erfolg gehabt, Kuo (4n, 166) spricht von einem Verbot. 1962 erschien der Text als Buch im Pekinger Volksbuchverlag. Im Vorwort betonte Wu Han, auch in der Gegenwart wäre „von Hai Jui zu lernen". Der Inhalt des Stücks ist eine Paraphrase über eine historische Gestalt. Hai Jui (1515–1587) war ein hoher Beamter, der in Ungnade fiel, weil er die Armen gegen die Reichen in Schutz nahm. Im Stück überprüft Hai Jui inkognito in einem Ort im Süden, ob die Vorwürfe zutreffen, daß sich die Beamten unrechtmäßig auf Kosten der Bauern Land aneignen. Als bei einer Gerichtsverhandlung ein Mann, der gegen einen Gutsbesitzersohn klagt, weil dieser seine Tochter geraubt hat, von dem korrupten Richter wegen Aufruhrs zum Tode verurteilt wird, gibt sich Hai Jui zu erkennen. Er ordnet die Rückgabe des Landes an die Bauern an und verurteilt den Gutsbesitzersohn zum Tode. Hai Jui erweist sich gegenüber den anderen Beamten als unbestechlich und nimmt weder das Urteil noch seine anderen Anordnungen zurück. Die Folge ist eine Intrige, die zu seiner Entlassung durch den Kaiser führt.

Hai Jui entspricht dem Topos vom gerechten Beamten, der das Volk gegen die Mächtigen in Schutz nimmt. Wu Han hatte dieses Thema zuerst unter dem Pseudonym Liu Mien-chin in einem Artikel der *„jen-min jih-pao"* am 16. Juni 1959 unter dem Titel „Hai Jui kanzelt den Kaiser ab" (auch „Hai Jui beschimpft, tadelt den Kaiser"). Später kam er noch mehrfach auf das Thema zurück (4n, 126). Am 10. November 1965 veröffentlichte Yao Wen-yüan in der Shanghaier *„wen-hui pao"* (Kulturspiegel) einen Artikel, der nach Angaben in der Rotgardistenpresse auf direkte Weisung Maos geschrieben wurde, „Über das historische Bühnenstück H.". Darin wird Wu Han Verwischung des Klassenstandpunktes vorgeworfen und gefragt, ob die „Lehre" sei, daß den Bauern das Land zurückgegeben werden sollte (also Kritik an den Volkskommu-

nen). Dieser Artikel, dessen Verbreitung das Pekinger Parteikomitee zu verhindern versuchte und der deshalb erst am 30. November 1965 in der *„jen-min jih-pao“* nachgedruckt wurde, markiert den Beginn der Kulturrevolution. Yao deckte – ohne Namen zu nennen – in seiner Polemik auf, daß Hai Jui als Schlüsselfigur für Peng Teh-huai und seine Opposition gegen die *→Drei Roten Banner* auf der *→Lushan-Konferenz* zu betrachten ist. Wu Han veröffentlichte am 27. Dezember 1965 und am 12. Januar 1966 Selbstkritiken, konnte damit jedoch sein Schicksal nicht wenden *(→Abendgespräche am Yenshan)*. Die Fünfergruppe der Kulturrevolution versuchte vergeblich, in den Februarthesen die Diskussion auf akademisches Gebiet zu verlagern. Im *Rundschreiben vom 16. Mai* 1966 wird hervorgehoben, daß es um die politische Frage der Entlassung Hai Juis und damit die Parallele zur *Lushan-Konferenz* ginge. Während der *Kulturrevolution* wurden wiederholt Gegner Maos als „Hai Juis“ bezeichnet.
(6e; 7b; 7e; 7h)

Herbsternteaufstände
auch: *Ernteaufstände*
Nach dem Scheitern des *→Aufstandes von Nanch'ang* am 1. August 1927 wurde auf der *→Notstandskonferenz vom 7. August* 1927 als neuer Kurs u. a. festgelegt: „Wir sollten dieses Jahr die Erntezeit ausnützen, um den Klassenkampf in den Dörfern zu verstärken. Die Parole dieser Bauernaufstände muß sein: Übertragung der politischen Macht im Dorf an die Bauernbünde. Der Landbesitz der großen und mittleren Gutsbesitzer muß beschlagnahmt und an arme Bauern verteilt werden. Kleine Gutsherren müssen gezwungen werden, den Pachtzins herabzusetzen“ (5b, 89). Diese Aufstände sollten im Bündnis mit dem linken Flügel der KMT organisiert werden, obwohl diese Zusammenarbeit nicht mehr bestand *(→Erster revolutionärer Bürgerkrieg)*. Die Aufstände waren in Hunan, Hupei, Kiangsi und Kuangtung geplant. Sie sollten ein Signal für die Revolutionierung des Landes sein und gleichzeitig durch massiven Terror und Morde die Grundherren und Beamten einzuschüchtern helfen.
Der erste der H. fand Ende August in Hupei statt, er wurde ebenso wie ein weiterer Aufstand am 20. September in West-Hupei schnell niedergeschlagen. Die Erhebung vom 4. Oktober in Südost-Kuangtung, die zur Bildung einer ersten Räteregierung in China führte, bestand dagegen bis Ende Februar 1928. Aus heutiger Sicht verdient der Aufstand in Hunan besondere Bedeutung,

weil er von Mao als Sonderbeauftragtem des ZK der KPCh geleitet wurde. Mao lehnte – im Gegensatz zu den Weisungen der Partei – das Vorschieben der KMT als angeblich Beteiligten ab. Er strebte einen kommunistischen Aufstand mit der Bildung von Räten an. Ziel war die Eroberung der Provinzhauptstadt Ch'angsha. Nach den Vorstellungen der Partei sollte eine Massenbewegung ausgelöst werden, während Mao – in realistischer Einschätzung der Lage – das Schwergewicht der Aktionen auf die vier Regimenter legte, die ihm zur Verfügung standen. Am 9. September begann der Aufstand. Da er nicht wie geplant verlief, verzichtete Mao auf den Angriff gegen Ch'angsha und zog sich (nachdem er aus Gefangenschaft entfliehen konnte) mit den Resten seiner Truppen zum *Chinkangshan (→Rote Gebiete)* zurück. Von der Partei wurde Mao die Schuld am Scheitern gegeben, weil – wie es in einem Parteidokument heißt – „ihre Führer es versäumt haben, die Unterstützung der Bauernmassen zu gewinnen" (zit. nach 5c, 278).
(1h; 2k; 5b; 5c)

Herr Te und Herr Sai
auch: *Herr Demokratie und Herr Wissenschaft, Mr. Democracy und Mr. Science*
Eine Personifizierung der Begriffe Demokratie und Wissenschaft durch Ch'en Tu-hsiu nach der lautmalerischen Übertragung der englischen Worte ins Chinesische (democracy = *te-mo-k'e-le-hsi;* science = *sai-yin-ssu*), die bestimmend für die *→4.-Mai-Bewegung* waren. Herr Te wurde als Gegensatz zum Konfuzianismus, den Gesetzen der Sitte, der althergebrachten Ethik und Politik, Herr Sai als Gegensatz zu den althergebrachten Künsten und der Religion empfunden. H. sollten Chinas Selbständigkeit und seinen Anschluß an die moderne Welt geistig und wirtschaftlich vorbereiten helfen.
(2k; 4q; 5c; 5f; 6h)

Hinunterschicken (hsia-fang)
Methode, die der Verbürokratisierung der *→Kader* und dem Abbau der Unterschiede zwischen geistiger und körperlicher Arbeit sowie zwischen Stadt und Land *(→Drei Unterschiede)* entgegenwirken soll. Am 29. Dezember 1955 wurde in der „Anweisung des Staatsrates über die Frage bezüglich der weiteren Einschränkung des administrativen Verwaltungsapparates der staatlichen Behörden" durch Chou En-lai angeordnet, daß ein erheblicher Teil der Mitarbeiter der Behörden im Zuge einer

Rationalisierung zu Organisationen, Produktions- und Bauobjekten der jeweils nächstniedrigeren Ebene versetzt oder pensioniert werden sollte (T: 6h, 421ff). Auf dem 3. Plenum des VIII. ZK am 23. September 1956 wurde diese Maßnahme bestätigt. Mit der Anweisung des ZK der KPCh vom 10. Mai 1957 wurde die Entsendung von leitenden Mitarbeitern, mit der Anweisung des ZK der KPCh vom 28. Februar 1958 die Entsendung aller *Kader* zu zeitweiliger körperlicher Arbeit in die Dörfer und Betriebe angeordnet. Diese Maßnahmen wurden durch den „Beschluß des ZK der KPCh und des Staatsrates über die Teilnahme von leitenden Mitarbeitern an körperlicher Arbeit" vom 25. September 1958 (T: 6 h, 425) ergänzt. Im Herbst 1957 begann die Kampagne „HINAUF IN DIE BERGE, HINUNTER AUFS LAND", die mit demselben Ziel vor allem Mittel- und Hochschulabsolventen erfaßte. Gleichzeitig wurden verschiedene Modelle des HALB ARBEITEN, HALB STUDIEREN entwickelt, so daß die produktive Arbeit in schuleigenen Werkstätten oder Farmen Teil des Unterrichts wurde. Selbst in den Kindergärten müssen die Kinder – wenn auch nur geringe Zeit – produktive Arbeit leisten.
Nach offiziellen Angaben betraf das H. bis Mitte 1958 über eine Million *Kader,* während das H. der Jugendlichen erst in den sechziger Jahren im großen Maßstab begann. Bis 1964 sollen rund 40 Millionen Jugendliche hinuntergeschickt worden sein. Das geschah keineswegs immer freiwillig. Während der *Kulturrevolution* kehrten deshalb viele der hinuntergeschickten Jugendlichen ohne Erlaubnis in die Städte zurück. Nach Angaben aus Taipeh sollen das 1969 rund 10 Millionen gewesen sein. Im DRINGENDEN ZIRKULAR (auch: RUNDSCHREIBEN) VOM 8. OKTOBER 1967 (T: 7k, 113) wurde darum die Rückkehr dieser Jugendlichen aufs Land angeordnet. Diese Maßnahme konnte erst durchgesetzt werden, nachdem die *Kulturrevolution* durch den Einsatz der Volksbefreiungsarmee kanalisiert worden war. Gleichzeitig begann eine neue Kampagne des H.s, die allerdings der dauernden Ansiedlung dienen sollte. Grundlage war Maos Weisung vom 22. Dezember 1968: „Es ist unbedingt notwendig, daß Jugendliche, die eine Schulausbildung haben, aufs Land gehen und durch die armen Bauern und unteren Mittelbauern erneut erzogen werden." (1g, 201). Bis Ende 1973 sollen 8 Millionen Jugendliche diese Weisung befolgt haben (PR 52/73). Seit 19. Januar 1974 strahlt Radio Peking ein spezielles Programm für „gebildete junge Leute, die auf dem Land leben", aus.
Das H. der *Kader* wurde während und nach der *Kulturrevolution*

ebenfalls beibehalten. Allerdings arbeiten die *Kader* nur zeitweilig auf dem Land, meist in den *→7.-Mai-Schulen*, um die DREI GLEICHEN (d.i. gleiche Kost, gleiche Unterkunft und gleiche Arbeit wie die Bauern) zu akzeptieren. Das H. erwächst aus dem *Yenan-Ideal (→Geist von Yenan)*. Die Methode des H.s wird häufig mit dem russischen Populismus verglichen. Allerdings besteht ein entscheidender Gegensatz: Die Narodniki gingen „unters Volk", um es zu bilden, während die chinesischen Kader und die jungen Intellektuellen hinuntergeschickt werden, um vom Volk zu lernen. Das entspricht dem maoistischen Prinzip, die revolutionäre Kraft der Bauern gegenüber der des Proletariats höher einzuschätzen und dementsprechend zu meinen, daß die Stadt vom Land lernen kann und lernen muß.

(3d; 6e; 6h; 7k)

Hundert Blumen

auch: *Mingfang-Bewegung*

Am 14. Januar 1956 beschäftigte sich das ZK der KPCh mit der noch immer passiven Haltung der Intellektuellen gegenüber dem kommunistischen Regime. Da die wirtschaftliche und kulturelle Entwicklung des Landes ohne die Mithilfe der Gebildeten stagnieren würde, wurden neue Maßnahmen angeregt, die auch eine Mitarbeit nichtkommunistischer Intellektueller möglich machen sollte. Am 2. Mai 1956 forderte Mao in einer Rede vor der Obersten Staatskonferenz „LASST HUNDERT BLUMEN BLÜHEN, LASST HUNDERT GEDANKENSCHULEN (auch: IDEENSCHULEN) MITEINANDER STREITEN". Damit griff Mao bewußt auf den Begriff der HUNDERT IDEENSCHULEN zurück, mit dem die Blütezeit klassischer chinesischer Philosophie während der Zeit der kämpfenden Staaten (481–221 v. Chr.) bezeichnet wird. Lu Ting-i, Direktor der Propagandaabteilung des ZK, führte vor demselben Gremium am 26. Mai 1956 aus: „Die Geschichte zeigt, daß das akademische Leben stagniert, wenn unabhängiges Denken und freie Diskussion nicht gefördert werden ... (wir treten ein) für unabhängiges Denken, die Freiheit der Diskussion, für die Freiheit der schöpferischen Arbeit, für die Freiheit zu kritisieren" (zit. n. 6d, 33f). Trotzdem gelang es der KPCh nicht, das Mißtrauen der Intellektuellen zu überwinden, da die Säuberungen (*→Gedankenreform, →Kampagne gegen die Konterrevolutionäre*) noch nicht lange zurücklagen. Wahrscheinlich im Dezember 1956 wurde vom Politbüro die eigentliche H.-Kampagne beschlossen, um die Auswirkungen von Chruschtschews Geheimrede auf dem XX. Ptg. der

KPdSU mit der Verurteilung Stalins, die zum Polnischen Oktober und zum Ungarn-Aufstand führte, zu vermeiden. Das spiegelt sich in Maos Rede „Über die richtige Behandlung der Widersprüche im Volke“ vom 27. Februar 1957. Parallel dazu lief eine neue Kampagne zur Berichtigung des Arbeitsstils in der Partei (→*Überwindungsbewegung*) an, die im November 1956 beschlossen und am 27. April 1957 veröffentlicht wurde. Am 30. April 1957 wurde vom ZK der KPCh in einer Direktive die Organisation von Diskussionsveranstaltungen gefordert, die dann zwischen dem 8. Mai und dem 3. Juni stattfanden. Den wiederholten Garantien der Partei vertrauend, begann nun eine Kritik, die das Monopol der Partei und die Grundlagen des kommunistischen China in Frage stellte. Dazu gehörte u.a. die Forderung nach wirklicher Freiheit von Kunst und Wissenschaft, nach Organisationsfreiheit und mehr Rechten in der Regierung für die nichtkommunistischen Parteien, sogar der Rücktritt Maos und die Aufhebung der einseitigen Orientierung der Außenpolitik an die Sowjetunion wurden gefordert. Diese Kritik beschränkte sich nicht nur auf die Intellektuellen, sondern griff auch auf die Studenten, teilweise sogar auf Arbeiter und Bauern über. Am 8. Juni 1957 kündigte ein Leitartikel der *„jen-min jih-pao“* einen Kurswechsel an, als er vom Recht sprach, die Kritiker zu kritisieren. Als Maos Rede vom 27. Februar 1957 am 18. Juni veröffentlicht wurde, war sie um einige wesentliche Passagen ergänzt. Nun wurden „Worte und Taten“ als nur dann richtig bezeichnet, wenn sie dem Sozialismus nützen, die Führungsrolle der Partei stärken und außerdem den „demokratischen Zentralismus“ und die „Diktatur der Volksdemokratie“ festigen helfen (T: MAS, 208).

Damit begann ein Umschwung, in dessen Verlauf die H.-Kampagne zu einer Falle erklärt wurde, durch die die →*Widersprüche* zwischen dem Volk und den Feinden des Volkes offenbar und die Volksfeinde entlarvt werden sollten. Die Forschung ist sich jedoch weitgehend einig, daß Mao, als er die H. initiierte, davon ausging, daß sich das Bewußtsein der Intellektuellen gewandelt habe und in offener Diskussion lediglich nicht-antagonistische Widersprüche hervortreten würden, die H. also nicht als bewußtes Täuschungsmanöver konzipiert waren.

(1h; 3d; 6c; 6d)

Hundert Tage der Reform

auch: *Hundert Tage der Erneuerung; Hundert-Tage-Reform; Reform der hundert Tage*

Für China war die Niederlage im Krieg gegen Japan ein Schock, da nun ein Land, das bisher wegen seiner geringen Größe und kulturellen Abhängigkeit nicht als gleichwertig betrachtet worden war, im Frieden von Shimonoseki 1895 China Bedingungen diktierte, deren Folge erhebliche territoriale Verluste (Formosa, Pescadoren, Liaotung sowie Anerkennung der Unabhängigkeit Koreas), die Öffnung von vier Häfen und eine Kontribution von 200 Millionen Silbertael waren.

Diese Ereignisse wurden zum Ausgangspunkt der Reformbewegung. Ihre Hauptvertreter waren K'ang Yu-wei und Liang Ch'i-ch'ao, Gelehrte, die durch eine Rückbesinnung auf den wahren Konfuzius China das geistige Gerüst für die notwendige Modernisierung schaffen wollten. Sie gingen über den bis dahin meist als Maximum betrachteten Grundsatz hinaus, daß es genüge, das technische Wissen des Westens in das sonst unveränderte Gesamtgefüge Chinas zu integrieren (→*Selbststärkungsbewegung*). Die Reformer forderten die Verbreitung umfassender Kenntnisse über den Westen durch die Übersetzung westlicher Werke (weder K'ang noch Liang beherrschten eine Fremdsprache) und die Erneuerung des Bildungswesens nach westlichem Vorbild. Nicht die klassische Beamtenprüfung, die nicht auf die praktischen Bedürfnisse des Staates ausgerichtet waren, sondern auch der Abschluß einer Lehrstätte, die westlichen Vorbildern entsprach, sollte (was bisher nicht möglich war) den Weg zu wichtigen Staatsämtern öffnen.

Nach zwei gescheiterten Versuchen gelang es K'ang schließlich, Kaiser Kuang-hsü eine Denkschrift überreichen zu lassen, die Grundzüge einer Reform entwickelte und in der unter anderem auf die Beispiele Peters des Großen und des japanischen Kaisers Meiji verwiesen wurde. K'ang wurde als Sekretär ins Ministerium für öffentliche Angelegenheiten berufen. Unter seinem Einfluß – bestärkt durch das weitere Vordringen der westlichen Mächte und die Ausweitung der →*Pachtgebiete* – gelang es, den Kaiser für das Reformprogramm zu gewinnen:

A) Politik

1. Zulassung von Zeitungen, Gründung einer Regierungszeitung.
2. Erweiterung des Eingaberechtes an den Kaiser über den Kreis

der hohen Beamten hinaus und schnellere Bearbeitung der Petitionen.
3. Umfassende Revision und Vereinfachung der Gesetze.
4. Entsendung von Beamten ins Ausland, um westliche Vorbilder zu studieren.
5. Einleitung einer Verfassungsreform.
6. Einschränkung der Vorrechte der Mandschus.

B) Verwaltung
7. Verwaltungsvereinfachung und Verminderung der Behörden.
8. Einstellung von Reformern in den Staatsdienst.
9. Ersetzen der alten Beamtenprüfung durch ein zeitgemäßes aufgabenbezogenes Prüfungssystem, das die Alleinherrschaft der erstarrten klassischen Ausbildung zugunsten moderner Bildungswege aufhebt.

C) Wirtschaft
10. Finanzreform und Einführung eines Staatshaushaltes.
11. Schutz und Förderung der Landwirtschaft, der einheimischen Industrie und des einheimischen Handels.
12. Förderung des Bergbaus.
13. Förderung des Eisenbahnbaues.
14. Anreize und Auszeichnungen für Erfinder.

D) Kultur
15. Gründung einer kaiserlichen Universität in Peking und Einrichtung einer Fakultät für westliche Medizin.
16. Schaffung eines modernen Schulsystems auch auf Provinzebene.
17. Förderung wissenschaftlicher Werke.
18. Gründung eines Übersetzungsbüros, um vor allem wichtige wissenschaftliche und philosophische Werke ins Chinesische zu übertragen.
19. Einführung eines Konfuzius-Kultes.
20. Unterstützung der Missionare.

E) Militär
21. Schaffung einer modernen Zentralarmee, Einschränkung der Bannertruppen der Mandschus.
22. Schaffung einer modernen Marine.
23. Unterstützung privater Unternehmer beim Bau von Waffenfabriken.

Die meisten dieser Vorhaben wurden in der Zeit vom 11. Juni bis 16. September 1898, den H., durch kaiserliche Dekrete in Angriff

genommen. Der Kaiser wollte die Reformbewegung benutzen, um seine Stellung gegenüber der Kaiserinwitwe Tz'u-hsi, die für ihn offiziell bis 1887 die Regierungsgeschäfte geführt hatte und die noch immer eine entscheidende Rolle spielte, zu festigen. Weil Yüan Shih-k'ai, der angeblich auf Seite der Reformer stand, jedoch Pläne zum Schutze des Kaisers an Tz'u-hsi verriet, gelang es der Kaiserinwitwe durch eine Art Staatsstreich, den Kaiser gefangenzunehmen und für den Rest seines Lebens festsetzen zu lassen. Sechs Anhänger der Reformbewegung, die SECHS MÄRTYRER DER REFORM, wurden hingerichtet. K'ang und Liang gelang die Flucht nach Hongkong und Japan.
Die Reformdekrete wurden sämtlich aufgehoben, dann jedoch unter dem Zwang der unumgänglichen Modernisierung Chinas in modifizierter Form bis 1906 größtenteils verwirklicht.
(4f; 4g; 4n; 4q)

K

Kader
Das chinesische Wort *kan-pu* (auch: *Ganbu*) ist eine bewußte Übernahme vom Ausland. Es bezeichnet die politischen und fachlichen Führungspersonen auf allen Ebenen. Die K. müssen nicht Parteimitglied sein, deshalb fordert Mao, daß sich die Parteimitglieder um die K. kümmern sollten, die nicht der Partei angehören. In der Rede „Der Platz der KPCh im nationalen Krieg" vom Oktober 1938 hat Mao sechs Kriterien für die Kaderpolitik aufgestellt:
1. Entschlossene Durchführung der Parteilinie.
2. Einhaltung der Parteidisziplin.
3. Enge Verbundenheit mit den Massen.
4. Fähigkeit zu selbständiger Arbeit.
5. Arbeitseifer.
6. Uneigennützigkeit (M II, 238; MWo, 333).

Dabei dachte Mao in erster Linie an die militärisch-politischen K. der Zeit des →*Zweiten revolutionären Bürgerkriegs,* die mit ihrem oft charismatischen Führungsstil den großen Rebellen oder legendären Räubern ähnelten. Damals praktizierten die K. einen Egalitarismus, der Mao mehrfach veranlaßte, vor zuviel „Gleichmacherei" (M I, 125) zu warnen. Im Gegensatz zum klassischen Beamten, dessen Macht auf seinem in den Prüfungen erworbenen

Rang, gestützt auf den Einfluß und den Besitz seines Familien-Clans, beruhte und der gewöhnlich von der Stadt aus mit administrativen Mitteln eine äußere Disziplin erzwang, beruht die Macht der K. in ihrer Fähigkeit zur Mobilisierung der Massen, unter denen sie im Dorf leben und mit denen sie (was für den klassischen Beamten undenkbar war) arbeiten.
Nach der Gründung der VR China entwickelte sich jedoch wie in allen anderen kommunistischen Staaten eine neue stark gestufte Hierarchie der K. Einerseits leitete sich ihre Stellung aus der Dauer der Zugehörigkeit zur kommunistischen Bewegung her (z. B. spiegeln das Bezeichnungen wie *Langer-Marsch-K., Yenan-K., 1938-er K., K. aus dem antijapanischen Widerstandskrieg, K. aus dem Dritten revolutionären Bürgerkrieg*), andererseits aus der Stellung in der Hierarchie. Ein Gehaltssystem von 25 Stufen (gegenüber nur acht Lohnstufen für Arbeiter) sorgt für starke Differenzierung. Versuche, das Gehaltssystem auf elf Stufen zu reduzieren, waren nicht von Dauer. Dazu kamen Privilegien, wie z. B. die besser ausgestatteten Sonderschulen für Kaderkinder, die während der Kulturrevolution von den →*Roten Garden* scharf kritisiert wurden. Da nach der Gründung der VR China die Aufgaben in der Administration die K. der Revolutionszeit oft überforderten, wurden sie häufig aus ihren Positionen von Fachkadern verdrängt. Mit der →*Drei-Anti-Kampagne* und einer neuen →*Überwindungsbewegung* sollten die Opportunisten erkannt und ausgeschaltet werden. Durch das →*Hinunterschicken* wurde versucht, die Verbindung zu den Massen aufrechtzuerhalten, um dem Bürokratismus entgegenzuwirken. Während Mao forderte, die K. sollten →*Rot und Experte* sein, meinte die Gruppe um Liu, für den wirtschaftlichen Aufstieg sei der Fachmann – selbst der politisch oft indifferente – wichtiger.
Diese Auseinandersetzung prägte auch die Kulturrevolution.
Das System der Teilnahme der K. an körperlicher Arbeit wird durch die →*7. Mai-Schulen* systematisiert.
(3d; 6e; 6i)

Kampagne gegen die Konterrevolutionäre
auch: *Kampagne zur Niederwerfung der Gegenrevolutionäre; Kampagne gegen die Gegenrevolutionäre; Bewegung zur Säuberung der Gegenrevolutionäre.*
Massenkampagnen 1951 und 1955 zur Ausschaltung tatsächlicher und angeblicher Feinde der Kommunisten. Der ersten Kampagne ging der Erlaß der „Vorschriften zur Unterdrückung der Konter-

revolutionäre“ (auch: Bestimmungen zur Bestrafung der Konterrevolutionäre; Richtlinien für die Unterdrückung der Gegenrevolutionäre) vom 20./21. Februar 1951 voraus, die Verbrechen und selbst geringfügige Vergehen auch rückwirkend mit der Todesstrafe oder langjährigen Freiheitsstrafen belegten. Betroffen waren die bürgerlichen Kräfte, Mitglieder und Anhänger der KMT, von Geheimgesellschaften und Sekten. In allen Städten fanden öffentliche Massentribunale statt, die zu zahlreichen Hinrichtungen führten. Sicherheitsminister General Lo Jui-ch'ing nannte während des VIII. Ptg. der KPCh die Zahl von 800000 Hinrichtungen, Po I-po soll dagegen in einem Bericht bereits 1952 von über 2 Millionen gesprochen haben. Westliche Schätzungen schwanken zwischen einer und drei Millionen zum Tode Verurteilter; Schätzungen von bis 15 Millionen Ermordeten dürften überhöht sein.
Die zweite K. ging nicht so weit. Sie begann mit der Kritik Hu Fengs an der Politik der Partei gegenüber den Intellektuellen. Hu Feng, obwohl seit Jahrzehnten Mitglied der KPCh, wurde als Repräsentant der Bourgeoisie bezeichnet. Die Gegenkritik an Hu Feng mündete in die zweite K. Diesmal beschränkten sich die Kampfversammlungen weitgehend auf die Universitäten, Schulen und kulturellen Institutionen. Die Betroffenen waren neben sogenannten bürgerlichen Intellektuellen auch Parteimitglieder. Mehr als 80000 sollen damals verurteilt worden sein, rund 300000 wurden als „konterrevolutionär“ eingestuft, was zum Verlust aller Bürgerrechte führt.

(2k; 4f; 6c; 6d)

Kampf – Kritik – Umgestaltung

auch: *Kampf – Kritik – Umformung; Kampf – Kritik – Reform; Kampf – Kritik – Umerziehung; Kampf – Kritik – Umwandlung*

Eine Zusammenfassung der Kernthesen der →*Sechzehn Punkte* über die Kulturrevolution vom 8. August 1966: *Kampf* gegen die →*Machthaber in der Partei, die den kapitalistischen Weg gehen* (Punkt 1): *Kritik* an „typischen Vertretern der Bourgeoisie, die sich in die Partei eingeschlichen haben“ und den →*bürgerlichen, akademischen Autoritäten*, an „reaktionären Ansichten in Philosophie, in Geschichte, politischer Ökonomie und in Pädagogik, in Literatur, Kunstwerken und -theorien, in Theorien der Naturwissenschaften und anderen Gebieten“ (Punkt 11); *Umgestaltung* des „alten Erziehungssystems, der alten Unterrichtsprinzipien und -methoden“ (Punkt 10), „der Literatur, Kunst und aller anderen

Teile des Überbaus, die nicht der sozialistischen Wirtschaftsbasis entsprechen" (Punkt 1) (T: 7n, 148).
K. meint die politisch-ideologische Auseinandersetzung mit dem innenpolitischen Gegner. Damit unterscheidet sich diese Kampagne wesentlich von der systemimmanenten Kritik im sowjetkommunistischen Bereich, die sich kaum mit politischen Fragen, sondern gewöhnlich nur mit Unzulänglichkeiten der Wirtschaft und Verwaltung beschäftigt.
(6i; 7l)

Kanton-Kommune
Nach dem Scheitern des →*Aufstandes von Nanch'ang* und der →*Herbsternteaufstände* ein letzter Versuch der Kommunisten, durch einen Aufstand eine Solidarisierung der linken Gruppen der →*Kuomintang* (der *wahren KMT*) mit den Kommunisten gegen die Anhänger Chiang Kai-sheks (der *Schein-KMT*) zu erlangen. Die K. wurde von den Komintern-Beauftragten Benno Lominadse und Heinz Neumann auf Weisung Stalins organisiert, der im Gegensatz zu Trotzki die These von der „revolutionären Situation" in China vertrat und sich dementsprechend auch von geringen Erfolgen Gewinne im Machtkampf um die damals noch nicht endgültig entschiedene Lenin-Nachfolge versprach. Am 11. Dezember 1927 begann der Aufstand durch rund 4200 bewaffnete Arbeitermilizen, denen sich Soldaten der Zentralarmee anschlossen, so daß die Stadt in die Hand der Aufständischen fiel. Nach dem Vorbild der Pariser Kommune wurde die K. errichtet. Die erhoffte Signalwirkung blieb jedoch aus, und so brach der Aufstand zwei Tage später zusammen. Das kostete zwischen 600 und 15000 Kommunisten das Leben. Da sich bei einer Durchsuchung des sowjetischen Konsulats Hinweise auf eine sowjetische Beteiligung am Aufstand ergaben, brach die KMT die diplomatischen Beziehungen zur Sowjetunion ab. Die Schuld am Scheitern der K. nahm selbstverständlich nicht die Komintern auf sich, sondern schob sie dem „putschistischen Kurs" der KPCh zu.
(2k; 5c)

Karachan-Erklärung
auch: *Karakhan-Erklärung*
In einem Manifest vom 25. Juli 1919 erklärte der stellvertretende Kommissar für Auswärtige Angelegenheiten Sowjetrußlands, Lew Karachan, den Verzicht der Sowjets auf alle Vorrechte in China. In der ersten K. war auch von einer Rückgabe „aller Erwerbungen

der Regierung des Zaren, die China der Mandschurei und anderer Gebiete beraubten", die Rede. Ein Originaltext dieser ersten K. wurde allerdings nicht veröffentlicht. Es gibt davon zwei unterschiedliche Fassungen. Eine wurde am 26. August 1919 in der „Prawda" und der „Iswestia" veröffentlicht. Darin war der Passus über die Rückgabe der Chinesischen Ostbahn und aller Konzessionen nicht enthalten, der sich in der Fassung fand, die die chinesische Regierung erst im März 1920 in einer französischen Version als Telegramm aus Irkutsk von der dort zeitweilig amtierenden „Regierung der Völker Sibiriens und des Fernen Ostens" erhielt. Eine zweite K. wurde am 27. September 1920 veröffentlicht. Darin wird der Verzicht auf die Chinesische Ostbahn nicht mehr erwähnt. Die Verhandlungen aufgrund des →*Sun-Joffe-Abkommens* führten praktisch zu einer Rücknahme der K. Im chinesisch-sowjetischen Vertrag vom 31. Mai 1924 mußte China wesentliche Rechte aus den →*Ungleichen Verträgen* erneut anerkennen. Für die Chinesische Ostbahn wurde eine gemischte Verwaltung installiert. Über die Rückgabe der Gebiete, die Rußland nur aufgrund der *Ungleichen Verträge* gewonnen hatte, wurde nicht gesprochen. Die Sowjetunion verzichtete in dem Vertrag lediglich auf Sonderrechte, die sie sowieso nicht realisieren konnte, wie die Extrajurisdiktion und die Exterritorialität ihrer Bürger.
(5c, 12g)

Klassen
Mao hat den Begriff der K. recht unterschiedlich gehandhabt. Das klassische Schema der zwei sich antagonistisch gegenüberstehenden Klassen, der Ausbeuter und der Ausgebeuteten, wie es Marx und Engels im „Kommunistischen Manifest" entwickelten, als sie die Geschichte als einen Ablauf von Klassenkämpfen schilderten, findet sich am ehesten noch in Maos Theorie vom →*Widerspruch* mit ihrer Teilung der Bevölkerung in das →*Volk* und die Feinde des Volkes. Allerdings haben Marx selbst und seine Nachfolger erkannt, daß das Zweiklassenschema zur Beschreibung der sozialen Wirklichkeit nicht ausreicht. Im „Kapital" (Bd. 3, Kap. 52) spricht Marx von drei Klassen;
1. den Eigentümern von Arbeitskraft, deren Einkommen auf dem Arbeitslohn beruht,
2. den Eigentümern von Kapital, deren Einkommen aus dem Profit stammt,
3. den Grundeigentümern, die von der Grundrente leben.

Lenin vertrat ursprünglich ein Zweiklassenmodell, besonders in der Auseinandersetzung mit den Narodniki und ihrer Idealisierung des russischen Landvolkes als einer natürlichen Einheit. Nach 1918 betrachtete Lenin die Bauern jedoch als eigene Klasse, deren Platz im Klassenkampf an der Seite des Proletariats war. Stalin griff 1925 eine Idee Lenins von der besonderen Rolle eines Teiles der Bourgeoisie in den Ländern Asiens auf, indem er ein Vier-Klassen-Schema schuf, das auch für China gelten sollte: 1. Arbeiter; 2. Bauern; 3. NATIONALE BOURGEOISIE als fortschrittliche K. und 4. die Großbourgeoisie als reaktionäre Klasse. Mao sprach im Januar 1926 von acht K. (1h, 212), einen Monat später von fünf K. Zu diesen K. rechnet er (1g, 184ff):

	auf dem Lande	in der Stadt
Großbourgeoisie	Großgrundbesitzer	Bankiers, Kaufleute, Industrielle, →*Kompradoren*
Mittlere Bourgeoisie	kleinere Grundbesitzer	Geldverleiher, Besitzer kleinerer Betriebe, Kaufleute, die Maklergeschäfte betreiben
Kleinbourgeoisie	landbesitzende Bauern	Ladenbesitzer, Handwerker
Halbproletariat	Bauern, die teils Land besitzen, teils pachten	Angestellte im Handel, Ladenbesitzer, Handwerksgesellen
Proletariat	Landarbeiter	Fabrikarbeiter, Kulis

In der ursprünglichen Fassung dieser Analyse spricht Mao noch von der „Klasse der Intelligenz", während in der stark veränderten Fassung in den „Werken" die „unteren Schichten der Intelligenz – Schüler und Studenten, Lehrer der Mittel- und Grundschulen, kleine Beamte, kleine Büroangestellte, kleine Advokaten –" (M I, 11) zum Kleinbürgertum gerechnet werden. Die „oberen Schichten der Intelligenz" werden nicht erwähnt. Außerdem benutzt Mao den Begriff der nationalen Bourgeoisie noch für eine Schicht, die sich nicht entschieden hat, ob sie nach links – zur Revolution – oder nach rechts – zur Konterrevolution – abschwenken wird. In der Abhandlung „Die chinesische Revolution und die KPCh" vom Dezember 1939 wird die „nationale Bourgeoisie" als „relativ guter

Verbündeter" während der Periode der Revolution angesehen. (M II, 371 ff). Das gilt auch später für die →*Neue Demokratie.* Dementsprechend symbolisiert die Fahne der VR China mit einem großen gelben und vier kleinen gelben Sternen in der Ecke des roten Tuches, den VIER-KLASSEN-BLOCK aus Arbeitern, Bauern, Kleinbürgertum und nationaler Bourgeoisie unter der Führung der Partei. Ein solcher Vier-Klassen-Block bestand bereits während des Bündnisses mit der KMT im →*Ersten revolutionären Bürgerkrieg,* der – im Sprachgebrauch der KPCh – durch den Verrat der Bourgeoisie in der Phase des →*Zweiten revolutionären Bürgerkrieges* zu einem DREI-KLASSEN-BLOCK wurde.
Wie alle Einteilungen der sozialen, politischen oder ökonomischen Schichtungen in K. wurde keines der Schemata Maos der Vielfalt der Bevölkerungsgruppen wirklich gerecht. Das erwies sich bei der Landreform, deren Grundlage Maos Abhandlung „Wie man die Klassen im Dorf unterscheidet" vom Oktober 1933 (M I, 157) bildete, die dann weitgehend Teil des „Gesetzes über die Landreform" vom 30. Juni 1950 wurde (T: 10c, II, 403). Unterschieden werden fünf K.: Grundbesitzer, Großbauern, Mittelbauern, Kleinbauern und Landarbeiter (→*Landreform*). William Hinton (10c) beschreibt anschaulich, welche Schwierigkeiten die Klassifizierung bereitete. Seit der Kulturrevolution wird häufig auf die ARMEN BAUERN UND UNTEREN MITTELBAUERN als revolutionärer Klasse auf dem Land verwiesen. Der Kampf zwischen den →*Zwei Linien* gilt als Ausdruck des Klassenkampfes in der Partei.
(1h, 2d; 3i)

Kommunistische Partei Chinas (KPCh)

Chinesisch: *kung-ch'an-tang; kung-ch'an* = Gemeineigentum steht für Kommunismus

Die K. entwickelte sich unter Einfluß des Kominternbeauftragten Grigori Voitinski (auch: Woitinski) aus marxistischen Diskussionszirkeln der akademischen Jugend, die von Ch'en Tu-hsiu und Li Ta-chao geleitet wurden. Im Mai 1920 entstand in Shanghai die erste Parteizelle mit sieben Mitgliedern, im September folgte Peking, dann Wuhan (Gründer Tung Pi-wu), Ch'angsha (Mao Tsetung), Tsinan und Kanton. Außerdem wurden von chinesischen Studenten im Ausland kommunistische Organisationen gegründet; so in Frankreich (u.a. Chou En-lai, Li Li-san), Deutschland (u.a. Chu Teh) und der Sowjetunion.
Der I. Ptg. fand nach offiziellen Angaben am 1. Juli 1921, wahrscheinlich aber erst ab 27. Juli in einer Mädchenschule in der fran-

Parteitage und Entwicklung der Mitgliederzahlen

Ptg.	Datum	Ort	Delegierte	Mitglieder
I.	Juli 1921	Shanghai u. Chiashing	12, 13 oder 15	53 oder 57
II.	Juli 1922	Shanghai oder Hangchou	12	123
III.	Juni 1923	Kanton	27 oder 30	423
IV.	Jan. 1925	Shanghai	22	950
	Mai 1925			1000
	Nov. 1925	(nach der → 30.-Mai-Bewegung		10000
V.	April 1927 oder Mai	Hank'ou	80	57900
	1927	(nach dem → Massaker von Shanghai)		10000
VI.	Juni 1928 oder Juli–Sept.	Moskau	80 oder 176	40000
	Ende 1933	(vor dem → Langen Marsch)		300000
	Anf. 1937	(Beginn der → Zweiten Einheitsfront)		40000
VII.	April/Juni 45 23.4.–11.6.	Yenan	547 Mitglieder 208 Kandidaten	1210000
	Okt. 1949	(Gründung der VR China)		4500000
	Dez. 1950			5800000
VIII.	Sept. 1956 (15.–27.)	Peking	1026 Mitglieder 107 Kandidaten	8545900
	Okt. 1959	(10. Jahrestag der VR China)		13960000
	Juli 1961			17000000
IX.	April 1969 (1–24.)	Peking	1512	20000000
X.	Aug. 1973	Peking	1249	28000000

zösischen →*Konzession* in Shanghai und anschließend – als Bootsausflug kaschiert – auf dem West-See bei Chiashing statt. Teilnehmer waren u. a. Mao, Chang Kuo-t'ao, Tung Pi-wu sowie die Kominternbeauftragten Voitinski und Maring (d.i. Hendricus Sneevliet). Ch'en Tu-hsiu, der ebenso wie Li Ta-chao nicht teilnahm, wurde zum ersten Generalsekretär gewählt. Der Parteitag verabschiedete ein Allgemeines Programm. Danach verstand sich die K. als proletarische Partei nach dem Vorbild der Bolschewiki, die über eine bürgerlich-demokratische Revolution als notwendiger Zwischenstufe die Diktatur des Proletariats anstrebte. Umstritten war die Beurteilung der Politik von Sun Yat-sen und das Verhältnis der K. zur →*Kuomintang.*
Da die Komintern sowohl auf die K. als auch auf die KMT, die sie als einflußreicher und stärker einschätzte, setzte, drängte sie zu einer Zusammenarbeit beider Parteien. So z.B. Grigori Sinowjew während des ersten Kongresses der Werktätigen des Ostens im Januar 1922 in Petrograd und Moskau, an dem Delegierte der K. und der KMT teilnahmen.
Der II. Ptg. (Juli 1922) sprach sich deshalb in einer Resolution für eine Einheitsfront aus. Außerdem verabschiedete der Ptg. ein Organisationsstatut. Das →*Sun-Joffe-Abkommen* vom 26. Januar 1923 legte die Grundlagen für die Zusammenarbeit, allerdings nur auf der Basis der Einzelmitgliedschaft der Kommunisten in der KMT. Das Scheitern des kommunistisch gelenkten Eisenbahnerstreiks (→*Massaker vom 7. Februar* 1923) überzeugte die K., daß sie allein organisatorisch zu schwach sei. Der III. Ptg. (Juni 1923) billigte deshalb die Einheitsfront (→*Block von innen;* →*Erster revolutionärer Bürgerkrieg*).
Sowohl in der KMT als auch in der K. gab es Gegner dieser Zusammenarbeit. Das spiegelt sich in den Debatten des IV. Ptg. (Januar 1925) und – nach dem Tode Sun Yat-sens – in der Forderung Ch'ens vom Oktober 1925 nach dem Austritt der Kommunisten aus der KMT. Entsprechend Stalins Meinung, daß in China erst die bürgerlich-demokratische Revolution im Bündnis mit der Bourgeoisie vollendet werden müsse, widersprach die Komintern diesen Forderungen.
Die K. war zu diesem Zeitpunkt eine Partei, die sich auf die städtischen Zentren und die Arbeiterschaft stützte. Die K. hatte wesentlichen Einfluß auf die Massenorganisationen, deren Mitgliederzahlen nach der →*30.-Mai-Bewegung* stark anstiegen.
Durch das →*Massaker von Shanghai* im April 1927 verlor die K. die Basis in den Städten, die Mitgliederzahl sank auf fast ein Sechs-

tel. Der V. Ptg., der Ende April oder Anfang Mai stattfand, erkannte diesen Einschnitt noch nicht. Er setzte weiter auf die Zusammenarbeit mit dem linken KMT-Flügel der *Wuhan-Regierung.* Dieser Kurs wurde von dem Kominternbeauftragten Borodin vertreten, während Roy gleichzeitig für den Ausbau von Basen auf dem Land plädierte, ohne jedoch bereits das maoistische Modell der ländlichen Sowjets vorwegzunehmen.
Die Politik der Komintern in China war von dem Machtkampf zwischen Stalin und Trotzki beeinflußt. Da Stalin im Gegensatz zu Trotzki eine revolutionäre Situation in China zu sehen glaubte, trat die Komintern für die Rückeroberung der Städte durch Aufstände, die eine Solidarisierung des Proletariats auslösen sollten, ein. Nach dem Scheitern des →*Aufstandes von Nanch'ang* wurde Ch'en als Generalsekretär für diese Politik verantwortlich gemacht und auf der →*Notstandskonferenz vom 7. August* 1927 durch Ch'u Ch'iu-pai abgelöst. Da sich jedoch auch die →*Herbsternteaufstände* und die →*Kanton-Kommune* als Fehlschläge erwiesen, wurde Ch'u auf dem VI. Ptg. 1928 in Moskau wegen „linken Putschismus" kritisiert und durch Hsiang Chung-fa ersetzt. Der VI. Ptg. forderte den Sturz der KMT. Gleichzeitig wurde erstmals die Bedeutung der Agrarfrage erkannt. Das spiegelt sich jedoch nur unvollkommen in dem Statut der K., das der Ptg. annahm. Der Kurs der Partei, die nun weitgehend von Li Li-san gelenkt wurde, blieb weiterhin auf die Städte ausgerichtet. Erneute Aufstandsversuche in den Städten schlugen fehl (→*Li-Li-san-Linie*), so daß Li Li-san das Generalsekretariat an Wang Ming (→*Achtundzwanzig Bolschewiken*) abgeben mußte. Inzwischen hatte sich mit den verschiedenen →*Roten Gebieten* eine neue Basis entwickelt, so daß sich das ZK 1932, als seine Existenz in Shanghai unhaltbar wurde, in das *Zentrale Rätegebiet* zurückziehen konnte. Da Wang Ming nach Moskau zurückkehrte, wurde Po Ku Generalsekretär. Nach dem →*Mukden-Zwischenfall* propagierten die Kommunisten erneut eine Einheitsfront gegen die Japaner. Chiang Kai-shek versuchte jedoch weiterhin, durch die →*Vernichtungsfeldzüge* zuerst den innenpolitischen Gegner (die K.) auszurotten, ehe er sich gegen den äußeren Feind wandte. Das gelang nicht, da die Kommunisten mit dem →*Langen Marsch* 1934/35 nach Nord-Shensi auswichen. In Tsunyi übernahm Mao 1935 als Vorsitzender des Politbüros, der dem neuen Generalsekretär Lo Fu (d. i. Chang Wen-t'ien) übergeordnet wurde, die Parteiführung.
Die →*Zweite Einheitsfront* mit der KMT, die durch den →*Sian-Zwischenfall* im Dezember 1936 vorbereitet und nach dem →*Zwi-*

schenfall an der Marco-Polo-Brücke beschlossen wurde, bildete erneut eine Phase der Stärkung der K. Zur Schulung und Festigung, aber auch als Säuberung leitete Mao 1942 die erste →*Überwindungsbewegung* ein. Der VII. Ptg. 1945 in Yenan steht bereits im Zeichen der unausweichlichen Auseinandersetzung mit der KMT. Daran ändert auch das durch amerikanische Vermittlung zustande gekommene →*Doppel-Zehn-Abkommen,* das zu einer Koalitionsregierung zwischen KPCh und KMT führen sollte, nichts. Der →*Dritte revolutionäre Bürgerkrieg* bringt die Kommunisten an die Macht. Seit der Ausrufung der VR China ist die Politik der K. mit der Innen- und Außenpolitik identisch. Die übrigen acht Parteien spielen keine eigenständige Rolle. In verschiedenen Massenkampagnen werden die Gegner der K. ausgeschaltet (→*Gedankenreform,* →*Drei-Anti-,* →*Fünf-Anti-,* →*Kampagne gegen die Konterrevolutionäre*). Der VIII. Ptg., dessen erste Vollversammlung vom 15.bis 27. September stattfindet, ist der einzige Ptg. der KPCh, dessen Delegierte gewählt und nicht ernannt wurden. Auf dem VIII. Ptg. wurde die Funktion des Generalsekretärs, die auf dem VII. Ptg. abgeschafft worden war, erneut eingeführt. gewählt wurde Teng Hsiao-p'ing. Der VIII. Ptg. fand in einer Phase der Liberalisierung statt. Die →*Hundert Blumen,* die einem veränderten intellektuellen Klima Rechnung tragen sollten, erwiesen sich als eine Fehleinschätzung.

Ende der fünfziger Jahre beginnen die Differenzen zwischen Mao und seinem designierten Nachfolger Liu Shao-ch'i, bei denen es vor allem um die Frage des Primats der Politik oder des Primats der Wirtschaft geht (→*Zwei Linien*). Mao muß 1959 Liu das Amt des Staatspräsidenten überlassen, gewinnt Anfang der sechziger Jahre langsam seine Macht zurück (→*Sozialistische Erziehungsbewegung*). Der Sieg über Liu ist nur durch die Zerstörung des Parteiapparates während der →*Kulturrevolution* und das Ersetzen der Parteistrukturen durch die *Revolutionskomitees* (→*Dreierverbindung*) möglich. Der IX. Ptg. vom April 1969 bestätigt die Ausschaltung Lius und u.a. auch des Generalsekretärs Teng. Lin Piao rückt als Nachfolger Maos an die zweite Stelle, jedoch nur für kurze Zeit (→*Projekt 571*). Der X. Ptg. vom 24.–28. August in Peking verurteilt Lin als Haupt einer parteifeindlichen Clique, Lin wird künftig zu den →*Zehn feindlichen Linien,* den gescheiterten Opponenten gegen Mao in der K., gerechnet. Einzelne Opfer der *Kulturrevolution* (z. B. Teng) werden rehabilitiert.

Höchstes Parteigremium ist der Landesparteitag (auch: Nationaler Parteikongreß), der nach dem Statut alle 5 Jahre einberufen wer-

den muß. Außerhalb der Sitzungen des Parteitages nehmen das Zentralkomitee, wenn dieses nicht tagt, das Politbüro und der Ständige Ausschuß des ZK, die Stellvertretenden Vorsitzenden und der Vorsitzende diese Aufgaben wahr. An dieser Struktur hat sich nichts geändert, obwohl das Parteistatut auf den Parteitagen seit 1928 immer wieder abgeändert wurde. Meist betrifft das das vorangestellte allgemeine Programm, in dem die politischen Grundsätze formuliert sind. Dazu gehört beispielsweise der Hinweis auf die →*Mao-Tsetung-Ideen* als konstituierendem Faktor, der 1945 (T: 5b, 325) erstmals aufgenommen, 1956 (T: 6h, 505) weggelassen und 1969 (T: 6h, 520) und 1973 (T: PR 35–36/73) erneut aufgenommen wurde. In den vom IX. und X. Ptg. angenommenen Statuten fehlt gegenüber früher die Beschreibung der Parteigliederung der mittleren Ebene (Regional- oder Provinzbüros) sowie die Erwähnung der Kontrollorgane der Partei.
Organisatorisches Prinzip der K. ist der demokratische Zentralismus. Die Willensbildung soll von der Basis ausgehen und durch die jeweils nächsthöhere Ebene weiterentwickelt werden. Die zentralen Organe fassen diese Vorschläge in Weisungen zusammen, die dann für alle Ebenen verbindlich sind. Den Parteimitgliedern wird ausdrücklich das Recht der Kritik an den Parteiorganisationen und den →*Kadern* zugebilligt, Minderheitenmeinungen sollen bis zur Parteispitze vorgetragen werden können. In der Praxis ist – wie bei allen kommunistischen Parteien – die Befehlsstruktur von oben nach unten jedoch vorherrschend. Dementsprechend müssen alle Wahlen durch die nächsthöhere Ebene bestätigt werden. Nach sowjetkommunistischer Auffassung hat sich die K. seit 1960 zu einer kleinbürgerlich-nationalistischen Partei entwickelt, die die Prinzipien der innerparteilichen Demokratie, des demokratischen Zentralismus und des proletarischen Internationalismus durch ihren antikommunistischen, antisowjetischen, großmachtchauvinistischen Kurs mißachtet. Der IX. und X. Ptg. werden deshalb meist als „sogenannte Parteitage" bezeichnet.
(2k; 2m; 3d; 3k; 3n; 4q; 5b; 5i; 6a; 6d; 6f)

Kompradoren
Chinesen, die als Agenten der ausländischen Kaufleute und Firmen in den Vertragshäfen und →*Konzessionen* die Geschäfte mit den chinesischen Kaufleuten abwickelten. Ihre Verdienste sollen dabei recht erheblich gewesen sein. In den Augen der Chinesen galten die K. meist als Kollaborateure. Mao bezeichnet die K. als „eine extrem konterrevolutionäre Gruppe" (M I, 10), der selbst

dann, wenn sie der Einheitsfront (→*Klassen*) beitritt, nicht zu trauen ist (M II, 336).
(5c; 5i)

Konzessionen
Teile von Städten, meist Häfen, die aufgrund der →*Ungleichen Verträge* einzelnen ausländischen Mächten oder mehreren Mächten gemeinsam (Internationale Siedlungen: auch Internationale Niederlassungen) unterstanden. Außerdem gab es in den verschiedenen Vertragshäfen exterritoriale Wohngebiete für Ausländer.

	Internationale Siedlungen	britisch	französisch	russisch	deutsch	japanisch	belgisch	österreichisch	italienisch
Kanton		×	×						
Hsiamen	×					×			
Fuchou	×								
Chiukiang		×							
Hank'ou		×	×	×	×	×			
Shanghai	×		×						
Ch'inkiang		×							
Tientsin		×	×	×	×	×	×	×	×
Niuchuang						×			
Peking	×								

Die deutschen K. wurden mit der Kriegserklärung 1917 gekündigt. In den Jahren zwischen 1929 und 1931 gaben Belgien und Großbritannien ihre K. an China zurück.

Eine Sonderstellung nimmt das Gesandtschaftsviertel in Peking ein, weil es über den für diplomatische Vertretungen üblichen Sonderstatus hinaus Rechte genoß wie eigene Militärkontigente zum Schutz. Dazu kam nach dem →*Boxeraufstand* das Recht, dieses Viertel befestigen zu lassen.
Die ausgedehnte *Internationale Siedlung* in Shanghai war ebenso wie Hongkong und Macao oft Zufluchtstätte für chinesische Revolutionäre, die dort dem Zugriff der chinesischen Behörden entzogen waren.
(3q; 5c; 5i; 10m)

Kritik an Lin Piao und Konfuzius
Kampagne, die mit einem Artikel des Professors für Philosophie an der Chungshan-Universität in Kanton, Yang Jung-kuo, „Konfuzius – ein Denker, der hartnäckig die Gesellschaftsordnung der Sklavenhalter verfocht", am 7. August 1973 in der *„jen-min jih-pao"* begann. In diesem Artikel ist allein von Konfuzius die Rede. Die Kritik am Denken des Konfuzius soll danach zum Verständnis des Klassenkampfes im Bereich des Überbaus beitragen. Erst in den folgenden Veröffentlichungen im September (nach dem X. Ptg. der KPCh) wurden Beziehungen zwischen Konfuzius und Lin Piao hergestellt und Lin Piao als KONFUZIUS DES HEUTIGEN CHINA bezeichnet.
Die Auseinandersetzung mit der konfuzianischen Überlieferung ist Teil jedes Reform- und Revolutionsversuches in China gewesen. Für die radikalen Bewegungen war die totale Absage typisch, wie sie in dem Schlagwort zusammengefaßt wurde: „Zerstört die Konfuzianer-Bude" (→*Neue Kulturbewegung*, →*4.-Mai-Bewegung*). Im kommunistischen China gab es in den Jahren 1954 bis 1965 intensive wissenschaftliche Debatten über die Rolle Konfuzius' (551–479 v. Chr.) in der Geschichte. Dabei ging es vor allem um eine Periodisierung des historischen Ablaufs und die – für die marxistische Geschichtsinterpretation wichtige – Festlegung der Epoche, in der sich China vom Sklavenhalterstaat zur Feudalgesellschaft wandelte. Die Beurteilung, ob Konfuzius dabei eine reaktionäre oder eine progressive Rolle gespielt hat, wurde nicht entschieden. Mao äußerte sich recht unterschiedlich über Konfuzius. Noch 1964 betonte Mao, indem er u. a. Tzu Su und Menzius (die im Rahmen der K. ebenfalls als reaktionär klassifiziert werden) als weise Schüler des Konfuzius bezeichnete: „Wir dürfen die konfuzianische Tradition nicht aufgeben" (1g, 129). Im Zusammenhang mit dem Kampf gegen die →*Vier Alt* während der *Kulturrevo-*

lution begann die ausschließlich negative Bewertung. Zuerst wurde Chou Yang angegriffen, weil er 1962 ein „Diskussionsforum über Konfuzius" veranstaltet habe.

Im →*Projekt 571* heißt es von Mao: „Er ist kein wahrer Marxist-Leninist, sondern ein Mensch, der den Gesetzen des Konfuzius und Menzius folgt, sich das Mäntelchen des Marxismus-Leninismus umhängt, die Gesetze des Kaisers Ch'in Shih wieder in Kraft setzt und der größte Tyrann der chinesischen Geschichte ist" (T: Ca Okt. 72). In der Kampagne K., die nach *„jen-min jih-pao"* vom 2. Februar 1974 von Mao selbst ins Leben gerufen wurde, wird dagegen von einem Gegensatz zwischen Konfuzius und Kaiser Shih huang-ti, dem Gründer der Ch'in-Dynastie (221–207 v. Chr.) ausgegangen. Da heißt es, Lin Piao wollte mit dem Kapitalismus genauso eine überholte Gesellschaftsordnung restaurieren, wie seinerzeit Konfuzius für die Sklavenhaltergesellschaft und damit für den Regionalismus eintrat. Kaiser Ch'in Shih verkörperte dagegen den gesellschaftlichen Fortschritt, weil er mit der Einigung des Reiches den Regionalismus überwand und der Feudalgesellschaft zum Durchbruch verhalf. Außerdem heißt es, Lin Piao habe Konfuzius' Idee vom Genie übernommen, wonach Intelligenz und geistige Fähigkeiten angeboren seien und nicht durch Lernen und Studium erworben werden könnten (eine Theorie, die dem Konfuzianismus nicht entspricht).

Die K. galt zuerst wahrscheinlich den Intellektuellen, bei denen noch immer Beziehungen zur klassischen Tradition vorhanden waren, denn die Artikel bemühten sich um eine wissenschaftliche Beweisführung, die für den nicht Gebildeten nur schwer verständlich war. Im weiteren Verlauf der K. verschob sich dann das Gewicht auf die Massenkritik als Anregung für die Verbesserung der Produktion.

(NZZ 14. 6. 70; Ca Jan. 74)

Kulturrevolution

eigentlich: *Große Proletarische Kulturrevolution*

„Die Große Proletarische Kulturrevolution ist ihrem Wesen nach eine große politische Revolution, die das Proletariat unter den Bedingungen des Sozialismus gegen die Bourgeoisie und alle anderen Ausbeuterklassen führt; . . sie ist eine Fortsetzung des Klassenkampfes zwischen dem Proletariat und der Bourgeoisie" (PR 17/68).

Nach maoistischer Auffassung ist die K. Ausdruck des Weiterbestehens antagonistischer →*Widersprüche* auch unter dem Sozialismus und der daraus folgenden Notwendigkeit des Kampfes zwischen den →*Zwei Linien*. Der Machtkampf zwischen Liu Shao-ch'i und Mao ist die Folge divergierender Ansichten über die Vollendung des Kommunismus in China.

Diese Widersprüche traten zuerst 1959 in Erscheinung, als Mao nach dem Scheitern der →*Drei Roten Banner* das Amt des Vorsitzenden der Volksrepublik China (= Staatspräsident) an Liu abgeben mußte und P'eng Teh-huai auf dem 8. Plenum des VIII. ZK (→*Lushan-Konferenz*) nach seiner Kritik an Mao durch Lin Piao als Verteidigungsminister abgelöst wurde. Dabei spielte der aufbrechende chinesisch-sowjetische Konflikt eine wichtige Rolle. Die Sowjetunion hatte den 1957 geschlossenen Vertrag, der China mit „neuen Technologien für die nationale Verteidigung" vertraut machen sollte, 1959 gekündigt. Wahrscheinlich als Folge der Verhandlungen Chruschtschews in Washington, wo er sich bereiterklärt haben soll, China keine Atomwaffen und auch nicht das Know-how für den Bau von Atomwaffen zu liefern. 1960 folgte der Abzug der sowjetischen Techniker aus China (16. Juli 60) und damit die abrupte Beendigung des Hilfsprogramms, was die wirtschaftliche Situation weiter verschärfte und zu der offenen Auseinandersetzung mit der KPdSU führte (→*25 Thesen vom 14. Juni 1963*).

Die wirtschaftliche Stabilisierung ging von der Linie Lius mit dem Primat der Wirtschaft aus (→*Ökonomismus*). 1962 entwickelte sich die maoistische Gegenbewegung aus der →*Sozialistischen Erziehungsbewegung*, der Kritik an angeblich bürgerlichen Erscheinungsformen auf kulturellem Gebiet durch Yao Wen-yüan und der Übertragung von Maos Guerillastrategie (→*Guerillakrieg*) als Modell für die Weltrevolution durch Lin Piao. Parallel dazu entwickelte sich in der Volksarmee eine Indoktrinierungskampagne für die →*Mao-Tsetung-Ideen* (1. Auflage der *Worte des Vorsitzenden Mao*). Den Beginn der K. markieren die Angriffe Yao Wen-yüans gegen das Theaterstück →*„Hai Juis Entlassung"* (10. November 1965) und die Ausschaltung des Chefs des Generalstabs Lo Jui-ch'ing. Der Ständige Ausschuß des Politbüros des ZK der KPCh, der während Maos Abwesenheit von Peking unter der Leitung Lius stand, beschloß am 5. Februar 1966 die Einsetzung einer →*Arbeitsgruppe*, der GRUPPE KULTURREVOLUTION (auch: FÜNFERGRUPPE) als eine Art Untersuchungsausschuß. Ihr gehörten neben dem Pekinger Bürgermeister P'eng Chen noch drei weitere Anhänger Lius und mit K'ang Sheng nur ein Mann Maos an. In den FEBRUARTHESEN (auch: FEBRUAR-BERICHT) versuchte die *Gruppe Kulturrevolution* – angeblich ohne Wissen K'ang Shengs – die Auseinandersetzung zur „akademischen Diskussion" umzubiegen, da es sich nur um nichtantagonistische Widersprüche handele. Die Gegenangriffe – vor allem durch Yao Wen-yüan (→*Hai Juis Entlassung*, →*Abendgespräche am Yenshan*) und Maos Frau Chiang Ch'ing – betonten dagegen den Antagonismus, die Widersprüche zwischen dem →*Volk* und der Bourgeoisie. Mit dem RUNDSCHREIBEN (auch: ZIRKULAR, DIREKTIVE) VOM 16. MAI 1966 (auch: 16.-MAI-RUNDSCHREIBEN) (T: 7n, 121; 1g, 140) werden die *Februarthesen* zurückgezogen und die *Gruppe Kulturrevolution* aufgelöst, weil sie versucht habe, die Liquidierung der bürgerlichen Ideologie zu verhindern, indem sie den Klassencharakter der Wahrheit bestritt und Maos Erkenntnisse leugnete. Das *Rundschreiben vom 16. Mai* (das zuerst nur durch Auszüge in Wandzeitungen der Roten Garden bekannt wurde, ehe es mehrere Zeitungen am 18. Mai 1967 offiziell verbreiteten) markiert den Sieg der Linie Maos. Als Führungsorgan für die K. wird die GRUPPE KULTURREVOLUTION BEIM ZK unter dem Vorsitz von Ch'en Po-ta eingesetzt.

In einem Leitartikel der *„hung-ch'i"* vom Juni 1966 wird zum erstenmal die Bezeichnung *Große Proletarische Kulturrevolution* verwendet, während bis dahin GROSSE SOZIALISTISCHE KULTURREVOLUTION üblich war. Zwar steht das Adjektiv „proletarisch" im *Rundschreiben vom 16. Mai*, doch dieser Beschluß wurde erst im Mai 1967 veröffentlicht, kann also entsprechend geändert worden sein, falls er nicht die Grundlage der neuen Sprachregelung für *„hung-ch'i"* bildete.

Den weiteren Verlauf der K. kennzeichnen die Amtsenthebungen P'eng Chens und weitere Mitglieder des Pekinger Stadtparteikomitees sowie die Angriffe gegen Liu und Teng Hsiao-p'ing, den Generalsekretär der Partei. Mit der ersten →*Wandzeitung* am 25. Mai 1966 und dem Auftreten der →*Roten Garden* beginnt die Entmachtung der meist von Anhängern Lius beherrschten Partei- und Regierungsapparate auf allen Ebenen und teilweise auch der Zentralen in Peking. Richtlinien sind die →*Sechzehn Punkte* vom 8. August 1966.

Wie weit die Aktionen der *Roten Garden* gesteuert, wie weit sie spontan waren, ist umstritten, obwohl Mao gegenüber Edgar Snow erklärte: „Als Ausländer berichteten, daß China sich in einem großen Chaos befinde, hatten sie nicht gelogen" (101, 200). Das Eingreifen der Armee 1967 deutet ebenfalls auf unkontrollierte Aktivitäten der *Roten Garden*. Das gilt besonders für den

→*Wuhan-Zwischenfall.* Mit der Bildung der *Großen Allianz,* den *Revolutionskomitees* (→*Dreierverbindung*) und der Entsendung der →*Arbeiterpropagandatrupps der Ideen Mao Tsetungs* in die Schulen und Universitäten setzt die Phase der Konsolidierung ein, deren Abschluß der IX. Ptg. der KPCh im April 1969 bildet.
Die K. gehört zu den Massenkampagnen (wie die →*Überwindungsbewegungen,* die →*Gedankenreform,* die →*Hundert Blumen*), mit denen die Schaffung einer egalitären Gesellschaft in China angestrebt wurde.
Die K. ist kein einmaliges Ereignis, sondern wird sich – wie Mao mehrfach betonte und wie es im Kapitel 1 des Parteistatutes von 1973 festgelegt wurde (PR 35–36/73) – noch viele Male wiederholen. Die sowjetische Kritik der chinesischen K. konzentriert sich auf zwei Punkte: 1. Diffamierung der K. als eines „konterrevolutionären Militärputsches" zur Umwandlung der KPCh in eine kleinbürgerliche antikommunistische, antisowjetische Partei, die die Grundlagen des Sozialismus in China zerstört. 2. Vergleich mit der Leninschen Definition der K. als einer parallelen Entwicklung zur politischen und ökonomischen Revolution. Der Kampf gegen die →*Vier Alt* wird als „linksopportunistisches, anarchistisches Verhalten zum kulturellen Erbe" und damit als mit Lenin unvereinbar dargestellt. Diese Argumentation geht von einer Deutung des Wortbestandteils „Kultur" gemäß abendländischer Tradition aus, dem es im Zusammenhang der chinesischen K. jedoch nicht entspricht. Weggel (3d, 97) verwendet deshalb den Begriff „Überbaurevolution", da die K. den Versuch darstellt, zuerst das bewußtsein der Menschen zu ändern und dann als Folge die ökonomische Basis.
(1g; 7d; 3d; 3i; 6c; 7a–o; 10l; 12i)

Kuomintang (KMT)
auch: *Guomindang*
Domes schlägt für die drei Begriffe, aus denen sich der Parteiname zusammensetzt (kuo = Reich, min = Volk, tang = Partei), die Übersetzung „Nationale Volkspartei" vor (3d, 150).
Die K. wurde von Sun Yat-sen im August 1912 gegründet. Dabei stützte er sich auf den im September 1905 von ihm in Tokio durch die Vereinigung mehrerer gegen die Mandschu-Dynastie gerichteter Revolutionsbünde geschaffenen *t'ung-meng-hui* (Vereinigter Revolutionsbund Chinas; *chung-kuo ke-ming t'ung-meng-hui*) sowie auf andere revolutionäre Vereinigungen und Geheimbünde. Dementsprechend fanden sich in der K. Anhänger der verschie-

densten Richtungen zusammen, was in späteren Jahren zu häufigen innerparteilichen Gruppierungen und Flügelkämpfen führte. Grundlage der Partei waren die →*Drei Grundlehren vom Volk*, die als Konstante bis in die Gegenwart wirken.
1913, nach dem Scheitern des Versuches, Yüan Shih-k'ai, der eine neue Dynastie gründen wollte, zu stürzen, mußte Sun erneut ins Ausland fliehen. Die K. – in China verboten – wurde von ihm aufgelöst, und statt dessen erneut mit der Chinesischen Revolutionspartei eine Geheimorganisation gegründet. Nach dem Tode Yüans (6. Juni 1916) kehrte Sun nach China zurück und trat, da es zu einer Spaltung zwischen Nord- und Südchina gekommen war, an die Spitze einer in Kanton gebildeten Regierung. Die K. wurde damit zur Regierungspartei, die das politische Leben Chinas bis 1949 weitgehend bestimmte. Versuche der Kantoner Regierung, eine Einigung mit dem den Norden Chinas beherrschenden →*Warlords* durch Verhandlungen zu erreichen, blieben erfolglos. Im Juni 1922 wurden Sun und seine Regierung durch einen Putsch vertrieben. Da die Versuche, Hilfe von den westlichen Nationen zu erhalten, gescheitert waren, nahm Sun von Shanghai aus Verhandlungen mit der Sowjetunion auf, die mit dem →*Sun-Joffe-Abkommen* am 26. Januar 1923 erfolgreich beendet wurden. Im Februar kehrte Sun nach Kanton zurück. Chiang Kai-shek, damals Stabschef, unternahm vom August bis Dezember eine Studienreise in die Sowjetunion, und sowjetische Berater unter Leitung von Borodin und Galen (d.i. General Blücher) trafen am 6. Oktober 1923 in China ein. Ihre Aufgabe war es, die K. in eine Kaderpartei nach dem Beispiel der kommunistischen Parteien umzuorganisieren und die Grundlagen für eine Parteiarmee zu schaffen. (→*Whampoa-Militärakademie*) Voraussetzung für die sowjetische Hilfe war die Bereitschaft der K. zur Zusammenarbeit mit der KPCh (→*Block von außen;* →*Block von innen;* →*Erster revolutionärer Bürgerkrieg*).
Die K. geriet in eine Krise, als Sun am 12. März 1925 starb. Nachfolger wurde im Juni 1925 Wang Ching-wei, wie damals auch Chiang ein Vertreter des linken Flügels der K. Am 1. Juli erklärte sich die Regierung in Kanton zur Nationalregierung und erhob damit den Anspruch, die einzige legitime Regierung Chinas zu sein. Vertreter des rechten Flügels der Partei trafen sich am 23. November 1925 am Grab Sun Yat-sens in den Westbergen bei Peking. Auf der sogenannten WESTBERG-KONFERENZ, die bis zum 5. Dezember tagte, forderten sie den Ausschluß der Kommunisten und die Entlassung der sowjetischen Berater. Gleichzeitig schlugen

sie eine Reihe von Maßnahmen vor, die den Einfluß des linken Flügels um Wang zurückdrängen sollte. Die WESTBERGGRUPPE (auch: WESTBERGFRAKTION, FRAKTION DER WESTLICHEN HÜGEL) konnte sich nicht durchsetzen. Auf dem Zweiten Nationalkongreß im Januar 1926, bei dem der Einfluß der Kommunisten stark hervortrat, wurden die Anhänger der *Westberggruppe* aus der K. ausgeschlossen. Die Fraktion, die in Shanghai ihr eigenes Parteibüro gegründet hatte, bestand jedoch weiter. Sie hielt im April 1926 ebenfalls einen Zweiten Parteikongreß ab. Die *Westberggruppe* blieb aber, weil sie über keine breite Machtbasis in der K. verfügte, vorerst ohne Einfluß. Durch den →*Staatsstreich vom 20. März 1926* gelang es Chiang, Wang von der Parteispitze zu verdrängen. Obwohl Chiang danach die Zusammenarbeit mit den Kommunisten weiter fortsetzte, verloren sie – wie auch die sowjetischen Berater – an Einfluß. Im Juli beginnt Chiang den *Nordfeldzug* (→*Warlords*), um die Macht der Nationalregierung über ganz China auszudehnen. Interne Auseinandersetzungen führen dazu, daß Chinas Einfluß zurückgedrängt wurde und der linke Flügel der K. die im Dezember von Kanton nach Wuhan verlegte Regierung (WUHANREGIERUNG), der auch Kommunisten angehören, beherrschte. Sie versuchte, diese Koalition fortzusetzen, nachdem Chiang mit dem →*Massaker von Shanghai* am 12. April 1927 den Bruch mit den Kommunisten herbeigeführt hatte. Chiang bildet am 18. April in Nanking eine Gegenregierung (NANKING-REGIERUNG). Die Spaltung der K., die damit vollzogen war, erwies sich jedoch als nicht von Dauer, da auch die *Wuhan-Regierung* am 15. Juli den Bruch mit den Kommunisten vollzog. Für die Komintern und damit für die KPCh war das lediglich ein Manöver der Parteispitze, deren großbürgerlich-nationalistischer Kurs von der Mehrheit der KMT-Mitglieder angeblich nicht getragen wurde. Die KPCh bezeichnete die vereinigte KMT als SCHEIN-KMT und hoffte, durch den →*Aufstand von Nanch'ang* und die →*Herbstaufstände* eine Solidarisierung mit dem WAHREN KMT zu erreichen. Diese Lageeinschätzung erwies sich als falsch. Im Dezember 1927 kam es zu einer Einigung der verschiedenen KMT-Flügel (mit Ausnahme der *Westberggruppe* und des linken Flügels um Wang Ching-wei) und zur Bildung einer Zentralregierung, an deren Spitze Chiang Kai-shek 1928 trat. Gleichzeitig wurde der Beginn der *Erziehungsdiktatur* (wie sie Sun in den *Drei Grundlehren vom Volk* charakterisiert hatte) erklärt. Die sozialen Probleme Chinas sollten im Sinne Suns auf evolutionärem Wege gelöst werden. Nach der Beendigung des *Nordfeldzuges* mit der Eroberung Pekings im

Juni 1928 wurde Nanking zur Hauptstadt ernannt. Der Bürgerkrieg war damit jedoch nicht beendet, da verschiedene Militärmachthaber *(Warlords)* auch weiterhin sich nur nominell der KMT unterstellt hatten. So wurde durch Wang, die *Westberggruppe* und regionale Militärmachthaber im Mai 1931 in Kanton eine Gegenregierung gegründet, der →*Mukden-Zwischenfall* erzwang jedoch eine Einigung zwischen Nanking und Kanton. Damit blieben die Kommunisten als einziger gefährlicher innenpolitischer Gegner der K. Während es der K. auf außenpolitischem Gebiet durch Verhandlungen gelang, die Sonderrechte der Ausländer (→*Pachtgebiete*, →*Konzessionen*) zu vermindern, und innenpolitisch das Erziehungswesen, die Finanzen und das Verkehrswesen zu verbessern, blieben entscheidende Erfolge in der Frage der Landreform aus, weil davon die privaten Besitzverhältnisse eines wesentlichen Teils der KMT-Mitglieder beeinträchtigt worden wären. Die deshalb notwendigen gesellschaftlichen Veränderungen wollte die K. durch eine Rückbesinnung auf die klassische konfuzianische Tradition erreichen, die durch die Bewegung NEUES LEBEN (auch: BEWEGUNG DES NEUEN LEBENS) popularisiert werden sollte. Da die Massenorganisationen sich in der Vergangenheit jedoch als Basis der Kommunisten erwiesen hatten, scheute die K. den Aufbau entsprechender eigener Organisationen aus Furcht vor Unterwanderung. Vielmehr wurde versucht, die Loyalität auf dem Lande durch das →*pao-chia-System* zu erzwingen.

Die Differenzierung der Meinungen innerhalb der K. spiegelte sich in vier Gruppen, die teilweise eigene Organisationen aufgebaut hatten:

1. Die HUANGPU-CLIQUE der engen Vertrauten Chiangs, die zum Lehrkörper der *Whampoa-Militärakademie* gehört hatten.
2. Die GRUPPE WIEDERGEBURT (auch: GESELLSCHAFT FÜR DIE WIEDERGEBURT CHINAS), ein Zusammenschluß jüngerer Generale, die den italienischen und deutschen Faschismus als Modell für Chinas Aufstieg ansahen.
3. Die CC-CLIQUE, genannt nach den Brüdern Ch'en Kuo-fu und Ch'en Li-fu, die zu den Gründern und Leitern der Zentralen Parteischule (später: Zentrales Politisches Institut) gehörten und dementsprechend starken Einfluß bei den zivilen Führungskräften der K. in der Regierung hatten.
4. Die POLITISCH-WISSENSCHAFTLICHE VEREINIGUNG, eine Gruppierung liberal orientierter Politiker und Offiziere, die meist in Japan oder an anglo-amerikanischen Universitäten ausgebildet worden waren.

In den Anmerkungen zu Maos Werken werden die *Gruppe Wiedergeburt* und die *CC-Clique* als „faschistische Organisationen ..., die oligarchische Interessen der großen Grundherren und der Großbourgeoisie" vertraten, bezeichnet (M II, 78).
Der →*Sian-Zwischenfall* vom 12. Dezember 1936 und der →*Zwischenfall an der Marco-Polo-Brücke* vom 7. Juli 1937 führten zur →*Zweiten Einheitsfront* zwischen K. und KPCh.
Im antijapanischen Krieg gelang es der KPCh, ihre Massenbasis entscheidend zu vergrößern, während die K. durch die starken Verluste in den Kämpfen einen großen Teil ihrer Führungskräfte und durch die sich wegen der starken Inflation ständig verschlechternde Lage der Mittelschichten ihre Anhänger verlor. Auch die Bildung der japanhörigen Regierung unter Wang Ching-wei in Nanking schadete dem Ansehen der K.
Nach der Kapitulation Japans versuchten die Amerikaner, eine Koalition von K. und KPCh zustande zu bringen. Aufgrund des →*Doppel-Zehn-Abkommens* trat zwar die →*Politische Konsultativkonferenz* zusammen, doch da beide Seiten nicht zu wirklicher Zusammenarbeit bereit waren, scheiterten die Ansätze für eine Koalition. Die KPCh siegte im Bürgerkrieg um China, und die K. zog sich nach Taiwan zurück. Dort gelang es ihr, die Reformen, die auf dem Festland versäumt worden waren, durchzuführen und damit die Wirtschaftskraft und den Lebensstandard des kommunistischen China weit zu überflügeln. Allerdings ist die Regierungsform der K. auf Taiwan weiterhin autoritär, eine institutionelle Opposition existiert nicht.
(3d; 5c)

L

Das Land denen, die es bebauen
auch: *Das Land dem Pflüger; Jedem Pflüger sein Feld*
Programmatische These Sun Yat-sens zur Agrarreform. Teil der *Grundlehre vom Volkswohl,* der dritten der →*Drei Grundlehren vom Volk*. In Grundzügen bereits 1912 in Gesprächen mit Yüan Shih-k'ai entwickelt, die Formel L. erst 1924 geprägt.
Durch gesetzliche Beschränkung der Höchstpachtsätze und durch Wegsteuern des Wertzuwachses für Land, das der Grundbesitzer nicht selbst bebaut, soll der Landverkauf gefördert werden. Der

Grundbesitzer soll zur Besteuerung den Wert seines Bodenbesitzes selbst angeben. Der Staat hat das Recht, den Boden zu diesem Preis aufzukaufen. Zu niedrige Wertangaben führen dann zu einem Wertverlust beim Verkauf, zu hohe zu überhöhten Steuern.
Im Gegensatz zu den Kommunisten lehnt Sun die Enteignung ab. Trotzdem berief sich die KPCh auf die These L., so in der →*Direktive vom 4. Mai 1946,* die die →*Landreform* in den →*Roten Gebieten* regelte, im Grundsatzprogramm zum Chinesischen Bodengesetz von 1947, der Grundlage des Bodenreformgesetzes von 1950.
Voraussetzung der Agrarreform war für Sun die ungeteilte Herrschaft der KMT über ganz China. Das Bodengesetz von 1930 blieb nicht zuletzt wegen des Krieges mit Japan in Ansätzen stecken. L. konnte auf Taiwan 1952 durch das Gesetz „Land den Bauern" verwirklicht werden, wohl auch weil die vom Festland stammenden Mitglieder der Legislative und Exekutive keinen Grundbesitz auf der Insel hatten. Das Programm L. soll von Wilhelm Schrameier, dem ehemaligen Kommissar für das Landwesen im deutschen →*Pachtgebiet* Kiautschou, der Suns wirtschaftspolitischer Berater bei der Regierung in Kanton war, beeinflußt worden sein.
(4l; 4m; 10c)

Landgebiete der Welt

auch: *Welt-Dorf gegen Welt-Stadt; Einkreisen der Städte durch die Dörfer der Welt, ländliche Gebiete der Welt*

In seinem Artikel „Lang lebe der Sieg des Volkskrieges" (auch: „Es lebe der Sieg im Volkskrieg"), der aus Anlaß des 20. Jahrestages des Sieges über die Japaner am 3. September 1965 veröffentlicht wurde (T: 2i, 188), sprach Lin Piao, nachdem er Nordamerika und Westeuropa als die *Welt-Städte,* Asien, Afrika und Lateinamerika als die *Welt-Dörfer* charakterisiert hatte, davon, daß „die Weltrevolution unserer Zeit in gewisser Weise auch das Bild einer Umzingelung der Städte von den Dörfern her" zeige. Damit erhob Lin Maos Guerillastrategie (→*Guerillakrieg*) zum weltrevolutionären Konzept. Das Bild vom *Welt-Dorf* und der *Welt-Stadt* war jedoch nicht originär. Nikolai Bucharin hatte 1925 auf einer Sitzung des Exekutivkomitees der Kommunistischen Internationale (Komintern) bereits davon gesprochen, daß das *Welt-Dorf* (die Agrarländer, Kolonien und Halbkolonien), wenn es sich vereinigt, die *Welt-Stadt* (die kapitalistischen Länder Europas und Nordamerikas) besiegen werde. Im Programm der Komintern vom 1.

September 1928, das auf Bucharins Entwürfen basiert, finden sich ebenfalls die Begriffe *Welt-Dorf* und *Welt-Stadt*, allerdings ist da nur von der wirtschaftlichen Abhängigkeit der *Welt-Stadt* vom *Welt-Dorf* die Rede.
Mao verwies 1938 auf die besondere Beziehung zwischen Stadt und Land in China: „Es ist unmöglich, einen langwierigen Partisanenkrieg vom Land aus gegen die Städte in Ländern wie England, Amerika, Frankreich, Deutschland, Japan etc. zu führen. Auch in einem kleinen halbkolonialen Land wäre dies nicht möglich" (zit. n. 1h, 254). Weil nämlich die Städte dort das Land beherrschen und das Land ohne die Städte nicht bestehen kann. Anders sei die Lage in China, wo das Land unabhängig von den Städten zu existieren vermag und wo die Ausdehnung der ländlichen Gebiete eine Beherrschung durch feindliche Truppen unmöglich macht, weil den Partisanen immer Schlupfwinkel erhalten bleiben. Lin Piao griff wahrscheinlich auf eine Rede des Führers der indonesischen Kommunisten Dipa Nusantara Aidit zurück, der 1965 das Bild vom *Welt-Dorf* und der *Welt-Stadt* benutzte. P'eng Chen, der Bürgermeister von Peking und Politbüromitglied, hatte auf diese Rede aufmerksam gemacht.
Nach sowjetkommunistischer Auffassung beruht die These von den L. auf der rassistischen Manier, die Welt in „weiße" und „farbige" Völker einzuteilen, um die nationalen Befreiungsbewegungen von der sozialistischen Gemeinschaft zu trennen. Durch die Zusammenfassung der kapitalistischen Staaten und der sozialistischen Sowjetunion unter dem Begriff *Welt-Stadt* werde – wie bei der Theorie von den →*Zwischenzonen* – der Klassenstandpunkt zugunsten eines kleinbürgerlichen Chauvinismus aufgegeben.
(2k; 9a; 9b; 9e)

Landreform
Die Kommunisten verdanken ihren Sieg weitgehend den Bauern, denen sie – wie die Bolschewiki in Rußland – versprochen hatten, sie aus der Abhängigkeit von den Grundbesitzern zu befreien, ihnen Land zu geben, Pachten und Zinsen zu senken und ungerechtfertigte Schulden zu erlassen. Die KPCh benutzte für ihre Propaganda die Parole Sun Yat-sens: das →*Land denen, die es bebauen.* In den →*Roten Gebieten* und nach der Gründung der VR China war deshalb der erste Schritt die Neuverteilung des Landes. Grundlage bildete das Gesetz über die L. vom 30. Juni 1950. Wesentliches Kriterium für die Behandlung der Dorfbewohner und ihres Besitzes war die Einstufung in eine der fünf →*Klassen.*

Die Merkmale für die Unterscheidung der *Klassen*, die Teil des Bodenreformgesetzes waren (T: 10 c II, 403), lehnten sich an Maos „Analyse der Klassen in der chinesischen Gesellschaft" vom März 1926 (M I, 9) an:

1. Grundbesitzer war, wer das Land, das er besaß, verpachtete oder von Angestellten bebauen ließ, also von der Ausbeutung anderer lebte.
2. Großbauer war, wer das Land, das er besaß (seltener gepachtet hatte), weitgehend von Lohnarbeitern bebauen ließ, so daß er größtenteils von Ausbeutung lebte.
3. Mittelbauer war, wer seinen Lebensunterhalt auf eigenem oder gepachtetem Land ohne Ausbeutung anderer aus eigener Arbeit bezog.
4. Kleinbauer war, wer nur einen Teil des Landes, das er bebaute, besaß und der deshalb seine Arbeitskraft zum Teil verkaufen mußte.
5. Landarbeiter war, wer, um leben zu können, seine Arbeitskraft verkaufen mußte.

Die Einstufung erfolgte in öffentlichen Versammlungen. Grundlage der Diskussion bildete die Selbsteinschätzung, die die Betroffenen zuerst vornehmen mußten. Neben dem sozialen Status spielte die politische Aktivität des einzelnen eine wichtige (positive oder negative) Rolle. Der Klassenkampf auf dem Dorf, denn als solcher wurde die L. verstanden, richtete sich immer nur gegen eine Minderheit, die meist um 5% lag und 10% nicht überschritt. Da die zu enteignende Minderheit ihren wertvollen Besitz oft verborgen hatte, waren alle Formen des Terrors üblich, um eine Herausgabe zu erreichen. Abschließend wurden die Grundbesitzer (in ärmeren Gegenden auch die Großbauern) vor öffentlichen Tribunalen angeklagt, verurteilt und nicht selten hingerichtet. Die Zahl der Opfer wird auf fünf Millionen geschätzt. Damit wurden die alten Verwaltungsstrukturen und die Herrschaft der Familienclans auf dem Lande zerstört. Außerdem sollte durch die Liquidierungen den Bauern die Angst vor einer Rückkehr der alten Machthaber genommen werden. Hinton (10c) schildert diese Vorgänge mit vielen Einzelheiten. Die L. galt 1952 als abgeschlossen. Rund 43% des Bodens war neuen Eigentümern übergeben worden.

Bereits 1951 wurden Schritte zu einer Sozialisierung der Landwirtschaft eingeleitet. Die erste Stufe war die Bildung von GRUPPEN DER GEGENSEITIGEN HILFE (auch: ARBEITSGRUPPEN, TEAMS, ORGANISATIONEN DER GEGENSEITIGEN HILFELEISTUNG, PRODUK-

TION DURCH GEGENSEITIGE HILFE). In ihnen arbeiteten drei bis fünf Bauern gemeinschaftlich zusammen, zuerst nur bei Aussaat und Ernte, dann ab 1953 meist während des ganzen Jahres. 1951 gehörten 43% der Bauern diesen Gruppen an, im März 1953 bereits 58%.

1953 entstanden die ersten landwirtschaftlichen Produktionsgenossenschaften. Mit einem Beschluß des ZK der KPCh vom 16. Dezember 1953 begann eine Kampagne für die Bildung halbsozialistischer Produktionsgenossenschaften (auch: landwirtschaftliche Produktionsgenossenschaften niederen Typs), die zwischen 20 und 50 Haushalte zusammenfaßten. Die Entlohnung erfolgte nach der geleisteten Arbeit und nach dem in die Produktionsgenossenschaft eingebrachten Besitz an Land, Geräten und Zugtieren. Das Recht auf Wiederaustritt wurde garantiert und wohl auch respektiert, denn Mao beklagt in seiner Rede „Zur Frage der Kollektivierung der Landwirtschaft", die er am 31. Juli 1955 hielt (und die am 17. Oktober 1955 veröffentlicht wurde) (MAS, 161 ff), daß es zu Austritten und zur Auflösung von Genossenschaften kam. Gleichzeitig kündigt Mao an, daß bis zum Frühjahr 1958 die Hälfte der Landbevölkerung in halbsozialistischen Produktionsgenossenschaften organisiert und die Anfänge für die sozialistischen Genossenschaften gelegt worden sein sollen. In den sozialistischen Produktionsgenossenschaften (auch: Produktionsgenossenschaften höheren Typs) sind hundert und mehr Haushalte zusammengefaßt, der Besitz ist kollektiviert, die Bezahlung erfolgt nur noch nach der Arbeitsleistung. Maos Rede und die Beschlüsse des 6. Plenums des VII. ZK der KPCh vom 4. Oktober 1955 führten zu einer forcierten Kollektivierung, so daß im Juni 1956 bereits 63% und im März 1957 sogar 93% der Bauern in sozialistischen Produktionsgenossenschaften organisiert waren. Bis zu diesem Punkt war China noch dem sowjetischen Modell gefolgt. In seiner Rede vom 31. Juli 1955 hatte Mao jedoch erklärt, daß „die technische Reform etwas länger als die gesellschaftliche dauern" werde. Die Produktionsverhältnisse sollen also der Entwicklung der Produktionskräfte vorausgehen, während die sowjetkommunistische Seite an der These festhält (auch wenn Theorie und Praxis keineswegs bei der Kollektivierung übereinstimmten), zuerst die materiell-technische Basis zu schaffen.

Mit der Zusammenfassung der Produktionsgenossenschaften zu *Volkskommunen* (→*Drei Rote Banner*) wurde das sowjetische Vorbild verlassen. Das wurde damals noch nicht allgemein erkannt. Im Gegensatz zur Sowjetunion gibt es 1959 aus der DDR eine Reihe sehr positiver Äußerungen über die *Volkskommunen*. Erst 1960, als der Bruch zwischen Moskau und Peking offensichtlich wurde, kritisierte auch die DDR die chinesische Landwirtschaftspolitik.

Die Kollektivierung der Landwirtschaft in China kostete offenbar nicht die Opfer wie in der Sowjetunion. Trotzdem ist die Kollektivwirtschaft kein unumstrittenes Ideal der Bauern. Das zeigt sich in den ständigen Auseinandersetzungen um den Anteil privater Parzellen, privater Viehzucht und das Recht, diese Erzeugnisse auf freien Märkten verkaufen zu können. Ähnlich wie in der Sowjetunion wechseln Perioden, die auf eine Verminderung des privaten Anteils zielen (z.B. während der *Drei Roten Banner* und der →*Kulturrevolution*), mit Perioden der Lockerung (z.B. während der →*Drei bitteren Jahre* und nach der *Kulturrevolution*), um Wirtschaftskrisen zu überwinden.

(2d; 3d; 3p; 6b; 6c; 6d; 6f; 11c; Ca Juni 73; Ca März 74)

Langer Marsch

Der Rückzug der Kommunisten aus dem während des fünften →*Vernichtungsfeldzuges* nicht mehr zu haltenden *Zentralen Rätegebiete* (→*Rote Gebiete*). Mao hat in einem späteren Gespräch erklärt, daß kein Plan über das Ziel vorlag: „Wir hatten die Absicht, die Umzingelung zu durchbrechen und uns anderen Sowjets anzuschließen. Darüber hinaus bestand der wohlerwogene Wunsch, uns in eine Lage zu versetzen, aus der wir gegen die Japaner kämpfen konnten" (zit. n. 1f, 95). Der Ausbruch erfolgte zwischen dem 14. und 16. Oktober 1934 in westlicher Richtung durch den äußersten Norden von Kuangtung nach Südhunan. Der Versuch, nach Nordwesten zu dem von Ho Lung gehaltenen Rätegebiet im Hunan-Hupei-Grenzgebiet vorzustoßen, wurde von den Regierungstruppen erkannt und verhindert. Deshalb setzte sich der L. in westlicher Richtung durch den Norden von Kuangsi nach Kueitschou fort. Beteiligt waren 100000 Mann (nach anderen Angaben 120000 bis 130000), davon 85000 Soldaten und 15000 Kader. Die Führung hatte Chu Teh, Politischer Kommissar war Chou En-lai, und als einziger Ausländer nahm der deutsche Kominternberater Li Teh (d.i. Otto Braun) am L. teil. Mao spielte nur eine untergeordnete Rolle. Als besonders hinderlich erwies sich das Mitführen von Maschinen und technischen Ausrüstungen, die nicht zur Verteidigung notwendig waren. Allein 5000 Mann mußten dafür eingesetzt werden. Dadurch wurde bei den unzulänglichen Straßen das Marschtempo erheblich gemindert, die Marschkolonne weit aus-

einandergezogen und somit durch Flankenangriffe besonders gefährdet.
Bei der ersten größeren Schlacht mit der Zentralarmee – dem Überschreiten des Hsiang-Flusses – verloren die Kommunisten die Hälfte ihres Mannschaftsbestandes. Das Überschreiten des Wukiang führte zu weiteren Verlusten, so daß, als am 4./5. Januar 1935 Tsunyi genommen wurde, die Gesamtzahl auf ein Drittel zusammengeschmolzen war. Am 13. Januar 1935 fand in Tsunyi eine erweiterte Sitzung des Politbüros statt, die sogenannte TSUNYI-KONFERENZ (auch: DSUNYI-TAGUNG). Hier gelang es Mao, die Vertreter der →*Achtundzwanzig Bolschewiken* aus der Parteispitze zu verdrängen und damit den Einfluß der Komintern weitgehend auszuschalten. Mao wurde zum Vorsitzenden des Politbüros gewählt und trat damit vor den Generalsekretär, der bisher die Partei führte. Über Einzelheiten der *Tsunyi-Konferenz* und damit für die Gründe des plötzlichen Aufstiegs von Mao, der seitdem die Partei weitgehend unbestritten führt, sind keine Einzelheiten bekannt geworden.
Von Tsunyi aus versuchten die Kommunisten – nachdem sie alle nichtmilitärischen Ausrüstungen zurückgelassen hatten – nach Norden zu gelangen, um sich mit Chang Kuo-t'ao in dessen Rätegebiet im Norden Szechuans zu vereinigen. Das wurde im Bündnis mit den regionalen Machthabern durch Chiang verhindert. Nach Rückzügen und taktischen Täuschungsmanövern wichen die Kommunisten nach Westen in die Provinz Yünnan und dann West-Szechuan aus. Mitte Mai wurde der Goldsandfluß, der Oberlauf des Yangtze, in neun Tagen überschritten und am 25. Mai der Tatu-Fluß auf der Eisenketten-Brücke bei Luting (ein zentrales Thema der Epen über den L.). Nun stellten sich vor allem natürliche Hindernisse in den Weg, die ebenfalls zu großen Verlusten führten. Nach dem Überschreiten der Chiachin-Berge konnte sich die Hauptsäule des L., die von Mao geführte Erste Frontarmee, mit der von Chang Kuo-t'ao als Politkommissar geleiteten Vierten Frontarmee, die inzwischen ihr Rätegebiet aufgeben mußte, in Maokung vereinigen und zusammen nach Maoerhkai marschieren. Dort kam es zur Auseinandersetzung zwischen Mao und Chang, der Maos Führung nicht akzeptierte. Die Folge war die Spaltung der Armee. Chang wollte in Szechuan bleiben und dort ein neues Rätegebiet schaffen, während Mao weiter nach Norden strebte, um sich mit Kao Kang im Shensi-Kansu-Gebiet zu vereinen. Ungeklärt ist, warum Chu Teh sich Chang anschloß. Chu sprach gegenüber der amerikanischen Journalistin Agnes Smedley einmal

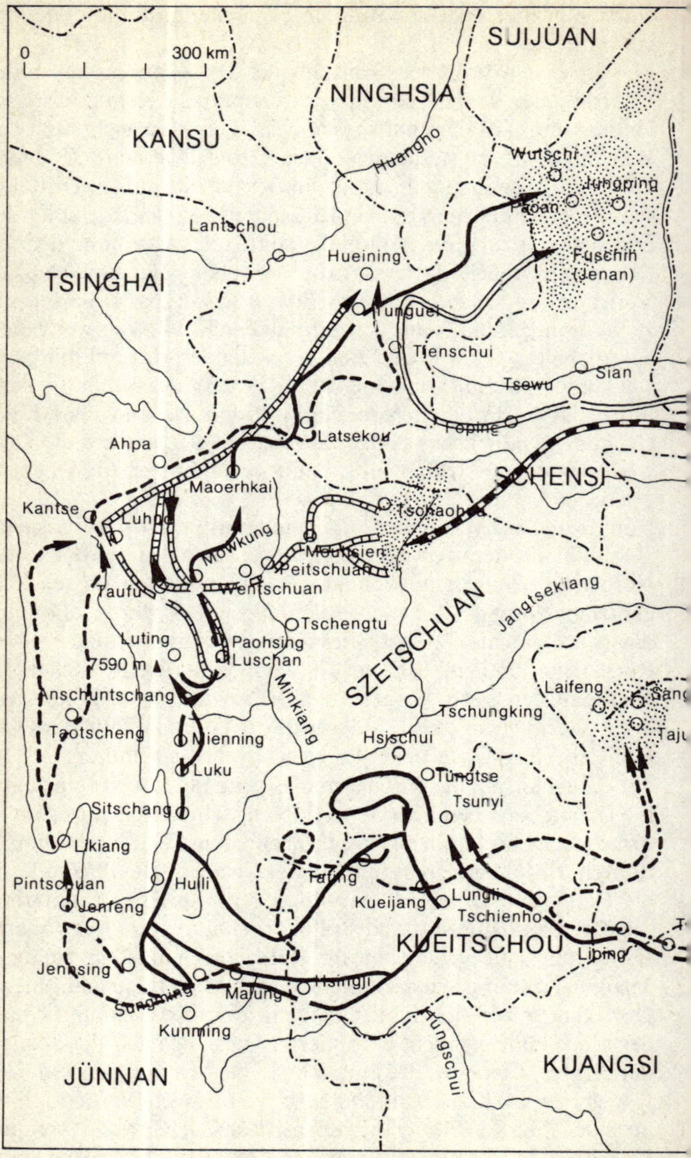

Aus: Claude Hudelot, Der lange Marsch. Suhrkamp, Frankfurt a.M.

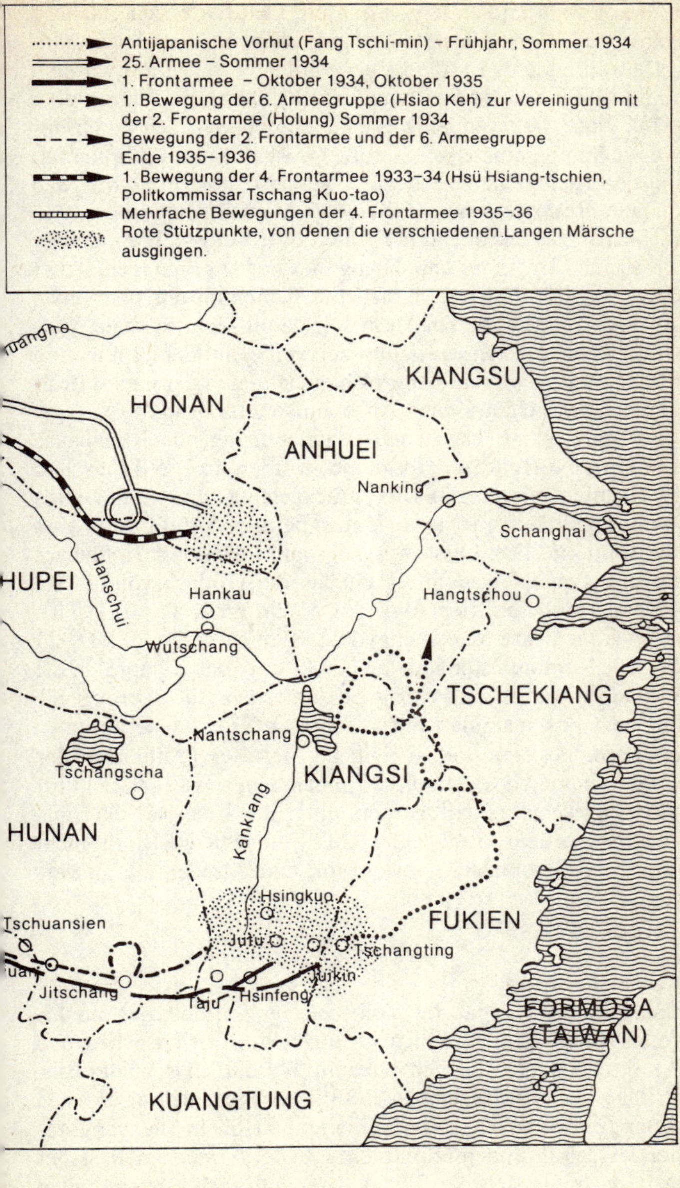

Antijapanische Vorhut (Fang Tschi-min) – Frühjahr, Sommer 1934
25. Armee – Sommer 1934
1. Frontarmee – Oktober 1934, Oktober 1935
1. Bewegung der 6. Armeegruppe (Hsiao Keh) zur Vereinigung mit der 2. Frontarmee (Holung) Sommer 1934
Bewegung der 2. Frontarmee und der 6. Armeegruppe Ende 1935–1936
1. Bewegung der 4. Frontarmee 1933–34 (Hsü Hsiang-tschien, Politkommissar Tschang Kuo-tao)
Mehrfache Bewegungen der 4. Frontarmee 1935–36
Rote Stützpunkte, von denen die verschiedenen Langen Märsche ausgingen.
KIANGSU
HONAN
ANHUEI
Nanking
Schanghai
HUPEI
Hanschui
Hankau
Hangtschou
Wutschang
TSCHEKIANG
Nantschang
Tschangscha
KIANGSI
HUNAN
Kankiang
Hsingkuo
Tschuansien
Juiu
Tschangting
FUKIEN
Jitschang
Taju
Hsinfeng
Juikin
FORMOSA (TAIWAN)
KUANGTUNG

von Zwang, während andere vermuten, Chu hätte sich Chancen ausgerechnet, zuerst Chang und dann später Mao zurückzudrängen. Da während des L. ständig neue Soldaten rekrutiert wurden, verfügte Mao nach der Spaltung über 30000 Mann, Chang über 100000. Nach weiteren Schwierigkeiten beim Marsch durch unbewohnte Sumpfgebiete (sog. Große Grasland) und Kämpfen mit den in den Randgebieten lebenden Minderheiten, erreichte Mao mit einem Rest von etwa 7000–8000 Mann im Oktober 1935 Nord-Shensi. Bis Oktober 1936 trafen dort weitere Truppenteile ein (u.a. auch Ho Lung und Chang, der den größten Teil seiner Soldaten verloren hatte), so daß die Kommunisten über etwa 30000 Mann verfügten. Die Basis war damit recht schmal. Während die Kommunisten in Kiangsi zeitweilig ein Gebiet mit rund 25 Millionen Einwohnern beherrschten, lebten in der neuen Basis nur 3 Mio. Nach chinesischen Angaben dauerte der L. 368 Tage, davon waren nur 56 Tage eine zusammenhängende Ruhepause und 44 einzelne Ruhetage. Insgesamt wurden an 235 Tagen und in 18 Nächten marschiert. Die zurückgelegte Strecke mit allen Vorwärts- und Rückwärtsbewegungen betrug 25000 Li, das sind rund 12500 km. Der L. ist Ausgangspunkt zahlloser Heldengedichte und Legenden, denn er gilt als die große revolutionäre Bewährungsprobe auf dem Weg zur Macht (z.B. T: 40, 193ff). Auch zwei Gedichte Maos behandeln Themen des L. (T: 1f, 21 + 23). Die Kommunisten nützten den L. trotz der Kämpfe, in die sie verwickelt waren, zur Propaganda unter der Bevölkerung. Sie hielten Massenversammlungen ab, führten Enteignungsaktionen gegen Grundbesitzer und angebliche Verräter (Anhänger der KMT) durch und verteilten diese Einnahmen, soweit sie nicht für die *Rote Armee* gebraucht wurden, unter die arme Bevölkerung. Der L. schadete dem Ansehen der KMT erheblich, weil es ihr nicht gelang, die Kommunisten, obwohl nur eine Minderheit, zu vernichten.

(2k; 5e, 5i; 11a; PR 45/72)

Lernt von Lei Feng

Lei Feng war ein Soldat der Volksbefreiungsarmee, der am 15. August 1962 im Dienst tödlich verunglückte. Die Ursachen und die Art des Unglücks sind nicht bekannt. Wesentlich ist an der Biographie des am 30. Dezember 1939 geborenen, daß er 1960 in die Armee eintrat und in einer Pioniereinheit, die in Shenyang stationiert war, als Gruppenführer diente. In der Armee und in seiner Freizeit zeichnete sich der Soldat – der natürlich Parteimitglied

war – durch das intensive Studium der Werke von Marx, Engels, Lenin, Stalin und vor allem Mao Tsetung und ihrer Anwendung in der Praxis aus. Weder Müdigkeit noch Krankheit konnten Lei Feng davon abhalten, mit völliger Selbstlosigkeit anderen zu helfen. Dabei dachte er niemals an sich, sondern immer nur daran, dem Volke zu dienen (→*Drei ständig zu lesende Aufsätze*).
Genau ein halbes Jahr nach dem Tode Lei Fengs, am 15. Februar 1963, gab das ZK der Kommunistischen Jugendliga die Parole L. heraus. Die Massenkampagne L. gewann durch einen handschriftlichen Aufruf Mao Tsetungs, der am 5. März 1963 im ganzen Land verbreitet wurde, besonderes Gewicht. In zahllosen Lebensbeschreibungen, den Wiedergaben des Tagebuchs von Lei Feng, in Bildromanen (abgedruckt in 61), in Liedern und im Film wurde Lei Feng als Vorbild für die Jugend propagiert. Wenig später folgten ähnliche Massenkampagnen wie →*Lernt von Ou-yang Hai,* die alle das kommunistische Ideal der absoluten Selbstlosigkeit dem Egoismus entgegensetzen sollten, der durch die Lockerungen auf wirtschaftlichem Gebiet zur Überwindung der →*Drei bitteren Jahre* wieder aufkam (→*Ökonomismus*).
L. markiert einen Wandel in der Massenpropaganda. Zum einen stand mit Lei Feng ein „einfacher Mann“ und nicht eine abstrakte Parole im Mittelpunkt einer Kampagne, zum anderen war nicht vom rigorosen Kampf gegen irgendwelche Feinde oder von dem allgemeinen großen Aufstieg die Rede, sondern von Entbehrungen, Sparsamkeit und Verzicht. Hoffmann (6e) verweist auf Publikationen der *Roten Garden,* wonach sich Schüler und Studenten über den Musterknaben Lei Feng lustig gemacht haben sollen. Das Vorbild Lei Feng wurde auch nach der Kulturrevolution weiter propagiert. Der 10. Jahrestag von Maos Handschreiben war Anlaß für Zeitungsbeiträge, Ausstellungen und Vorträge.
(PR 10/73; 7e)

Lernt von Ou-yang Hai
Titelheld des revolutionären Romans „Das Lied von Ou-yang Hai“, der zuerst im Dezember 1965 erschien. Zugrunde liegt ein Ereignis vom 18. November 1963. Als eine Artillerieeinheit eine Eisenbahnlinie überschritt, scheute ein Pferd, weil ein Zug um eine Biegung kam. Wäre Ou-yang Hai nicht hinzugesprungen und hätte das Pferd zum Weiterlaufen veranlaßt, wäre der Zug auf das Geschütz aufgefahren, und es wäre zu einem Unglück gekommen. Ou-yang Hai geriet dabei allerdings selbst unter den Zug und wurde so schwer verletzt, daß er am nächsten Tag starb. Der drei-

undzwanzigjährige Soldat soll zu dieser Heldentat nur fähig gewesen sein, weil er die Werke Maos studiert hatte.
L. gehört zu den Massenkampagnen, die beispielhafte Männer der Volksbefreiungsarmee popularisieren, um das Ideal des neuen selbstlosen kommunistischen Menschen zu propagieren (→*Lernt von Lei Feng*).
(6e; 6k)

Li-Li-san-Linie
auch: *Linie Li Li-sans*
Li Li-san (geb. 1896) gehörte mit Chou En-lai zu den Gründern einer Kommunistischen Jugendliga in Frankreich, die 1922 der KPCh beitrat. In China organisierte Li – teilweise mit Liu Shao-ch'i – Gewerkschaften, die er zeitweise in Moskau vertrat. Er war an der Vorbereitung des Aufstandes in Shanghai (→*Massaker von Shanghai*) und des →*Aufstandes von Nanch'ang* beteiligt. Seit dem 2. Plenum des VI. ZK spielte Li Li-san, obwohl nicht Vorsitzender der KPCh, die entscheidende Rolle in der Partei. Entsprechend den Weisungen der Komintern bemühte er sich um eine proletarische Basis. Die Bauernbewegung sah er nur als eine Nebenlinie an. Dabei spielte eine Rolle, daß Stalin in China eine „revolutionäre Situation" zu sehen glaubte, während sein Kontrahent Trotzki vom Abflauen der Revolution in China sprach. Um die Stalinthese zu bestätigen, wurde in der Resolution vom 11. Juni 1930 (T: 5b, 131) ein Kurs festgelegt, der von der Eroberung einiger Städte ausging, um damit eine Solidarisierung der Arbeiter mit den Kommunisten zu erreichen. Ende Juli begannen die Angriffe auf Wuhan und Nanch'ang, die sofort scheiterten, und auf Ch'angsha, das von P'eng Teh-huai vom 28. Juli bis zum 3. August gehalten werden konnte.
In den Anmerkungen zu Maos Werken wird behauptet, Li Li-san wurde wegen „Putschismus" und „linken Opportunismus" auf dem 3. Plenum des VI. ZK im September 1930 kritisiert, habe seine Fehler eingesehen und sei zurückgetreten (M I, 293). Tatsächlich wurde Li Li-san erst im November – wahrscheinlich auf Betreiben des Kominternbeauftragten Pavel Mif, der die durch ihn protegierten →*Achtundzwanzig Bolschewiken* in die Parteiführung bringen wollte – kritisiert und abgelöst. Li Li-san wurde nach Moskau beordert, von wo er erst 1945 wieder nach China zurückkehren konnte. Trotzdem wurde er Mitglied des VII. und des VIII. ZK, nach der Kulturrevolution ist er nicht mehr hervorgetreten.
Von maoistischer Seite wird ihm vorgeworfen, nicht die Notwen-

digkeit der Vorbereitung der Massen auf die Revolution erkannt und deshalb die Bedeutung der ländlichen Stützpunkte mißachtet zu haben. Außerdem soll er den →*Fut'ien-Zwischenfall* inszeniert haben, um Mao auszuschalten.
Von sowjetkommunistischer Seite wird Li Li-san kritisiert, weil er wiederholt der Komintern erklärt hatte, daß sie die Situation in China nicht zu beurteilen und deshalb die KPCh nicht anzuleiten vermag. Außerdem hatte Li Li-san in der Resolution vom 11. Juni 1930 erklärt: „China ist das schwächste Glied in der bestehenden Kette des Weltimperialismus; es ist der Ort, wo der Vulkan der Weltrevolution höchstwahrscheinlich ausbrechen wird." Diese These nimmt Maos Anschauung von der Verlagerung des →*Sturmzentrums der Weltrevolution* nach China vorweg. Damit, so hieß es, vertrat Li – wie heute Mao – einen „extremen Lokalpatriotismus", der im Widerspruch zum „proletarischen Internationalismus" stünde. Die L. wird zu den →*Zehn feindlichen Linien* gerechnet.
(2k; 5b; 5i; 6f)

Lushan-Konferenz
Zusammenfassende Bezeichnung für die erweiterte Sitzung des Politbüros vom 2. Juli bis zum 1. August 1959 und das 8. Plenum des VIII. ZK vom 2. bis 16. August 1959 in Lushan. Zentrales Thema war die Kritik an der Politik der →*Drei Roten Banner*, vorgetragen von Verteidigungsminister P'eng Teh-huai, der im November/Dezember 1958 eine Inspektionsreise durch mehrere Provinzen unternommen hatte. In einem Brief an Mao vom 14. Juli, der gedruckt an alle Teilnehmer der L. verteilt wurde, kritisierte P'eng die ungleichmäßige Entwicklung der Wirtschaft während des *Großen Sprungs*, die zur Vergeudung von Rohstoffen, zur Überschätzung der eigenen Leistungsfähigkeit und deshalb zu unrealistischen Planzielen führte: „Das ‚Politik-an-die-erste-Stelle-Setzen' ist keineswegs ein Ersatz für wirtschaftliche Grundsätze und noch weniger für die konkreten Maßnahmen bei der Wirtschaftstätigkeit" (T: 7d, 187ff; 7h, 276). Mao ging am 23. Juli in einer Rede auf P'engs Kritik ein, wobei er die *Drei Roten Banner* verteidigte, gleichzeitig aber betonte, daß er sich auf die Fachleute verlassen habe.
Während des 8. Plenums kam es schließlich zu zwei Abstimmungen, von denen die erste wahrscheinlich dem Brief P'engs galt. Bei dieser Abstimmung blieb Mao wahrscheinlich in der Minderheit. Das war offenbar der Anlaß für die Vertrauensfrage, so daß P'eng in der zweiten Abstimmung unterlag.

Am 16. August wurden P'eng und seine Anhänger (zu denen auch der Generalstabschef Huang K'o-ch'eng gehörte) als ANTIPARTEI-CLIQUE (auch: PENG/HUANG-ANTIPARTEI-CLIQUE) verurteilt. In einem Brief an Mao vom 9. September bedauerte P'eng sein Verhalten und bat um seine Entlassung, um sich in eine Volkskommune zurückzuziehen (T: 7h, 284). Am 17. September wurde er entlassen. Sein Nachfolger wurde Lin Piao als Verteidigungsminister. Die Kritik P'engs wurde allerdings bei den Maßnahmen zur Behebung der Folgen des *Großen Sprunges* berücksichtigt.
Die *Kulturrevolution* begann mit der Kritik der Peking-Oper →*Hai Juis Entlassung,* die als Schlüsseldrama zur Entlastung P'engs entlarvt wurde. Während der *Kulturrevolution* wurde P'eng (vom 28. Dezember 1966 bis 5. Januar 1967) der Prozeß gemacht. Aus den Aussagen seiner Frau ging hervor, daß er 1962 noch eine Verteidigungsschrift verfaßte und außerdem ein Gespräch mit Mao hatte, an einer Wiederverwendung jedoch desinteressiert war. Außerdem gab P'eng zu, zum Mißfallen Maos die Armee nach sowjetischem Vorbild ausgerüstet und damit dem Materiellen statt dem Politischen den Vorrang eingeräumt zu haben. Da P'eng in seinem Brief vom 14. Juli 1959 von „kleinbürgerlichem Fanatismus" sprach, der zu „linken Fehlern" führe, werden er und seine Anhänger als „rechte Opportunisten" bezeichnet. Mao spricht in seiner Aufzählung der →*Zehn feindlichen Linien* außerdem von den unerlaubten Beziehungen, die P'eng zum Ausland (gemeint ist die Sowjetunion) unterhielt, als er versuchte, die Macht an sich zu reißen (T: Ca Okt. 72).
(6c–e; 7d; 7h)

M

Machthaber in der Partei, die den kapitalistischen Weg gehen
auch: *Leute innerhalb der Partei, die Autorität besitzen und den kapitalistischen Weg gehen*
Mao benutzt den Begriff M. zuerst in den *Dreiundzwanzig Punkten* vom 14. Januar 1965 (→*Sozialistische Erziehungsbewegung*), um seine Gegner in der Führungsspitze der Partei zu charakterisieren. In dem →*Rundschreiben vom 16. Mai* 1966 wird P'eng Chen, Politbüromitglied und Bürgermeister von Peking, namentlich als Vorsitzender der *Fünfergruppe* der →*Kulturrevolution* angegriffen

und in Zusammenhang mit den M. gebracht. Gleichzeitig wird von „Leuten vom Schlage Chruschtschews, die sich jetzt in unserer Nähe eingenistet haben" in deutlicher Anspielung auf den →*Chruschtschew Chinas* (d.i. Liu Shao-ch'i) gesprochen. In den →*Sechzehn Punkten* vom 8. August 1966 heißt es, daß der Kampf gegen die M. das Hauptziel der *Kulturrevolution* bildeten (→*Kampf – Kritik – Umgestaltung*).
(1g; 1h; 6c; 6e; 7n)

Mao-Tsetung-Ideen
In offiziellen chinesischen Übersetzungen ist seit Ende der *Kulturrevolution* MAOTSETUNGIDEEN *(Mao Tse-tung ssu-hsiang)* üblich. Außerdem werden der Generationsname und der persönliche Vorname Maos nicht mehr – wie bei allen anderen Namen – durch Bindestrich getrennt. Zuvor war IDEEN MAO TSE-TUNGS *(Mao Tse-tung ti ssu-hsiang)* gebräuchlich und vor 1945 MAO TSE-TUNG-LINIE (auch: LINIE MAO TSE-TUNGS: *Mao Tse-tung lu-hsien)*. In der Literatur finden sich daneben: GEDANKEN MAO TSE-TUNGS, MAO TSE-TUNGS GEDANKEN. MAOISMUS wird in Veröffentlichungen der VR China nicht benutzt, weil der Begriff *chu-i* (z. B. *Ma-lieh chu-i* = Marxismus-Leninismus) gewöhnlich nur für ausländische Lehren verwendet wird. Schickel schlägt, um den Unterschied zwischen dem eine anerkannte Lehrmeinung bezeichnenden *chu-i* und dem aktives Denken umschreibenden *ssu-hsiang* deutlich zu machen, die Übersetzung MAOTSETUNGDENKEN vor (10i, 50f).
Die M. haben sich von einer Anpassung des Marxismus-Leninismus an die Eigenarten des Chinesischen zu einer eigenständigen Form des Kommunismus fortentwickelt. Als politischer Begriff erscheinen die Ideen Maos zuerst 1935 bei der *Tsunyi-Konferenz* (→*Langer Marsch*). In seiner Rede vor dem 6. Plenum des VI. ZK im Oktober 1938 hebt Mao hervor: „So etwas wie einen abstrakten Marxismus gibt es nicht; es gibt nur einen konkreten Marxismus, der eine nationale Form angenommen hat, d.h. die Anwendung des Marxismus auf den konkreten Kampf unter den konkreten Bedingungen Chinas" (1h, 150). Mao nennt dies ausdrücklich „die SINISIERUNG DES MARXISMUS". Demgemäß wirft Mao den *zurückgekehrten Studenten* (→*Achtundzwanzig Bolschewiken*) vor, daß ihr ganzes Wissen darin besteht, einen Vorrat unverdauter ausländischer Phrasen hersagen zu können. Zu den Aufgaben der →*Überwindungsbewegung* von 1942 gehört deshalb auch die Besinnung auf die revolutionären Traditionen und Bewegungen

Chinas. 1945 wurde auf dem VII. Ptg. entsprechend dem Vorschlag Liu Shao-ch'is der Satz, „daß sich die KPCh in ihrer Tätigkeit von den Gedanken Mao Tse-tungs, nämlich den Gedanken von der Einheit der marxistisch-leninistischen Theorie und der Praxis der chinesischen Revolution leiten läßt" (zit. n. 2a, 76), in das Parteistatut aufgenommen. 1946 hob Liu hervor: „Mao Tsetungs großes Verdienst besteht darin, daß er den Marxismus aus einer europäischen in eine (chinesische oder) asiatische Form gebracht hat" (1h, 94). Der Begriff der *Sinisierung des Marxismus* wird allerdings seit 1949 nicht mehr benutzt. Aus den Texten Maos wurde er in den offiziellen Ausgaben gestrichen. Das geschah wahrscheinlich aus Rücksicht auf die Sowjetunion. Umstritten ist, ob die Streichung des Hinweises auf die M. im Parteistatut von 1956 aus demselben Grunde oder als Folge eines internen Machtkampfes geschah. Mit Beginn der *Kulturrevolution* setzte jedenfalls eine Kanonisierung der M. ein.

Im Parteistatut von 1969 werden die M. als „der Marxismus-Leninismus jener Epoche, in welcher der Imperialismus seinem totalen Zusammenbruch und der Sozialismus seinem weltweiten Sieg entgegensieht", bezeichnet. Außerdem heißt es darin, Mao habe „den Marxismus-Leninismus auf eine völlig neue Stufe gehoben" (6h, 538). Das Statut von 1973 geht nicht mehr ganz so weit. Da werden der Marxismus, der Leninismus und die M. nebeneinandergestellt und zur theoretischen Grundlage erklärt, von der sich die KPCh leiten läßt und die die Parteimitglieder gewissenhaft zu studieren haben (PR 35–36/73). Schwierigkeiten bereitet allerdings, die M. genau zu definieren. Maos Schriften sind kein in sich geschlossenes wissenschaftliches Lehrgebäude, sondern nur eine Sammlung von Aufsätzen und Reden, die zu verschiedenen Zeiten aus unterschiedlichsten Anlässen entstanden. Widersprüche, die sich aus der persönlichen Entwicklung Maos ergeben, sind daher nicht selten. Die neuen Veröffentlichungen seiner älteren Werke sind erheblich überarbeitet und verändert worden. Schram (1h) hat das an vielen Beispielen nachgewiesen.

Als wesentliche Gedanken treten hervor:

1. Nationalismus; die Betonung von Unabhängigkeit und Selbständigkeit; das Vertrauen auf die eigene Kraft; die Ablehnung fremder Modelle für Chinas Entwicklung; die *Sinisierung des Marxismus*, verbunden mit dem Anspruch, daß sich das →*Sturmzentrum der Weltrevolution* nach China verlagert habe.
2. Das Hervorheben der Rolle der Bauern; die Schaffung von ländlichen Stützpunktgebieten (→*Rote Gebiete*); die Eroberung

der städtischen (proletarischen) Zentren vom Land aus (→*Landgebiete der Welt*).

3. Die Betonung des Militärischen; die zentrale Bedeutung der →*Roten Armee* für die Eroberung der Macht (→*Guerillakrieg*).
4. Die Überzeugung der Veränderbarkeit der Menschen durch politische Propaganda und Erziehung; (→*Überwindungsbewegung;* →*Gedankenreform;* →*Volk;* →*arm und unbeschrieben*).
5. Die Theorie vom →*Widerspruch* und daraus folgernd die Theorie von der *permanenten* →*Revolution.*

Es hat ausgedehnte wissenschaftliche Kontroversen gegeben, ob Mao den Marxismus und Leninismus fortentwickelte oder ob seine Revolutionstheorie damit nicht mehr zu vereinen ist (z. B. die Auseinandersetzung zwischen Benjamin Schwartz und Karl August Wittfogel in: 2f).

Mao hat marxistisches Gedankengut zuerst durch den marxistischen Studienkreis an der *Pekinger Universität,* dem er im Winterhalbjahr 1918/19 angehörte, kennengelernt. Sein Wissen stammte weitgehend aus Sekundärliteratur, da mit Ausnahme von ganz wenigen Einzelwerken (z. B. Teile des „Manifests der Kommunistischen Partei"; des „Ursprungs der Familie" und der „Entwicklung des Sozialismus" von Engels) keine chinesischen Übersetzungen vorlagen. Während der Yenan-Zeit beschäftigte sich Mao intensiv mit dem Marxismus. Dabei stützte er sich auf die Übersetzungen sowjetischer Lehrbücher und die Mitte und Ende der dreißiger Jahre erscheinenden Übersetzungen der Werke von Marx, Engels und Lenin. Deshalb ist es leicht, Mao Irrtümer und Fehlinterpretationen, die auf unzulänglichen Übersetzungen beruhen, nachzuweisen. Die sowjetkommunistische Publizistik behauptet jedoch, daß Mao zuerst unabsichtlich, bald aber absichtlich die marxistischen Klassiker verfälschte, um seine kleinbürgerlich-nationalistischen Tendenzen, die mit dem Marxismus nichts gemein haben, zu verbergen (s. 2d; 2h; 2n; 6k; 9a; 12b). Seine mangelnde Kenntnis des Marxismus-Leninismus zeige sich im übrigen daran, daß nur 4% der Zitate in Maos Werken von Marx und Engels, über die Hälfte aber aus alten und mittelalterlichen Quellen stammen.

(1b; 1h; 2a; 2f; 3d; 3l; 6h)

Massaker vom 7. Februar

auch: *Gemetzel vom 7. Februar, 7.-Februar-Streik*

Um die sich ausbreitende, kommunistisch gelenkte Streikbewegung der Arbeiter Anfang des Jahres 1923 zu unterdrücken, setzte der →*Warlord* Wu P'ei-fu am 7. Februar 1923 seine Soldaten gegen die streikenden Arbeiter der Eisenbahnlinie Peking-Hank'ou ein. Dabei wurden 35 bis 40 Arbeiter getötet, viele verletzt. Die Niederlage des Streiks stärkte zwar die Gewerkschaftsbewegung, die vor allem unter kommunistischem Einfluß stand, ließ die KPCh jedoch gleichzeitig erkennen, daß ihr die Massenbasis für größere politische Aktionen fehlte.

(2k; 6f; PR 7/73)

Massaker von Shanghai

Der Kampf um Shanghai wurde zu einem Wendepunkt für die Beziehungen zwischen KMT und KPCh. Bereits im Februar 1927 hatten die Gewerkschaftsmilizen einen Aufstand gegen den →*Warlord* Sun Ch'uan-fang unternommen, der jedoch scheiterte. Als sich um den 21. März 1927 Teile der Zentralarmee der Stadt stark genähert hatten, glückte ein zweiter Aufstand der Milizen. Die Stadt wurde von den unter Einfluß der Kommunisten stehenden Milizen beherrscht. Shanghai sollte ein Faustpfand sein, um eine Umbildung der Regierung in Wuhan (→*Kuomintang*) mit einer paritätischen Beteiligung der Kommunisten einzuleiten. Als Chiang Kai-shek am 28. März nach Shanghai kam, war er sich der Gefahren, die von der Shanghai-Kommune ausgingen, bewußt. Er verhängte den Ausnahmezustand und verbot den Waffenbesitz. Gleichzeitig bereitete er die Entwaffnung der Milizen vor. In den folgenden Tagen bemühte sich Chiang, den aus Europa am 1. April nach Shanghai zurückgekehrten Wang Ching-wei für einen Bruch mit den Kommunisten zu gewinnen. Wang, der den linken Flügel der KMT vertrat, war dazu nicht bereit, sondern gab am 5. April mit dem Generalsekretär der KPCh, Ch'en Tu-hsiu, eine gemeinsame Erklärung heraus, in der sich beide für die Fortsetzung der Zusammenarbeit zwischen KMT und KPCh aussprachen.
Darauf gruppierte Chiang seine Truppen um, indem er die stark von Kommunisten unterwanderten Teile aus der Stadt verlegte und ihm ergebene Truppen in die Stadt holte. Vom 9. April an wurden die kommunistischen Offiziere, die es auch in diesen Armeeteilen gab, verhaftet. Am frühen Morgen des 12. April 1927 begann dann – gestützt auf bewaffnete nichtkommunistische Arbeitermilizen und die Armee – die Entwaffnung der Gewerkschaftsmilizen. Dabei wurden nach offiziellen Angaben 700 Kommunisten verhaftet und erschossen. Die Zahl der beim M. Ermordeten liegt jedoch weit höher. Chou En-lai, der ebenfalls verhaftet wurde, konnte fliehen. Die KPCh und die Gewerkschaften wurden verboten. Zu einer ähnlichen Aktion kam es am 14. April in Kan-

ton und in mehreren Küstenstädten des Südens. Nach Chiangs Darstellung sollte durch die Aktion vom 12. April verhindert werden, daß China durch eine den →*Drei Grundlehren vom Volk* nicht entsprechende gleichberechtigte Koalition zwischen KMT und KPCh unter den Einfluß der Komintern geriet und daß die nur in der Politik berechtigten revolutionären Methoden auch auf wirtschaftlichem und sozialem Gebiet angewendet würden. Die Regierung in Wuhan und die Komintern versuchten trotzdem, nach dem M. das Bündnis zwischen KMT und KPCh aufrechtzuerhalten. Chiang bildete am 17./18. April in Nanking eine Gegenregierung. Nachdem Wuhan am 15. Juli ebenfalls mit den Kommunisten brach (→*Zweiter revolutionärer Bürgerkrieg*), kam es im Dezember zu einer Einigung der verschiedenen KMT-Richtungen mit Ausnahme der Linken um Wang und der rechten *Westberggruppe.*
(4k; 5c)

Massenlinie
Prinzip für die Beziehung zwischen Partei und dem →*Volk.* Mao charakterisiert die M. in der Resolution vom 1. Juni 1943 „Einige Fragen der Führungsmethoden“: „In der gesamten praktischen Arbeit unserer Partei muß eine richtige Führung stets ‚aus den Massen schöpfen und in die Massen hineintragen‘, das heißt: Die Meinungen der Massen (vereinzelte und nicht systematische Meinungen) sind zu sammeln und zu konzentrieren (sie werden studiert und in konzentrierte und systematische Form gebracht) und dann wieder in die Massen hineinzutragen, zu propagieren und zu erläutern, bis die Massen sie sich zu eigen gemacht haben, sich für sie einsetzen und sie verwirklichen; dabei wird die Richtigkeit dieser Meinungen in den Aktionen der Massen überprüft“ (M III, 137). Mao entwickelt damit das Ideal einer politischen Führung, die um größtmögliche Übereinstimmung des Allgemeinwillens (der volonté de tous bei Rousseau) mit dem Gesamtwillen (der volonté générale) bemüht ist. Damit unterscheidet er sich wesentlich von dem sowjetkommunistischen Führungsmodell, wie es von Lenin in „Was tun?“ (1902) entwickelt wurde. Bei Lenin ist es die kleine Elite der bewußten Berufsrevolutionäre (in der Regel bürgerliche Intellektuelle), die berufen sind, als Avantgarde des Proletariats die politisch noch nicht bewußten Schichten zu führen, zu organisieren und ihnen schließlich ihren wahren politischen Willen bewußt zu machen. Dieses Elitedenken und den sich daraus ergebenden Hang, die Massen herumzukommandieren, führen

– nach Mao – zu so „üblen Erscheinungen wie Dogmatismus, Empirismus, Kommandoregime, Sektierertum, Bürokratismus, Überheblichkeit“ (M III, 314; MWo 147). Wiederholt betont Mao, daß Maßnahmen, die gegen den Willen der Massen durchgesetzt werden, zu Niederlagen führen, deshalb gelte es geduldig abzuwarten, bis „durch unsere Arbeit den Massen in ihrer Mehrheit das betreffende Bedürfnis zum Bewußtsein gekommen ist“ (M III, 217; MWo, 149). In den verschiedenen Parteistatuten der KPCh wurde den Parteimitgliedern immer vorgeschrieben, die Verbindung zu den Massen zu pflegen. Die Kulturrevolution wird von Mao als „die Befreiung der Massen durch die Massen selbst“ gedeutet (1g, 192). Bei Mao verbindet sich ein fast mystischer Glaube an die Massen mit einem revolutionären Pragmatismus, der nur das Ziel und nicht die Opfer sieht und demzufolge rigoros über die Massen verfügt. Die M. ist infolgedessen ein theoretisches Konzept, das nur sehr bedingt in die politische Praxis umgesetzt wird, obwohl es regelmäßig als Begründung für die Maßnahmen der Führung herangezogen wird.

min-t'uan

Während des *→Zweiten revolutionären Bürgerkrieges* und der *→Zweiten Einheitsfront* von der KMT gegründete Milizverbände in den Dörfern. Die m. setzten sich meist aus Kleinbauern und Pächtern zusammen. Sie waren nach dem Beispiel der Milizen organisiert, die es seit der Chou-Dynastie (11. Jh. – 221 v. Chr.) in China wiederholt gegeben hat, um die Dörfer gegen Räuberbanden zu schützen. In Verbindung mit dem *→pao-chia-System* bildeten die m., da sie auch Aufgaben wahrnahmen, die über die Verteidigung hinausgingen, ein schwieriges Hindernis für die Ausbreitung der Kommunisten. Als Gegengewicht organisierten die Kommunisten Rote Garden (*ch'ih wei-tui;* nicht zu verwechseln mit den *→Roten Garden* der Kulturrevolution), gleichzeitig versuchten sie, die m. auf ihre Seite zu ziehen.

(3d; 5c; Ca Juni 72)

Mukden-Zwischenfall

auch: *Zwischenfall vom 18. September*

Seit der Niederlage Chinas im chinesisch-japanischen Krieg 1894/95 war Japan bemüht, Einfluß und Territorien in Nordchina zu gewinnen. Nach dem Sieg im russisch-japanischen Krieg übernahm es die russischen *→Pachtgebiete* Port Arthur (Lüshun) und Dairen (Talienwan) sowie die russischen Rechte an der „Südmandschurischen Bahn". In der Folge gelang es Japan, sich weitere Sonderrechte in Tungpei (den Provinzen Liaoning, Kirin und Heilungkiang) übertragen zu lassen. Dazu gehörten erhebliche Truppenkontingente als Schutztruppe für die Bahnlinie. Die Spannungen zwischen China und Japan verschärften sich, als nach dem *Nordfeldzug* (→*Warlords*) eine Einigung Chinas unter einer starken Zentralgewalt möglich schien. Das →*Tanaka-Memorandum* umriß 1927 Japans Politik, die auf eine Loslösung der Mongolei und der Mandschurei zielte. Zahlreiche Zusammenstöße und Konflikte kulminierten im M. Am 18. September 1931 wurden in der Nähe von Mukden (Shenyang) Gleise der „Südmandschurischen Bahn" durch eine Bombe zerstört. Kaum eine Stunde später nutzten die japanischen Truppen diesen Zwischenfall zur Besetzung der chinesischen Kasernen in einer Vorstadt von Mukden. Gleichzeitig begannen militärische Aktionen gegen die anderen chinesischen Garnisonen in den Nordprovinzen, die mit der völligen Besetzung Tungpeis und der Gründung des japanischen Satellitenstaates Manchukuo endete. Die vom Völkerbund entsandte Lytton-Kommission stellte 1932 fest, daß es keine Beweise für die japanische Behauptung gäbe, der M. sei von Chinesen ausgelöst worden. Japans Versuche, China in seine Gewalt zu bringen, die mit dem M. begannen, wurden 1937 nach dem →*Zwischenfall an der Marco-Polo-Brücke* und dem folgenden Angriff auf die südlicheren Provinzen fortgesetzt.

(5c; PR 39/71)

N

Nanking-Zwischenfall

auch: *Nanking-Affäre; Zwischenfall von Nanking*

Im Verlauf des *Nordfeldzuges* kam es nach der Eroberung Nankings am 24. März 1927 nachmittags zu Ausschreitungen gegen die Ausländer in der Stadt. Häuser wurden geplündert und angezündet, Personen mißhandelt. Ein amerikanisches Kriegsschiff, das vor der Stadt auf dem Yangtze lag, beschoß daraufhin die Stadt. Nach chinesischer Version sollen ein Ausländer, aber über hundert Chinesen getötet worden sein, nach anderen Angaben nur sechs Chinesen. Die Unruhen konnten im Laufe der Nacht und am 25. März durch Truppen der Nationalregierung beendet werden. Das

Ziel des N.s war zweifellos, die Beziehungen zwischen der Nationalregierung und den ausländischen Mächten zu beeinträchtigen, deshalb sollte – indem ein Teil der Beteiligten Uniformen der Nationalarmee trugen – der Eindruck erweckt werden, als gingen die Ausschreitungen von der Nationalarmee aus. Daran konnten einmal die →*Warlords,* deren Niederwerfung der *Nordfelzug* galt, ein Interesse haben, zum anderen aber auch die Kommunisten, weil sie die Eroberung Shanghais, wo Vorbereitungen für eine kommunistische Machtübernahme getroffen wurden, hinauszögern wollten. Für die kommunistischen Urheber des N. spricht, daß – nach Augenzeugenberichten – viele der Beteiligten Hunan-Dialekt sprachen, und die Kommunisten im 6. Armeekorps, das Nanking einnahm, nicht aber die Soldaten der gegnerischen *Warlords* aus dieser Provinz stammten. Da sich die Nationalregierung bei den Vertretern der ausländischen Mächte entschuldigte und diese Länder offenbar an einem Konflikt nicht interessiert waren, blieb der N. ohne Nachwirkungen auf die Außenpolitik.
(4k; 5c)

Neue Demokratie
In „Über die Neue Demokratie" (Jan. 1940; M II, 395) entwickelt Mao die Theorie, daß zwischen der bürgerlich-demokratischen Revolution, die zu einer Diktatur der Bourgeoisie führt, und der sozialistischen Revolution mit einer Diktatur des Proletariats die N. als „eine Revolution von neuem Typus" mit einer „gemeinsamen Diktatur der revolutionären Klassen" d.h. der *nationalen Bourgeoisie* (→*Klassen*) unter Führung des Proletariats notwendig sei. Die N. ist für Mao das Modell für alle kolonialen und halbkolonialen Länder.
In einem Staat der N. werden die Schlüsselindustrien, Banken, Eisenbahnen und großen Handelsunternehmen verstaatlicht, auf den anderen Gebieten gibt es weiterhin kapitalistisches Privateigentum. Auf dem Land wird der Feudalismus liquidiert und das Genossenschaftswesen gefördert, der Boden bleibt Privatbesitz.
1945 in „Über die Koalitionsregierung" (M III, 239) fordert Mao den Aufbau einer neudemokratischen Ordnung mit der KMT, während 1949 (in „Über die demokratische Diktatur des Volkes"; M IV, 437) die KMT nicht mehr als koalitionsfähig gilt. In der Präambel der Verfassung der VR China vom 20. September 1954 wird die Volksdemokratie als Übergangsperiode mit der N. gleichgesetzt (T: 6h, 375). Da die *Kulturrevolution* als Übergang von der N. zum Sozialismus verstanden wird, wird im Verfassungsent-

wurf von 1970 der Begriff der N. nicht mehr verwendet. Die VR China wird nun als „sozialistischer Staat der Diktatur des Proletariats“ bezeichnet (T: 6h, 495).

Neue Kulturbewegung

auch: *Bewegung für Neue Kultur*

Versuch der intellektuellen Erneuerung Chinas in den Jahren seit 1915. Die N. markiert einen totalen Bruch mit der Tradition aus dem Bewußtsein, daß die Verbindung von chinesischer Überlieferung und westlicher Zivilisation (wie es während der *→Selbststärkungsbewegung* und der *→Hundert Tage der Reform* versucht wurde) nicht ausreicht. Ein neuer Mensch mit einem neuen Bewußtsein sollte die Grundlagen für eine neue Gesellschaft und eine neue politische Ordnung schaffen helfen. Dem sollten die verschiedenen politischen Philosophien des Westens dienen, die von Männern, die lange Jahre im Ausland verbracht hatten, für China entdeckt wurden. Starken Einfluß übten dabei John Dewey (mit seinem Pragmatismus) und Bertrand Russel (mit der Absage an jede Religiosität) aus, die Gastvorlesungen in China hielten. Eine besondere Anziehungskraft entwickelten der Marxismus und der Anarchismus. Eine populäre Parole war „ZERSTÖRT DIE KONFUZIANER-BUDE“ (auch: ZERSCHLAGT DEN KRAMLADEN DES KONFUZIUS; VERNICHTET DAS KONFUZIANISCHE ESTABLISHMENT), denn der Konfuzianismus und der Taoismus galten als überholt und unzeitgemäß, weil sie den Fortschritt hemmten und der Reaktion dienten. Diese Forderung schien besonders akut, als Yüan Shih-k'ai, der der Revolution von 1911 zum Sieg verholfen hatte, versuchte, eine neue Dynastie zu gründen. Als Ausgangspunkt der N. gilt die Gründung der Zeitschrift „Neue Jugend“ durch Ch'en Tu-hsiu im Sommer 1915. Ihr folgten bald zahlreiche ähnliche Zeitschriftengründungen. Ein Zentrum der N. bildete sich an der *Pekinger Universität* heraus, als Ts'ai Yüan-p'ei im Dezember 1916 zum Kanzler ernannt wurde und 1917 u.a. Ch'en Tu-hsiu und Hu Shih Professuren erhielten. Die N. artikulierte sich zuerst als literarische Revolution. Die Forderung nach einer Literatur in der allen Schichten verständlichen *Umgangssprache* (*→Sprach- und Schriftreform*) gehörte ebenso dazu wie die Überzeugung, daß Wissenschaft und Demokratie die einzigen Heilmittel für China seien (*→Herr Te und Herr Sai*). Die *→4.-Mai-Bewegung* mit dem trotz aller Traditionsfeindlichkeit ausgeprägten Nationalismus ist typisch für die politischen Auswirkungen der N. Deshalb werden die *4.-Mai-Bewegung* und die N. häufig als identisch betrachtet.

Die Hauptwirkung der N. liegt auf literarischem und philosophischem Gebiet. Über hundert literarische Vereinigungen entstanden, die Tendenzen vom Realismus bis zu einer absoluten Kunst vertraten. Besonders einflußreich waren die Realisten um Lu Hsün. Über das Abklingen der N. bestehen unterschiedliche Ansichten. Teils werden das Jahr 1923 (als die N. etabliert und unumstritten war) oder das Jahr 1925 (die →*30.-Mai-Bewegung*) als Endpunkte angesetzt, teils erst die Jahre 1935/36, als der Bürgerkrieg zwischen KPCh und KMT und dann der Krieg gegen Japan keine intellektuelle Opposition zwischen allen Fronten mehr zuließen.

(4q; 6f)

Notstandskonferenz vom 7. August (1927)

Die N. wurde auf Weisung des Komintern-Beauftragten Benno Lominadse einberufen. Sie tagte in Hank'ou oder Kiukiang. Sie trug die Bezeichnung Notstandskonferenz, weil wahrscheinlich nur 22 Delegierte, also keine beschlußfähige Mehrheit, teilnahmen. Aufgabe der N. war es, eine Bilanz nach dem Scheitern der *Ersten Einheitsfront* (→*Erster revolutionärer Bürgerkrieg*) zu ziehen. Als Schuldiger wurde der Parteivorsitzende Ch'en Tu-hsiu bezeichnet und durch Ch'ü Ch'iu-pai ersetzt. Mao wurde ins ZK aufgenommen (→*Kommunistische Partei Chinas*).

Der KPCh wurde die Aufgabe gestellt, die KMT neu zu organisieren. Obwohl auch der linke KMT-Flügel, mit dem die Kommunisten nach dem →*Massaker von Shanghai* noch zusammengearbeitet hatten, dieses Bündnis gelöst hatte, sollte die Fiktion aufrecht erhalten werden, daß es noch bedeutende Kräfte in der KMT gäbe, die zu einem Bündnis bereit wären. In einem Rundbrief an alle Parteimitglieder wurden die „opportunistischen" Fehler der bisherigen Führung verurteilt und in einer Resolution der neue Kurs festgelegt:

1. Übergang der Partei zur Untergrundarbeit.
2. Unterwanderung der Gewerkschaften und Bewaffnung der Arbeiter.
3. Organisieren der →Herbsternteaufstände.
4. Sicherung der Vormachtstellung des Proletariats durch Sicherung der Vormachtstellung der Kommunisten in einer neu zu organisierenden KMT.
5. Unterwanderung der Armeen (5b, 89ff).

(2k; 5c)

O

Ökonomismus

Bewußter Rückgriff auf Lenins Terminologie bei den Kämpfen um die Parteiführung in der Zeit um die Jahrhundertwende. Lenin bezeichnet seine Rivalen (vor allem in „Was tun?", 1902) als „Ökonomisten" und unterstellt ihnen, daß sie keine politischen, sondern nur ökonomische Ziele verfolgten. Seitdem gilt Ö. im kommunistischen Sprachgebrauch als Synonym für rechte Abweichungen. Während der →*Kulturrevolution* wurden als Ö. zuerst die Versuche bezeichnet, die Arbeiter durch finanzielle Sonderleistungen zur Parteinahme gegen die →*Roten Garden* zu bestechen. Dann zum Angelpunkt in der Auseinandersetzung um die Wirtschaftspolitik nach den →*Drei Roten Bannern* ausgeweitet.

Während Mao Tsetung davon ausgeht, daß das sozialistische Bewußtsein und die Verantwortung des einzelnen gegenüber der Gesellschaft beim Aufbau des Sozialismus und Kommunismus als Triebkraft für den vollen Einsatz und die Leistungssteigerung in Landwirtschaft und Industrie tonangebend seien, vertraten die →*Machthaber in der Partei, die den kapitalistischen Weg gingen*, die Ansicht, Leistungs- und damit Produktionssteigerungen seien allein mit einem System der materiellen Anreize zu erzielen. Dazu gehören Leistungslöhne und Prämien in der Industrie, das Recht auf privat zu bewirtschaftende Parzellen und private Viehzucht auf dem Lande. Die Gruppe um Liu konnte darauf verweisen, daß die Krise der →*Drei bitteren Jahre* wesentlich durch diese materiellen Anreize überwunden wurde.

Da dieses System dem sowjetischen Modell entspricht, wurde der Ö. während der *Kulturrevolution* als reaktionär und revisionistisch verurteilt. Das begann im August 1966.

Die Parole „Nieder mit dem Ö." stieß in den Städten auf den Widerstand der Arbeiter. Deshalb kam es zu Zusammenstößen zwischen Arbeitern und den →*Roten Garden*.

Mit dem Abklingen der *Kulturrevolution* traten die materiellen Anreize langsam wieder hervor. Den Bauern wurden die Privatparzellen zugesichert, und außerdem forderte Mao jede Familie auf dem Lande auf, privat ein Schwein zu mästen. In der Industrie setzten sich diese Tendenzen nicht so stark durch, da das System der acht Lohnstufen auch während der Kulturrevolution nicht aufgegeben worden war.

In der sowjetischen Presse wurde der Kampf gegen den Ö. als ein

Angriff auf den Lebensstandard der Arbeiter bezeichnet, der im Widerspruch zu den Lehren von Marx und Lenin stünde. Das mag zwar für die Übergangsphase des Sozialismus stimmen, trifft für den Endzustand der Gesellschaft, den Kommunismus, nicht zu. (3c; 3i; 6e; 7b; 7e; 7f; 8c; OP 24. 2. 67)

Opiumkrieg

Opium war in China seit der T'ang-Dynastie (618–906) als Heilmittel bekannt. Seit Anfang des 18. Jahrhunderts wurde es auch geraucht. 1729 erging das erste kaiserliche Edikt gegen das Opiumrauchen. Damals wurden jährlich rund 200 Kisten (1 Kiste etwa 65 kg) verbraucht, 1767 waren es bereits 1000 Kisten. 1773 erhielt die britische Ostindische Kompanie das Opiumhandelsmonopol. Ab 1800 wurde Opium zur Haupthandelsware, weil andere Güter, besonders europäische Waren, in China keinen Markt fanden, andererseits aber chinesiche Waren wie Tee und Seide in Europa begehrt waren. Der Opiumverbrauch stieg rapide an. 1796, 1814 und 1815 gab es erneute Verbote, doch der Schmuggel hatte inzwischen 5000 Kisten überschritten. Seit 1825 ist deshalb Chinas Handelsbilanz negativ. 1834 sollen es rund 20000 Kisten, drei Jahre später bereits die doppelte Menge gewesen sein. Für 1835 wird die Zahl der Raucher auf etwa 2 Millionen geschätzt, das ist weniger als ein Prozent der Bevölkerung. Die gesundheitlichen Schäden sind deshalb häufig überschätzt worden. Gravierender war die sich ausbreitende Korruption unter den Beamten, die sich von den privilegierten chinesischen Kaufleuten *(co-hong)* bestechen ließen. Ausländer durften sich außerhalb der Vertragshäfen nicht frei bewegen, sie waren auf die *co-hong* angewiesen. Es ist deshalb übertrieben zu behaupten, die Europäer hätten gezielt die Nachfrage für Opium geweckt. Sie haben jedoch den vorhandenen und durch die ausufernden sozialen Krisen steigenden Bedarf bereitwillig bedient.

Lin Tse-hsü, 1839 als kaiserlicher Kommissar mit besonderen Vollmachten nach Kanton entsandt, ließ sich von den britischen Kaufleuten, um das Opiumhandelsverbot durchzusetzen, sämtliche Lagerbestände (19179 Kisten und 2119 Sack, nach anderen Angaben 20283 Kisten) ausliefern. Außerdem mußten alle Engländer im Mai 1839 Kanton verlassen. Die Briten reagierten, nachdem sie ihre Truppen gesammelt hatten, mit Angriffen im Küstengebiet, denen China, das über keine Kriegsmarine verfügte, nichts entgegenstellen konnte. Erste Verhandlungen blieben ohne Ergebnis, weil China nicht bereit war, den Briten Häfen zu öffnen.

Darauf kam es 1841 zu einer Fortsetzung des Krieges, zu der Eroberung mehrerer Küstenstädte und schließlich der Bedrohung Nankings durch 80 britische Schiffe im August 1842. China mußte den Vertrag von Nanking akzeptieren, der es zur Übertragung Hongkongs an Großbritannien „auf ewige Zeiten" zwang, zur Öffnung von Fuchou, Hsiamen, Shanghai, Ningpo, zur Billigung fester Zollsätze und der Abschaffung des Monopols der *co-hong*. In einem Zusatzvertrag mußten 1843 außerdem noch die Meistbegünstigung, die Exterritorialität und die Konsulargerichtsbarkeit akzeptiert werden. Der Vertrag von Nangking wird deshalb gewöhnlich als der erste der →*Ungleichen Verträge* bezeichnet. Anlaß für den sogenannten *Zweiten Opiumkrieg* war ein Zwischenfall im Jahre 1856. Chinesische Polizei hatte eine Lorcha (ein Schiff europäischer Bauart mit chinesischer Besegelung) geentert, um es auf Schmuggelware (Opium) zu kontrollieren. Dabei soll eine britische Flagge (die das Schiff nach chinesicher Ansicht zu Unrecht führte) niedergeholt worden sein (deshalb auch LORCHAKRIEG). 1857 gingen Briten und Franzosen gegen mehrere Küstenstädte vor, beschossen Tientsin und eroberten Kanton. Im Vertrag von Tientsin von 1858 mußte China zehn weitere Häfen öffnen, den westlichen Kaufleuten Bewegungsfreiheit in China zusichern, die Mission auch außerhalb der Vertragshäfen und eine britische Mission in Peking zulassen. Rußland nutzte die Situation für den Vertrag von Aigun 1858, außerdem profitierten alle Vertragsstaaten Chinas durch die Meistbegünstigung automatisch von den Rechten, die einem Staat eingeräumt wurden. Als China den Versuch machte, den Vertrag von Tientsin nicht zu ratifizieren, kam es zu neuen Interventionen. Ein britisch-französisches Expeditionscorps von 20000 Mann eroberte Peking. Die Plünderung und Zerstörung des kaiserlichen Sommerpalastes war die berüchtigste Tat dieses Feldzuges. Im Vertrag von Peking 1860 erzwangen die Alliierten das Recht der Schiffahrt auf chinesichen Binnengewässern, Großbritannien erhielt zu Hongkong noch Kowloon, Tientsin mußte geöffnet werden, und der Opiumhandel wurde legalisiert. Außerdem mußte China (wie schon nach dem Vertrag von Nanking und Tientsin) erhebliche Kontributionen zahlen.

(4e; 4f; 4n; 4p; 4q; 12g)

Der Ostwind ist stärker als der Westwind

auch: *Der Ostwind besiegt den Westwind*

Im Rahmen der Feiern zum 40. Jahrestag der Oktoberrevolution trafen sich 1957 Vertreter von 64 kommunistischen Parteien in

Moskau. Mao ,der die chinesiche Delegation leitete, hielt am 17. November eine Rede vor chinesischen Studenten, und am 18. November griff er in die Debatten der Weltkonferenz ein. Dabei prägte er die Parole O. (T: 1h, 361). Gemeint war damals vor allem der technologische Vorsprung, den die Sowjetunion mit dem Start des ersten künstlichen Erdtrabanten Sputnik am 4. Oktober 1957 errungen hatte. Im Laufe des aufbrechenden Konflikts zwischen China und der Sowjetunion wurde diese Parole von Peking neu interpretiert.

In dem Essay „Das große Geschwätz" (T: 7d, 95) glossierte Teng T'o bereits Ende Oktober 1961 die Parole O., was Anlaß zu scharfen Angriffen während der →*Kulturrevolution* (→*Abendgespräche am Yenshan)* wurde. Im →*Rundschreiben vom 16. Mai* 1966 wird festgestellt, daß es sich „beim Kampf zwischen dem Proletariat und der Bourgeoisie ... darum handelt, ob der Ostwind den Westwind besiegt oder umgekehrt" (1g, 144).

Für die Sowjetunion ist die Parole O. ein Beweis für das Ersetzen des Klassenstandpunktes durch geopolitische Maximen wie „arme" und „reiche" Nationen, um den „farbigen" Osten gegen den „weißen" Westen auszuspielen.

(1h; 9a; 9e)

P

Pachtgebiete

Landesteile, die infolge der →*Ungleichen Verträge* ausländischen Mächten „verpachtet" wurden und wie die →*Konzessionen* der chinesischen Hoheit weitgehend entzogen waren. Als erstes Land unterzeichnete Deutschland – nachdem es die Ermordung von zwei Missionaren zum Anlaß für die Besetzung der Bucht von Kiautschou genommen hatte – am 6. März 1898 einen Vertrag, wonach von China ein 550 qkm großes Gebiet für 99 Jahre gepachtet wurde. Noch im selben Jahr mußte China Kuangchou in Kiangsi an Frankreich, Weihaiwei in Shantung und die sogenannten New Territories hinter Hongkong und Kowloon an Großbritannien, die Kuantung-Halbinsel mit Port Arthur und Dairen an Rußland verpachten. Italiens Versuch, ebenfalls ein P. zu gewinnen, scheiterte, und Japan ließ sich von China versichern, daß Teile der Provinz Fukien nicht an andere Mächte verpachtet würden.

Frankreich gliederte 1900 sein P. Indochina ein; erst 1945 erhielt es China zurück. Kiautschou wurde im ersten Weltkriegsjahr von Japan erobert und ihm im Versailler Vertrag übertragen *(→4.-Mai-Bewegung);* Deutschland verzichtete offiziell 1922 auf seine Rechte. Das russische Pachtgebiet wurde nach dem russisch-japanischen Krieg 1905 von Japan übernommen, 1945 der Sowjetunion übergeben und erst 1954 zurückerstattet. Weihaiwei erhielt China 1930 zurück, während die New Territories zur Kronkolonie Hongkong gehören und spätestens 1997 an China zurückfallen.
(4c; 5c; 9i; 11c)

pao-chia-System

auch: *Bao-Djia-System*

Das p. wurde zuerst während der Herrschaft der Nördlichen Sung-Dynastie (960–1126 n. Chr.) eingeführt. Es sollte als ein System innerdörflicher Verantwortung die staatliche Verwaltung, die nur bis zur Kreisebene reichte, ergänzen. Im Kampf gegen die *→Taiping-Bewegung* griff Tseng Kuo-fan auf das p. zurück. Die KMT führte es 1932 erneut ein, um ihre Herrschaft auf dem Lande zu festigen. Nach einer Anmerkung in Maos Werken wurde am 1. August 1932 die „Verordnung über die Organisierung und Überprüfung der Einwohnerschaft der Kreise nach dem p. für Hupei, Honan und Anhui erlassen" (M III, 318), nach Domes (5c) trat die „Verordnung über die Registrierung der Bevölkerung in den Landkreisen im Gebiet der Banditenbekämpfung" erst im Oktober 1932 in Kraft. Am 7. November 1934 wurde sie dann für alle anderen Provinzen verbindlich.

Das p. beruht auf gegenseitiger Verantwortlichkeit und Kontrolle der Familien eines Dorfes. Jeweils zehn Familien bilden einen *chia,* zehn *chia* einen *pao.* Jeweils fünf Familien eines *chia* mußten füreinander bürgen. Sie waren – wie auch der Obmann jedes *chia* und des *pao* – für die Taten eines Mitglieds verantwortlich und konnten dafür bestraft werden. Zu den Aufgaben des *chia*-Obmannes gehörte die Kontrolle der Mitglieder, die Pflicht, das Auftreten kommunistischer Partisanen zu melden, den Schutz von Brücken, Straßen und Überlandleitungen zu organisieren sowie das Einziehen der lokalen Steuern. Dabei wurde er oft von den *→min-t'uan* unterstützt. Der *pao*-Obmann hatte die *chia* zu überwachen, der Verwaltung bei örtlichen Aufgaben zu helfen, Polizei und Armee bei der Suche nach Kommunisten zu unterstützen sowie Akten über Personen zu führen, die „ihre Pflichten verletzt" hatten sowie ins Dorf entlassene Kommunisten zu beaufsichtigen.

Durch das p. sollte erreicht werden, daß die kommunistischen Partisanen nicht wie →*Fische im Wasser* in der Bevölkerung untertauchen konnten. Die traditionelle Familienloyalität (und nach Meinung der Kommunisten auch die Klassensolidarität) erwiesen sich jedoch als Hindernis. Außerdem konnte ein derartiges Zwangssystem kaum geeignet sein, der KMT die notwendige Basis auf dem Lande zu verschaffen.

(3d; 5c; 5i; 10c)

Papiertiger

In dem Gespräch mit der amerikanischen Korrespondentin Anna Louise Strong im August 1946 benutzte Mao zuerst die Formel „die Atombombe ist eine Vogelscheuche, ein Schreckgespenst". Mao war von der freieren Übersetzung P. so angetan, daß er künftig auch im Chinesischen diesen Ausdruck verwendete (MWo, 166). Der Satz ist häufig als eine Unterschätzung der Atomwaffen mißverstanden worden, deshalb wurde er von Mao 1958 nochmals erläutert (M IV, 98). „Die Atombombe ist ein P." und „Alle Reaktionäre sind P." soll als strategisches Ziel verstanden werden, denn: „Waffen sind im Krieg ein wichtiger Faktor, jedoch... der entscheidende Faktor sind die Menschen, nicht die Dinge" (MWo, 165). Gemeint ist, daß der Feind, obwohl taktisch zu fürchten, strategisch zu verachten sei.

Die P.-These ist Ausdruck der Überzeugung vom Endsieg des Kommunismus.

Ping-pong-Diplomatie

Vorbereitung einer politischen Wende auf scheinbar unpolitischem Gebiet, weil die Veränderung der chinesisch-amerikanischen Beziehungen der Öffentlichkeit erst durch die Einladung der amerikanischen Tischtennismannschaft nach China (10.–17. April 1971) bewußt wurde. Etappen der Annäherung waren: seit Juli 1969 die schrittweise Beseitigung der Beschränkungen der USA für den Reise-, Handels- und Schiffahrtsverkehr mit der VR China bis zur Aufhebung des Embargos am 10. Juni 1971; Reden Nixons, in denen er sich für bessere Beziehungen und einen Dialog mit China aussprach (18. Februar 1970 und 25. Februar 1971); Maos Äußerung zu Edgar Snow, daß Nixon als Tourist oder als Präsident in China willkommen sei; Chou En-lais Rede beim Empfang für die amerikanischen Tischtennisspieler am 14. April 1971, in der er von einer „neuen Seite" in den freundschaftlichen Beziehungen sprach. (Nach Terrill [10m, 186] stammt diese Formel jedoch nicht

von Chou, sondern war eine Zutat der „New York Times“, die die Chinesen dann übernahmen.)
Die weitere Entwicklung ist gekennzeichnet durch Kissingers Geheimbesuch in Peking (9./10. Juli 1971), Nixons Bekanntgabe des Reisetermins „noch vor Mai 1972“ (15. Juli 1971) und die Reise Nixons in die VR China vom 21. bis 28. Februar 1972. Im Abschlußkommuniqué, der DEKLARATION VON SHANGHAI wurden – entgegen sonstiger Praxis – nicht nur die politischen Ziele aufgeführt, bei denen beide Seiten übereinstimmen (Indochina, Frieden zwischen Indien und Pakistan, Taiwanfrage), sondern auch getrennte Erklärungen aufgenommen, wo keine Übereinstimmung besteht („Befreiungsbewegungen“, Korea, Japan) (T: 9e, 187; PR 9/72).
Der Übergang der chinesischen Vertretung bei den Vereinten Nationen von Nationalchina (Taiwan, Formosa) auf die VR China am 25. Oktober 1971 ist eine unmittelbare Folge der P. Ob der Sturz Lin Piaos eine Folge seines Widerstandes gegen die P. war, ist umstritten.

Politische Konsultativkonferenz
auch: *Beratende Politische Konferenz*
Aufgrund des →*Doppel-Zehn-Abkommens* tagte vom 10. bis 31 Januar 1946 in Chungking die P. Am 10. Januar 1946 war zwischen KMT und KPCh ein Waffenstillstandsabkommen abgeschlossen worden, das am 13. Januar in Kraft trat.
An der P. nahmen neben KPCh und KMT auch Vertreter der anderen Parteien und einige Parteilose teil. Ziel war, die Voraussetzungen für eine Koalitionsregierung zu schaffen. Fünf Beschlüsse wurden gefaßt:
1. Neubildung der Regierung, so daß sie zur Hälfte aus KMT-Mitgliedern und Mitgliedern anderer Parteien (darunter der Kommunisten) besteht.
2. Ein Programm für den friedlichen Aufbau des Landes auf demokratischer Basis und mit Sicherung der bürgerlichen Freiheiten, einer Bodenreform gemäß dem Grundsatz →*das Land denen, die es bebauen,* Zinsherabsetzung, Reform der Wirtschaft und des Steuersystems.
3. Vorbereitungen für eine verfassungsgebende Nationalversammlung.
4. Eine Revision des Verfassungsentwurfs der KMT, wobei die von Sun Yat-sen in den →*Drei Grundlehren vom Volk* festgelegten Grundsätze gelten sollten.

5. Eine Reorganisation der Armee durch Zusammenfassung der Truppen der KMT und KPCh (T: M IV, 93).

Die verfassunggebende Nationalversammlung trat zwar im Dezember 1946 zusammen, doch die Kommunisten beteiligten sich nicht mehr daran, da der Bürgerkrieg Mitte 1946 erneut ausgebrochen war.

Im Juni 1949 trat der Vorbereitungsausschuß für eine Konferenz zusammen, die eine Koalitionsregierung vorbereiten sollte (allerdings ohne KMT). Sie wurde zuerst in bewußter Anlehnung an P. „Neue P." genannt, erhielt jedoch als sie dann am 21. September in Peking zusammentrat, den endgültigen Namen: „Politische Konsultativkonferenz des chinesischen Volkes" (auch „Beratende Politische Volkskonferenz Chinas").

(2k; 6h; 9f)

Projekt 571

auch: *Plan 571*

Bezeichnung für den Plan, der als Grundlage für den Staatsstreich Lin Piaos gegen Mao dienen sollte. Die chinesischen Zeichen für 571 können phonetisch auch „bewaffneter Aufstand" bedeuten (Ca Okt. 72). Das P. war zuerst im April 1972 von der Nachrichtenagentur Taiwans erwähnt und am 21. Juli 1972 von der „Hong Kong Times" veröffentlicht worden. Durch die Rede Chou En-lais auf dem X. Ptg. wurde die Echtheit bestätigt. Danach war das P. im März 1971 ausgearbeitet worden und sollte am 8. September mit der Ermordung Maos und der Bildung eines Gegen-Zentralkomitees in die Tat umgesetzt werden. Da dieser Staatsstreich scheiterte (Mao befand sich von Mitte August bis 12. September 1971 auf einer Reise durch die Provinzen), versuchte Lin, „zu den Sowjetrevisionisten überzulaufen", stürzte jedoch am 13. September über der Mongolischen Volksrepublik ab und kam mit seiner Frau Yeh Chün, seinem Sohn Lin Li-kuo und wahrscheinlich mehreren hohen Militärführern ums Leben.

Im P. wird zuerst festgestellt, daß der Lebensstandard der Bevölkerung gesunken sei, sich das Land in einer Krise befinde und Mao (im P. als B 52 bezeichnet) durch einen Staatsstreich in Form einer friedlichen Evolution die Verbürokratisierung fördere, um seine Gegner auszuschalten. Diese Evolution gelte es durch eine Revolution abzulösen. Dabei sollte Mao ausgeschaltet werden, auch wenn seine historische Rolle nicht bestritten werden könne. Inzwischen aber sei er kein Marxist-Leninist mehr, sondern ein Tyrann vom Schlage Kaiser Ch'in Shih huang-tis, der den Gesetzen des

Konfuzius und Menzius folgte *(→Kritik an Lin Piao und Konfuzius)*. Eine gewisse Unzufriedenheit unter den *Kadern*, den Intellektuellen und den ehemaligen *Roten Garden* käme dem Umsturz entgegen, trotzdem rechnet das P. mit militärischen Auseinandersetzungen. Geheimverhandlungen mit der Sowjetunion und eine zeitweilige Kernwaffenabschirmung durch die Sowjetunion sollten die Gruppe um Lin bei diesem Kampf stützen.
Im Schlußteil des P. wird Mao heftig kritisiert, weil er alle seine Waffengefährten und Vertrauten säubere, „bis derjenige gründlich vernichtet sei".
Das P. ist trotz der negativen Passagen über Mao als Dokument zusammen mit der Zusammenfassung der Gespräche Maos mit „verantwortlichen Genossen" während seiner Inspektionsreise durch verschiedene Landesteile von Mitte August bis zum 12. September 1971 als geheimes Parteidokument in Umlauf gebracht worden (T: Ca Okt. 72).

R

Revolution
Der Begriff R., im Chinesischen *ke-ming*, ist ein Ausdruck aus der klassischen Staatslehre, der den *Wechsel des Mandats* bezeichnet. China verstand sich durch die Jahrtausende als das *Reich der Mitte (chung-kuo)*, die Herrschaft des Kaisers, des *Sohnes des Himmels (t'ien-tzu)*, erstreckte sich theoretisch über den gesamten Erdkreis *(t'ien-hsia)*. Die nichtchinesischen Völker galten als Barbaren im Sinne des griechischen „Barbaros", also als Fremde niederer Kultur, weil China nicht in direkten Kontakt mit den Hochkulturen des Westens kam. Der Kaiser nahm das MANDAT DES HIMMELS *(t'ien-ming)*, die Sorge für das Wohlergehen der Menschen wahr. Vernachlässigte er diese Aufgabe, so deutete sich das im Verfall des Reiches, in Naturkatastrophen und Verweigerung des Tributes an. Der Sturz des Herrschers, der das ihm vom Himmel übertragene Mandat nicht auffüllte, wurde als *Wechsel des Mandats (ke-ming)* bezeichnet. Diese Lehre wurde bereits im 1. vorchristlichen Jahrtausend unter der Chou-Dynastie entwickelt, und da sie sich als praktikabel erwies, um jeden Machtwechsel zu legalisieren, hielt sie sich bis in die Gegenwart. Sie lebt nicht nur in dem Begriff für R. weiter, sondern der Machtwechsel durch die

R. wird auch heute als Beweis für die höhere Qualität des neuen Systems interpretiert: (MAS. 200).
In der praktischen Politik der R. steht Mao ganz in der chinesischen Tradition des Umsturzes auf militärischem Wege. Der Kern der R. ist für ihn nicht wie bei Lenin eine kleine Elite von Berufsrevolutionären, die als Minderheit die Macht gewinnen und danach die Massen zur Sicherung der R. bewaffnen. Bei Mao wird die R. durch eine zuerst noch kleine Armee *(→Rote Armee)* vorangetrieben, die kämpft und Propaganda treibt. Die Methode ist der *→Guerillakrieg*. Mao geht von einem rein pragmatischen Revolutionskonzept aus. Da in China das Proletariat nur eine verschwindende Minderheit bildet, muß sich die R. – anders als von Marx beschrieben – auf die Mehrheit, die Bauern, stützen: „Wenn wir zehn Punkte für die Durchführung der demokratischen Revolution redlich verteilen wollen, so verdiente die Leistung der Stadtbewohner und Soldaten nur drei Punkte; die übrigen sieben Punkte würden den Bauern und ihrer Revolution auf dem Lande zufallen." (1g, 221; in Maos Werken ist diese Passage gestrichen worden.) Daraus erwächst das Konzept, daß die Landgebiete zuerst gewonnen werden müssen, um dann die Städte einzukreisen und zu erobern *(→Landgebiete der Welt)*.
Mao unterscheidet drei Stufen der R. in China:
1. die demokratische R.: den Sturz der Mandschu-Dynastie 1911 und die *→4.-Mai-Bewegung* von 1919;
2. die neudemokratische R. *(→Neue Demokratie):* das Bündnis der Arbeiter und Bauern mit der *nationalen Bourgeoisie,* die zur Errichtung und Stabilisierung der Volksrepublik führte;
3. die sozialistische R.

Die Reihenfolge dieser R.en stellt gleichzeitig eine aufsteigende Rangfolge dar. Mao teilt jedoch nicht die sowjetkommunistische Auffassung, daß die sozialistische R. die letzte R. sei, da sich der Übergang vom Sozialismus zum Kommunismus auf evolutionärem Wege vollziehe. Mao vertritt das Prinzip der PERMANENTEN REVOLUTION (auch: UNUNTERBROCHENE R., FORTWÄHRENDE R.), wobei er den Terminus bewußt seit 1958 verwendet. Während Trotzki hauptsächlich die Entwicklung von der Oktoberrevolution bis zur Vollendung der Weltrevolution als einen Zeitraum ständiger revolutionärer Umgestaltung – wenn auch wechselnder Intensität – ansah, meint Mao die Fortsetzung revolutionärer Umwälzungen auch unter den Bedingungen des Sozialismus. In den *→Sechzig Punkten über Arbeitsmethoden* von 1958 beschäftigt sich Mao in Punkt 21 ausführlich mit der permanenten R. Die *permanente R.*

ist Fortsetzung des Klassenkampfes, jedoch nicht als Aufgabe der Armee, sondern der Massen. Die Voraussetzung beschreibt Punkt 22 der Sechzig Arbeitspunkte mit dem Begriffspaar →*Rot und Experte*. „Revolution machen" heißt, das Bewußtsein der Menschen verändern, um danach die ökonomische Basis umzugestalten.
Auch die Außenpolitik wird von dem Glauben an die R. bestimmt. Das heißt jedoch nicht Export der R., sondern allenfalls Unterstützung revolutionärer Bewegungen (sogenannter Befreiungsbewegungen) im Ausland: „Um ihre völlige Befreiung zu erringen, verlassen sich die unterdrückten Völker in erster Linie auf ihre eigene Kraft und erst in zweiter Linie auf internationale Hilfe" (MWo 209; 1h, 340). Chinas Erfahrungen mit dem unzuverlässigen Helfer Sowjetunion und das Modell der chinesischen R. durch den Guerillakrieg spiegeln sich in dieser Theorie wider.
Die sowjetkommunistische Kritik der maoistischen Theorie der R. konzentriert sich auf drei Punkte: 1. Ablehnung der *permanenten R.*, da sie die Aufhebung des Klassenkampfes im Stadium des Sozialismus und den friedlichen Übergang zum Kommunismus negiert. 2. Ablehnung der Theorie der unbedingt notwendigen R.en für den Übergang zum Sozialismus, weil sie dem „leninistischen" Prinzip der friedlichen Koexistenz (das sich allerdings in der heute propagierten Form nicht bei Lenin findet) widerspricht und weiterhin von der Unvermeidbarkeit des Krieges ausgeht. 3. Ablehnung der „Theorie vom Stützen auf die eigene Kraft" und vom „chinesischen Modell der R." für die Länder der Dritten Welt, weil sie der „Untergrabung der Zusammenarbeit mit der Welt des Sozialismus" dient (9a, 109ff).
(1h; 2a; 2d; 2f; 2l; 3i)

Revolutionäre Rebellen
Während die →*Roten Garden* Vereinigungen von Schülern und Studenten waren, bildeten die Maoisten unter den Arbeitern – meist Lehrlinge und in der Hierarchie der Betriebe nicht verankerte Kontrakt-Arbeiter – seit Ende 1966 die Organisationen der R. Im Zuge der Konsolidierung der Macht der Gruppe um Mao und Lin Piao wurden die R. aufgefordert, sich mit den Roten Garden in der GROSSEN ALLIANZ zu vereinigen, die dann wiederum Teil der →*Dreierverbindung* wurde. Seit Mitte 1969 traten die R. nicht mehr in Erscheinung.
(6c)

Rote Armee

Der 1. August 1927, der Tag des →*Aufstandes von Nanch'ang*, gilt als Gründungstag der R. Bei den beteiligten Soldaten handelte es sich allerdings noch um Truppenteile der KMT, die mit den Kommunisten sympathisierten, nicht jedoch um eine Armee der Arbeiter und Bauern. Nach dem gescheiterten Aufstand hielten sich Reste der Truppen unter Chu Teh im Bergland von Kiangsi, Hunan und Kuangtung. Im Mai 1928 vereinigten sie sich im *Chingkangshan (→Rote Gebiete)* mit den Soldaten unter Mao Tsetung, die sich nach den gescheiterten →*Herbsternteaufständen* ebenfalls in das schwer zugängliche Grenzgebiet von Kiangsi zurückgezogen hatten, und bildeten dort das 4. ARMEECORPS DER ROTEN ARBEITER- UND BAUERNARMEE. Diese Bezeichnung wurde gewählt, um die Beziehung zur 4. Armee der KMT anzudeuten, aus der Chu Tehs Truppen kamen. Diese – volkstümlich als →*Chu-Mao-Armee* bezeichneten – Truppen setzten sich allerdings kaum aus Arbeitern und Bauern zusammen. Es waren Berufssoldaten aus der KMT-Armee, Bauernmilizen und Deklassierte aller Schichten, die in Maos Werken euphemistisch als „vagierende Proletarier" bezeichnet werden. Mao scheute sich auch nicht, zur Erweiterung seiner Basis, sich mit zwei Bandenführern zu verbünden, die ebenfalls im *Chingkangshan* operierten. Sie wurden zu Regimentskommandeuren ernannt und galten als „treue Kommunisten" (5i, 211), solange sie mit Mao zusammenarbeiteten. Mao bemühte sich von Anfang an jedoch, eine politische Armee zu bilden, die sich vom traditionellen Erscheinungsbild des chinesischen Soldaten, der vom Volk nur als Unterdrücker empfunden wurde, unterschied. Dem dienten die →*Drei Hauptregeln der Disziplin* und die →*Acht Punkte zur Beachtung*. Trotzdem klagte Mao im November 1928, daß die R. nur eine unzureichende Basis in der Bevölkerung besäße, sich die Massen kühl verhielten und die R. sich ihrer Isolation schmerzlich bewußt sei. Anfang 1929 verließ Mao mit etwa 8000 bis 10000 Mann das Berggebiet und bildete im Grenzbezirk zwischen Kiangsi, Fukien und Kuantung das erste *Zentrale Rätegebiet*. Auf der politisch bedeutenden KUT'IEN-KONFERENZ (auch: *Konferenz von Kut'ien)* im November 1929 wurden die Grundsätze für die R. als Kombination von Kampf, Propaganda und aktiver Arbeit umrissen.

Auf Grundlage dieser Prinzipien erfolgte nach der Niederlage im fünften →*Vernichtungsfeldzug* und dem →*Langen Marsch* der Wiederaufbau der R. in Nord-Shensi.

In der Zeit der →*Zweiten Einheitsfront* wurde die Rote Armee formell dem Oberbefehl Chiang Kai-sheks unterstellt. Die Truppenteile des Rätegebietes um Yenan bildeten die ACHTE ROUTE- (auch: MARSCH-, FELD-)ARMEE. Als Route-Armee wurden Truppen bezeichnet, die beweglich, ohne feste Garnison operierten. Die Partisanengruppen, die während des *Langen Marsches* in Südchina verblieben waren, bildeten die NEUE VIERTE ARMEE. Beide Armeen kämpften hinter den japanischen Linien, die *Achte Route-Armee* hauptsächlich in Hopei, Shansi und Shantung, die *Neue Vierte Armee* zwischen Yangtse und Gelbem Fluß. Große Schlachten wurden vermieden. Militärische Grundlage bildete Maos Strategie des →*Guerillakrieges.* Die politischen Grundprinzipien kennzeichnete Mao: 1. Einheit von Offizieren und Soldaten, 2. Einheit von Armee und Volk, 3. Zersetzung der feindlichen Truppen (im Gespräch mit dem englischen Journalisten James Bertram im Oktober 1937; M II, 45 ff).

Ziel der kommunistischen Politik war es, den Krieg gegen die Japaner in einen Bürgerkrieg überzuleiten, um die Macht über ganz China zu gewinnen. Deshalb galt es, die Massen und möglichst weite Gebiete zu gewinnen. Grundlage dieser Strategie war Maos oft zitierter Satz: „Die politische Macht kommt aus den Gewehrläufen" (M II, 261; MWo 74). Infolgedessen gab es trotz der Einheitsfront ständig Spannungen zwischen KMT und KPCh, die regelmäßig in dem Vorwurf endeten, der andere schone seine Kräfte. Mit der OFFENSIVE DER HUNDERT REGIMENTER am 20. August 1940 griff die *Achte Route-Armee,* um das Gegenteil zu beweisen, die Japaner gleichzeitig in fünf Provinzen an und verwickelte sie in Kämpfe, die sich bis zum Dezember hinzogen. Gleichzeitig verlagerte die *Neue Vierte Armee* auf Befehl Chiangs ihr Operationsfeld weiter nach Norden, wobei sie wiederholt Truppen der KMT angriff und vernichtete. Die *Neue Vierte Armee* sollte bis zum 31. Dezember den Yangtse überschritten haben, um sich mit der *Achten Route-Armee* zu vereinigen. Etwa 9000 Mann und der Stab befanden sich nach dem Stichtag „aus Gründen, die dunkel und widersprüchlich bleiben" (2k, 217) noch am südlichen Ufer. Sie wurden von Kuomintang-Einheiten am 4. Januar 1941 eingekreist und vernichtet. Durch diesen ZWISCHENFALL DER NEUEN VIERTEN ARMEE zerbrach die Zusammenarbeit zwischen KMT und KPCh, auch wenn die Einheitsfront nach außen weiterbestand.

Die R. zählte nach den Angaben in Maos Werken 1937 etwa 40 000 Mann und soll bei der japanischen Kapitulation fast eine Million (nach amerikanischen Schätzungen allerdings nur 475 000) Mann erreicht haben. Die R. beherrschte die Mandschurei (dort übernahm sie einen wesentlichen Teil der Waffen, die die Sowjets von den Japanern erbeutet hatten) mit Ausnahme der großen Städte und Häfen. Die *befreiten Gebiete* im Süden hatten die Kommunisten aufgegeben. Bereits während der amerikanischen Vermittlungsversuche, die eine KMT/KPCh-Koalition zustande bringen sollten, brach der Bürgerkrieg erneut aus. Im März 1947 besetzten die Truppen der Zentralregierung zeitweilig Yenan. Ab Herbst 1948 lag die Offensive und das Übergewicht bei den Kommunisten.

Die R. nannte sich – entsprechend ihrem politischen Ziel – seit 1946 VOLKSBEFREIUNGSARMEE. Diese Bezeichnung wurde nach der Gründung der VR China 1949 beibehalten.

Das Wehrgesetz von 1955 brachte eine einschneidende Veränderung: Einführung der Wehrpflicht und von vierzehn Dienstgraden, die durch Rangabzeichen auch nach außen sichtbar gemacht wurden, als Ausdruck des Wandels von einer Volksarmee zu einer Spezialistenarmee. Diese Entscheidungen waren umstritten. Um einem Kastenbewußtsein der Offiziere entgegenzuwirken, wurde 1958 eingeführt, daß jeder Offizier einen Monat im Jahr die VIER GEMEINSAMKEITEN (d.s. Arbeit, Studium, Ausbildung und Essen) mit den Soldaten teilen mußte. Der Wechsel von Verteidigungsminister P'eng Teh-huai zu Lin Piao nach der →*Lushan-Konferenz* von 1959 markiert die Rückkehr vom „Spezialistentum" (und infolgedessen der engen Bindung an die Sowjetunion) zum Volksarmee-Typ, dessen Ideal der →*Drei-Acht-Arbeitsstil* ist. Seit 1961 begann mit den →*Vier Gut-Kompanien* und →*Fünf-Gut-Kämpfern* wieder eine stärkere Politisierung der Armee. 1964 erscheint die erste Auflage der Worte des Vorsitzenden Mao für den Gebrauch der Armee, gleichzeitig wird die Kampagne „LERNT VON DER VOLKSBEFREIUNGSARMEE" gestartet. Den technologischen Fortschritt markiert die erste chinesische Atombombe (16. Oktober 1964). 1965 werden die Dienstgrade und Rangabzeichen wieder abgeschafft. Offiziere sind jedoch an den Uniformjacken zu erkennen. Die „Kämpfer" genannten Soldaten tragen Jacken mit zwei Taschen und sichtbaren Knöpfen, die „Kommandeur" genannten Offiziere tragen Jacken mit vier Taschen und verdeckten Knöpfen. Trotzdem gilt die Einheit von Soldaten und Offizieren als oberstes Prinzip. Die Bedeutung der Armee trat während der Stabilisierungsphase der →*Kulturrevolution* hervor. In den *Revolutionskomitees (→Dreierverbindung)* übernahmen die Soldaten mit den →*Drei Unterstützungen und Zwei Militärischen* eine wichtige Rolle. Der wachsende Einfluß des Militärs ging allerdings

nach dem Sturz Lin Piaos *(→Projekt 571)* wieder zurück. Die Parole *Lernt von der Volksbefreiungsarmee* wurde durch den Slogan ergänzt: „DIE VOLKSBEFREIUNGSARMEE LERNT VOM GANZEN VOLK DES LANDES."
(1h; 2k; 4q; 5c; 5i; 6f; 6i; 10c; Ca Sept. 72; dpa-Hintergrund 6. 4. 66)

Rote Garde (hung-wei-ping)
auch: *Hungweiping, Hongweibing*
Die Übersetzung ins Deutsche ist nicht eindeutig, sie unterstellt Namensgleichheit mit den Roten Garden der Yenan-Zeit *(ch'ih-wei-tui)* wie mit den Organisationen der Arbeiter, die sich als Gegenkraft zu den R. bildeten *(kung-jen ch'ih-wei-tui;* die Domes um der besseren Unterscheidung willen deshalb mit ROTE ARBEITERWEHREN übersetzt).
Als Synonym für die Rotgardisten wird auch die Bezeichnung KLEINE ROTE GENERALE benutzt; sie findet sich zuerst auf einem Flugblatt vom 22. Mai 1966. Die Bezeichnung Rotgardist soll das erste Mal auf einem Flugblatt vom 26. Juni benutzt worden sein. Nach den Angaben Yao Wen-yüans in seiner Rede vor dem 5. Kongreß der Albanischen Arbeiterpartei im Juni 1967 benutzte Mao den Begriff R. erstmals in einer Weisung vom 1. August 1966 (1g, 152). Die Organisierung der R. begann bereits im Frühjahr 1966 auf Versammlungen ausgewählter Schüler und Studenten. Offiziell traten die R. unter dieser Bezeichnung zuerst am 18. August 1966 auf, als eine Million Rotgardisten auf dem Platz des himmlischen Friedens von Mao empfangen wurden. Insgesamt gab es acht solcher Massenempfänge:

	Datum	Teilnehmerzahl
1.	18. 8. 1966	1 Mio.
2.	31. 8.	0,5 Mio.
3.	15. 9.	1 Mio.
4.	1. 10.	1,5 Mio.
5.	18. 10.	1,5 Mio.
6.	3. 11.	2 Mio.
7.	11. 11.	2 Mio.
8.	26. 11.	2,5 Mio.

Mitglieder der R. waren Schüler, Studenten und junge Berufssoldaten im Alter zwischen 12 und 25 Jahren. Die Mitgliedschaft mußte einzeln beantragt werden und wurde in einer Gruppendiskussion akzeptiert oder abgelehnt. Zuerst wurden nur die →*Fünf roten Elemente* aufgenommen, weil sich die R. als eine Organisation der Avantgarde des chinesischen Proletariats verstand. Ihre Hauptaufgabe waren →*Kampf – Kritik – Umgestaltung* sowie das lebendige Studium und schöpferische Anwenden der Werke Maos. Alle Mitglieder waren verpflichtet, die *Vier Hauptregeln der Disziplin (→Drei Hauptregeln der Disziplin)* und die →*Acht Punkte zur Beachtung* zu befolgen. Als gemeinsames Kennzeichen trug die R. eine rote Armbinde mit den gelbgestickten Schriftzeichen *hung-wei-ping.*

Mit dem Auftreten der R. begann die aktivistische Phase der →*Kulturrevolution.* Die Kommunistische Jugendliga wurde kritisiert, und nachdem die Zeitung der Jugendliga nach dem 19. August nicht mehr erschien, trat auch die Organisation nicht mehr in Erscheinung. Gelegentlich wurde angedeutet, daß die R. als Nachfolgeorganisation aufgebaut werden sollte.

Die Aktivitäten der R.n überschritten die ihnen zugebilligten →*Vier großen Freiheiten* und *Sechs kleinen Freiheiten* sehr bald. Die Kritik der →*Machthaber in der Partei, die den kapitalistischen Weg gehen,* beschränkte sich nicht nur auf die →*Wandzeitungen* und die zahlreichen kleinen Zeitungen und Flugblätter, die von den R.n verbreitet wurden. Die R.n nahmen Hausdurchsuchungen und Beschlagnahmen vor, verhafteten angebliche Konterrevolutionäre und bürgerliche Elemente, verhörten, folterten und verurteilten sie in öffentlichen Tribunalen. Diese Aktionen richteten sich hauptsächlich gegen das Parteiestablishment und die arrivierten Intellektuellen in den verschiedenen Ebenen. Hoffmann (6e) bezeichnet die Geschichte der R. als die Geschichte einer Deklassierung, weil die Kinder der unteren Schichten, die während der →*Drei Roten Banner* bevorzugt auf die Schulen und Hochschulen geschickt wurden, nicht den in der Folgezeit wieder erhöhten wissenschaftlichen Anforderungen gewachsen waren und deshalb häufig die Schulen ohne Abschluß verlassen mußten. Die R.n seien – wie so oft in der Geschichte der chinesischen Revolutionen – frustrierte Intellektuelle gewesen, die keine Aufstiegsmöglichkeit in den verfestigten Gesellschaftsstrukturen sahen. Deshalb richtete sich ihr Haß gegen die Neue Klasse der Partei- und Staatsfunktionäre, aber auch der akademischen Lehrer, die ihnen angeblich den Aufstieg verbauten. Das waren in aller Regel die Anhänger Liu Shao-ch'is. Daraus ergab sich auch, daß die Gegner der R. und ihres revolutionären Purismus auf der einen Seite Organisationen der Arbeiter waren, die ihren höheren sozialen Status gewahrt wissen wollten *(→Ökonomismus)*, auf der anderen Seite Gruppen der R., die sich etwa ab Oktober 1966 auf den Schulen für Kaderkinder *(→Kader)* gebildet hatten und sich abgekürzt *lien-tung* (auch: LIANDONG, VEREINIGTES AKTIONSKOMITEE, EINHEITSAKTION) nannten. Da die R.n kostenlos zum REVOLUTIONÄREN ERFAHRUNGSAUSTAUSCH aus den Städten aufs Land und aus dem ganzen Land nach Peking fuhren, kam es bald zu Rivalitäten zwischen R.n verschiedener Richtungen, die zu blutigen Auseinandersetzungen führten. Dabei gab es häufig Tote und Verletzte. Deshalb wiederholten sich seit Ende August 1966 die Aufrufe, die bürgerlichen Elemente nicht mit Gewalt, sondern mit Argumenten zur Einsicht ihrer Fehler und zur Selbstkritik zu bringen. Entsprechende Passagen finden sich bereits in den Reden Lin Piaos und Chou En-lais auf dem 2. Empfang für die R. am 31. August 1966. Bald folgten weitere Erlasse, um den Anarchismus der R.n einzudämmen:

8. September 1966:	Verbot, Archive zu stürmen und Geheimdokumente zu entwenden
14. September 1966:	Verbot, die Ernte durch das „Revolution machen“ in den Dörfern zu stören
Oktober 1966:	Verbindung des revolutionären Gedankenaustausches auf dem Lande mit körperlicher Arbeit unter Leitung der Armee
November 1966:	Verbot von Verhaftungen, Folterungen, Verurteilungen durch die R.n
November 1966:	Verbot der Reisen nach Peking wegen des beginnenden Winters. Diese Reisen sollen im April 1967 fortgesetzt werden, damit jeder Jugendliche einmal kostenlos nach Peking kommen kann
12. November 1966:	erste (wirkungslose) Aufforderung, in die Schulen zurückzukehren
21. Dezember 1966:	Peking wird für die R.n zur „geschlossenen Stadt“ erklärt
Anfang 1967:	Verbot von Hausdurchsuchungen, Beschlagnahmen und Hüte aufsetzen *(→Schenschi)*

Im Laufe des Januar 1967 wurden die Anhänger Liu Shao-ch’is durch die R.n in Peking, Shanghai und verschiedenen Landesteilen aus den meisten Ämtern und Funktionen verdrängt. Gleichzeitig entwickelte sich als Folge dieser JANUARREVOLUTION genannten Ereignisse der Widerstand der Arbeiter und Bauern gegen die R.n. In einer Weisung vom 17./18. Januar 1967 forderte Mao Lin Piao auf: „Es ist notwendig, die Volksbefreiungsarmee einzusetzen, um die breiten Massen der Linken zu unterstützen." Damit trat die Armee an die Seite der R.n, die allerdings keineswegs die „breiten Massen" repräsentierten, sondern diese Unterstützung brauchten, weil sie in der Minderheit war. Mit der Bildung der *Revolutionskomitees (→Dreierverbindung)* begann eine neue Phase der Kulturrevolution. Die R. – vereinigt mit den *→Revolutionären Rebellen* zur *Großen Allianz* bildeten neben den revolutionären Kadern und der Armee nur ein Drittel der Mitglieder dieser neuen provisorischen Führungsorgane. Damit begann die Herausbildung – später als ultralinks bezeichneter – Gruppen der R.n, die sich den neuen Lenkungsorganen nicht unterordnen und weiter im Stile der ersten Zeit „Revolution machen" wollten. In den folgenden Monaten blieb die Lage unübersichtlich. Angeblich gewannen die „reaktionären Kräfte" während der sogenannten FEBRUAR-GEGENSTRÖMUNG erneut an Boden. Im Juni 1967 kam es zum *→Wuhan-Zwischenfall,* bei dem sich die Armee auf die Seite der „linkeren" der beiden rivalisierenden R.-Organisationen stellte. Einen Monat später begann mit dem Verbot des *→16.-Mai-Corps* jedoch die Ausschaltung der „Ultralinken". Im Oktober 1967 wurden die R.n erneut aufgefordert, in die Schulen zurückzukehren (das war – noch ohne Erfolg – zuvor am 17. 2.; 7. 3.; 19. 3.; 17. 4. und 20. 4. geschehen). Gleichzeitig wurde erneut die Kommunistische Jugendliga und ihre Rolle beim Neuaufbau der Partei erwähnt. Trotzdem begannen 1967 nur die Grundschulen. Die Universitäten nahmen den Unterricht erst ab Herbst 1970 wieder auf, nach vierjähriger Unterbrechung also. Im Februar 1968 soll die Armee den *Revolutionären Erfahrungsaustausch* beendet und damit die R.n diszipliniert haben. Das führte zu einem erneuten Anwachsen extremer Gruppen, die jetzt sogar den Sturz Maos forderten. Doch der innerparteiliche Machtkampf war zugunsten Maos entschieden, so daß auch Maos Frau Chiang Ch'ing und Yao Wen-yüan, die während der Kulturrevolution die äußerste Linke repräsentierten, diese Gruppen nicht mehr unterstützten. Damit war die Rolle der R.n beendet. Mit dem Entsenden der *→Arbeiterpropagandatrupps der Ideen Mao Tsetungs* in die Schulen verlagert sich das Gewicht der künftigen Entwicklung wieder auf die Arbeiter und Bauern. Gleichzeitig beginnt das *→Hinunterschicken* der Jugendlichen.

Als Organisation der Jugendlichen wurde erneut die Kommunistische Jugendliga reaktiviert. Hinweise dafür gab es bereits im Laufe des Jahres 1969. Das erste Kreiskomitee der Jugendliga bil-

dete sich am 5. April 1970 in Heilungkiang, die Reorganisation der Provinzkomitees war schließlich am 17. Juli 1973 abgeschlossen. Im Statut des X. Ptg. der KPCh werden die Jugendliga und die R. als Massenorganisationen genannt, die unter der einheitlichen Führung der Partei stehen.
(2a; 6c; 6e; 6f; 7a; 7e; 7k; 7o; Ca Dez. 72; Ca Aug. 73)

Rote Gebiete
auch: *Gebiete der selbständigen Macht*
Bezeichnung für die von den Kommunisten beherrschten Teile Chinas. Nach dem Scheitern der →*Herbsternteaufstände* zog sich Mao im Oktober 1927 mit den ihm verbliebenen Truppen zum CHINGKANGSHAN (auch: DJINGGANG-GEBIRGE) im Hunan-Kiangsi-Grenzgebiet zurück, wo das erste R. entstand. Neben einem ausgeprägten Gegensatz zwischen den Klassen hielt Mao fünf Bedingungen für Bestand und Entwicklung der R. für erforderlich:
1. aktive Volksmassen,
2. eine feste Parteiorganisation,
3. eine genügend starke →*Rote Armee,*
4. für militärische Operationen geeignete Geländeverhältnisse,
5. für die Versorgung ausreichende ökonomische Hilfsquellen.

Zur Schaffung einer festen örtlichen Basis nannte Mao vier Bedingungen:
1. Aufteilung des Bodens,
2. Schaffung der politischen Macht,
3. Erweiterung der Parteiorganisation,
4. Aufstellung örtlicher bewaffneter Kräfte.

Die Erfahrungen in den Kämpfen um die R. beeinflußten entscheidend Maos Strategie für den →*Guerillakrieg*. Nachdem Chu Teh im Mai 1928 mit etwa 2000 Soldaten und P'eng Teh-huai mit der Fünften Roten Armee Ende 1928 zu Mao gestoßen waren, verließen im Januar 1929 die Roten Truppen den *Chingkangshan* und bildeten ein neues R., das ZENTRALE RÄTEGEBIET im Hunan-Kiangsi-Fukien-Grenzgebiet (auch: KIANGSI-SOWJET genannt). Dort wurde gemäß der Kominternanweisung vom August 1931: „In dem sichersten Gebiet sollte sobald wie möglich eine zentrale Sowjetregierung gebildet werden", im November 1931 durch Beschluß des →*Ersten Allchinesischen Rätekongresses* die CHINESISCHE SOWJETREPUBLIK gegründet (Verfassungstext: 5b, 159ff; 5g, 470).
Obwohl es eine reine Diktatur der Kommunisten unter Mao war,

wurde behauptet, die Chinesische Republik sei – gemäß der Leninschen Formel – eine „Diktatur der Arbeiter und Bauern".

Daneben bestanden weitere R.: Im Grenzgebiet zwischen Hupei, Anhui und Honan, der – nach den alten Namen dieser drei Provinzen O, Yu und Wan benannte – OYUWAN-SOWJET, der 1930 entstand; die Basis des Zweiten Armeekorps unter Ho Lung im Hunan-Hupei-Grenzgebiet sowie R. von unterschiedlichem Bestand in Nord-Shensi, Kiangsi, Fukien, Anhui und in den Grenzgebieten zwischen Hupei – Szechuan, Hunan – Hupei und Honan – Anhui. 1931 lebten etwa 60 Mio. Einwohner in den R.n.

Die R. wurden immer wieder von der Kuomintang-Armee angegriffen. Der fünfte →*Vernichtungsfeldzug* zwang schließlich zur Aufgabe der R. im südlichen China. Am Ende des →*Langen Marsches* entstand in Nord-Shensi der SHENSI-KANSU-NINGHSIA-SOWJET. Nach dem →*Sian-Zwischenfall* stellten die KMT-Truppen die Angriffe auf die Kommunisten ein und räumten einen Teil des Gebietes. Ende Dezember 1936 konnte die →*Rote Armee* Yenan besetzen, das seit Januar 1937 zur ROTEN HAUPTSTADT wurde.

Nach Ausbruch des Krieges gegen Japan und dem Zustandekommen der →*Zweiten Einheitsfront* wurde das Sowjetgebiet formell der Zentralregierung unterstellt und – damit nicht der Eindruck eines „Staates im Staate" entstünde – fortan GRENZGEBIET genannt. Es blieb die Basis der von den Kommunisten beherrschten BEFREITEN GEBIETE im Rücken der Japaner, die auch als KLEINES HINTERLAND bezeichnet wurden, während die von den Japanern nicht besetzten Gebiete, die unter KMT-Einfluß standen, GROSSES HINTERLAND genannt wurden.

Nach Maos Angaben lebten 1937 in den R.n 4 Mio., 1945 aber 95,5 Mio. Menschen, davon 1 Mio. in der Armee und 2 Mio. in den Volksmilizen. 1945 besaßen die Kommunisten 19 *Befreite Gebiete,* von denen sie allerdings 8 im Süden nach der Kapitulation Japans aufgaben, weil sie kaum gegen die KMT zu halten waren (M IV, 37 + 63). Die Bezeichnung *Befreite Gebiete* wurde auch während des →*Dritten revolutionären Bürgerkriegs* für die kommunistischen Territorien beibehalten. Dabei wurde meist zwischen „altbefreiten" und „spätbefreiten" Gebieten unterschieden.

(1e; 2c; 2k; 5c; 5i; 10c; 11a)

Rot und Experte

auch: *rot und spezialisiert; rot und sachkundig; sowohl rot als auch fachmännisch*

Forderung an die politisch Tätigen, die im Punkt 22 der →*Sechzig Punkte über Arbeitsmethoden* erhoben wird. Mao hebt hervor, daß die →*Kader* über das politische Wissen hinaus auch praktische Kenntnisse in dem Bereich besitzen müssen, in dem sie tätig sind. Die Nur-Fachleute bezeichnet Mao als „desorientiert" und nennt diesen Zustand „schrecklich", aber auch die Nur-Politiker „sind pseudorote, hohlköpfige politische Schwätzer". Das →*Hinunterschicken* und nach der *Kulturrevolution* die →*7.-Mai-Schulen* sollen dafür sorgen, daß die Kader die →*Drei großen revolutionären Bewegungen* nicht vergessen. Die Forderung R. entspricht einer fortgeschrittenen Phase im Aufbau eines sozialistischen Staates, wo Linientreue für die Führungspositionen allein nicht mehr genügt.

(1g; 2f; 4q)

S

Schenschi (shen-shi)

Die gebildeten Honoratioren in den ländlichen Gebieten. In den Anmerkungen zu Maos Werken als „Vornehme" übersetzt. Meist Synonym für die Klasse der Grundherren und Großbauern. Mao fordert im „Untersuchungsbericht über die Bauernbewegung in Hunan" vom 18. Februar 1927 (M I, 21) für die zweite Phase der Bauernbewegung nach der Organisierung und dem Wecken des Selbstbewußtseins der Bauern, die Macht der S. durch „eine kurze Periode des Terrors" vollends zu stürzen. Dem sollen verschiedene Formen des öffentlich Bloßstellens dienen. Dazu gehört das HUT AUFSETZEN (auch: MIT HOHEM HUT DURCHS DORF FÜHREN), bei dem dem zu Bestrafenden ein hoher Papierhut aufgesetzt wird, auf dem sein Name und oft auch seine „Verbrechen" stehen. In einer Art Prozession wird er dann (oft an einem Strick) durch den Ort geführt. Nach chinesischer Vorstellung hat der so Bestrafte „sein Gesicht (seine Ehre) verloren".

Darüber hinaus empfahl Mao die Verhaftung, öffentliche Anklage und auch die Erschießung der S.

Entsprechend wurde in den →*Roten Gebieten* und nach 1949 in

der Volksrepublik vorgegangen. Das *Hut aufsetzen* wurde zur Diskriminierung der →*bürgerlichen Autoritäten* während der →*Kulturrevolution* benutzt.
Mao gebraucht für die S. häufig die Begriffsverbindung „Tuhao und Liäschen".
TUHAO (auch: *t'u-hao: örtliche Despoten, örtliche Schurken, Dorftyrannen)* waren Grundherren, Großbauern, Beamte außer Dienst und Reiche, die Land verpachteten, Geld gegen hohe Zinsen verliehen, mit Hypotheken handelten.
LIÄSCHEN (minderwertige, üble Literaten) waren Gebildete, die Beamtenprüfungen bestanden hatten, jedoch nicht dem Beamtenideal der vorbildlichen Lebensweise entsprachen, weil sie bestechlich und korrupt waren und auf Kosten der Bauern lebten.
Die S., die zur Zusammenarbeit mit den Kommunisten bereit waren, bezeichnete Mao als „aufgeklärte S.". Er schätzt ihre Zahl am Ende des →*Dritten revolutionären Bürgerkrieges* auf „mehrere Hunderttausend" (M IV, 217).
(1e; 5i; 10c)

Sechzehn Punkte
auch: *Sechzehn-Punkte-Programm; Sechzehn-Punkte-Beschluß*
Der „Beschluß des Zentralkomitees der Kommunistischen Partei Chinas über die Große Proletarische Kulturrevolution" vom 8. August 1966

1. Kampf und Umgestaltung entsprechend →*Kampf – Kritik – Umgestaltung*. Warnung vor den →*Vier Alt*.
2. Arbeiter, Bauern, Soldaten, revolutionäre Intellektuelle und Funktionäre gemeinsam mit den jungen Revolutionären als Hauptströmung im Kampf gegen die →*Machthaber in der Partei, die den kapitalistischen Weg gehen,* um „zu verstehen, daß der Weg der Revolution in einem Zickzackkurs verläuft".
3. Mobilisierung der Massen, um der Politik gemäß den →*Mao-Tsetung-Ideen* den Vorrang einzuräumen, Angst vor Fehlern zu überwinden und Fehler zu berichtigen.
4. Selbsterziehung der Massen durch eine große revolutionäre Bewegung.
5. Kampf gegen die „reaktionärste Rechte", Gewinnen der in der Mitte Stehenden, Stützen auf die revolutionäre Linke, um 95 Prozent der Funktionäre und Massen zu vereinen.
6. Richtige Behandlung der →*Widersprüche* im Volk und der Widersprüche zwischen „uns und dem Feind".

7. Warnung vor Versuchen, Revolutionäre als „Konterrevolutionäre" abzustempeln.
8. Maßstäbe für die Unterscheidung der →*Kader*.
9. Kulturrevolutionsgruppen, -komitees und -kongresse als neue Organisationsformen nach dem Beispiel der Pariser Kommune als neue Massenorganisationen der unteren Ebene (→*Dreierverbindung*).
10. Umgestaltung des Erziehungssystems.
11. Namentliche Kritik in der Presse nur mit Genehmigung der Partei.
12. Politik gegenüber Wissenschaftlern, Technikern und allgemeinen Mitarbeitern nach dem Prinzip →*Einheit – Kritik – Einheit.*
13. Die *Kulturrevolution* als Fortführung und Bereicherung der →*Sozialistischen Erziehungsbewegung.*
14. Förderung der Produktion und der Arbeit auf allen Gebieten nach dem Prinzip „mehr, schneller, besser und wirtschaftlicher".
15. Durchführung der *Kulturrevolution* in den Streitkräften gemäß den „Weisungen der Militärkommission beim ZK der KPCh und der Politischen Hauptabteilung der Volksbefreiungsarmee".
16. Das lebendige Studieren und Anwenden der Mao-Tsetung-Ideen als generelle Richtlinie (T: 7f, 112; 7n, 146).

Die S. legitimierten die →*Roten Garden* – selbst wenn es zu Übergriffen kam – gegenüber den bisherigen Institutionen der Macht. Nur dem „ZK der Partei mit Genossen Mao Tsetung an der Spitze" wird die Führung zugesprochen. Von den Parteikomitees aller Ebenen ist dagegen in den S. nur selten die Rede.

Sie sollen zwar die Massen mobilisieren, revolutionäre Linke entdecken und unterstützen, jedoch nicht ausdrücklich führen. Vielmehr heißt es in Punkt 16, die Parteikomitees sollten „erst Schüler sein, bevor sie Lehrer werden". Dementsprechend markieren die S. eine Entmachtung des Parteiapparates, der von Liu beherrscht und wohl auch gegen Mao genutzt wurde.

16.-Mai-Corps

auch: *Gruppe „16. Mai", 16.-Mai-Bewegung, Corps des 16. Mai*
Eine Gruppierung, die aus den →*Roten Garden* entstand und nach offizieller Version „dem Namen nach links, in Wirklichkeit rechts" war. Sie soll Ende Juni 1967 entstanden sein und sich in der Phase der Unsicherheit der Kulturrevolution teilweise mit Billigung der

örtlichen Militärbefehlshaber bewaffnet haben. Der Name leitet sich vom *Rundschreiben vom 16. Mai* her. Das S., das sich auf Mitglieder der *Gruppe Kulturrevolution beim ZK* (→*Kulturrevolution*) stützte und angeblich auch die Billigung von Chiang Ch'ing genoß, wandte sich vor allem gegen Chou En-lai. Mit der Verhaftung Wang Lis (→*Wuhan-Zwischenfall*) und drei weiterer Mitglieder des S. Ende August 1967 wurde das S. zerschlagen und die Position der Gruppe um Chou gestärkt.
(6c; 7k; 10m)

Sechzig Punkte über Arbeitsmethoden
auch: *Sechzig Artikel über die Arbeitsmethoden*
Entschließungsentwurf des Amtes beim ZK der KPCh vom 19. Februar 1958, der von Mao am 31. Januar unterzeichnet wurde. Die S. wurden nicht einhellig von der Parteispitze unterstützt, deswegen hatte Mao ihre Verabschiedung auf zwei Konferenzen mit Kadern aus Ost- und Südchina vorangetrieben. Die S. gehen über den am 1. Januar 1958 beginnenden Zweiten Fünfjahresplan hinaus und bereiten die Politik der →*Drei Roten Banner* vor.
In den Punkten 1 bis 10 wird eine stärkere Beteiligung der Parteikomitees an der Planung und Kontrolle aller Bereiche der Wirtschaft gefordert. In Punkt 9 wird außerdem festgelegt, daß lokal und zentral jeweils zwei Produktionspläne erarbeitet werden sollen, „von denen der erste erfüllt werden muß und zur Veröffentlichung bestimmt ist, wogegen der zweite zwar nach Möglichkeit erfüllt, aber nicht veröffentlicht werden soll".
Die Punkte 11 bis 18 befassen sich mit der Organisation der Produktion, der Verminderung der Verschwendung, dem Verhältnis zwischen Kapitalakkumulation und Konsum, der Produktionssteigerung und der Förderung des wissenschaftlichen Experiments. Gefordert wird in Punkt 11, daß der Gesamtwert der Industrieproduktion eines Ortes in fünf bis zehn Jahren den Gesamtwert der Landwirtschaftsproduktion übertreffen soll, außerdem wird in Punkt 17 die Verminderung des oft hohen Einkommens der Bauern aus privat bewirtschafteten Flächen zugunsten der kollektiv erwirtschafteten Erträge angeregt.
Die Punkte 19 bis 45 erläutern die verschiedenen Formen des Führungsstiles der Kader. Dazu gehören die Verbindung zur Basis, das Verhältnis zur Kritik (z.B. in Punkt 27 die Mahnung, Kritik hinzunehmen), die bessere Organisation von Versammlungen, die Delegation von Verantwortung, die Förderung des Militärischen, das Verständlichmachen der Beschlüsse, die Weiterbildung auf

wissenschaftlichem Gebiet, das Erlernen einer Fremdsprache und das Erlernen der Sprachen der nationalen Minderheiten, wenn Kader in diesen Gebieten eingesetzt werden. In Punkt 21 wird Maos Theorie von der *permanenten Revolution* (→*Revolution*) erläutert, und in Punkt 22 wird von den *Kadern* gefordert, →*Rot und Experte* zu sein. Die Punkte 34, 35 behandeln das Verhältnis zu den belehrbaren und unbelehrbaren Rechtsabweichlern.
Die Punkte 46 bis 49 sind Erziehungsfragen gewidmet, der Förderung der Begabten auf dem Land und der Verbindung der Ausbildung mit produktiver Arbeit.
Die Punkte 51 bis 59 (wie auch Punkt 3) beschreiben die notwendigen Maßnahmen zur Förderung der Landwirtschaft, ähnlich wie das →*Acht-Punkte-Programm für die Landwirtschaft.*
In Punkt 60 wird die Anweisung gegeben, Maos beabsichtigten Rücktritt vom Amt des Staatspräsidenten zu erläutern (T: 1g, 81ff).

Selbststärkungsbewegung
auch: *Bewegung zur Selbststärkung*
In den Jahren zwischen 1860 und 1895 wurde als Reaktion auf die Niederlage gegen die Ausländer (→*Ungleiche Verträge*) und die die Dynastie gefährdenden Aufstände (→*Taiping-Bewegung*) von den führenden Männern (vor allen Tseng Kuo-fan und Li Hung-chan) überlegt, wie China wieder erstarken könnte, ohne sich selbst aufzugeben. Entsprechend der klassischen Anschauung, daß die chinesische Geisteswelt und Kultur der als „Barbaren" (d. h. Fremde minderer Kultur) betrachteten Ausländer überlegen sei, wurde geglaubt, eine Übernahme der westlichen Technik reiche aus. Dabei stand die Waffentechnik im Vordergrund. Dementsprechend wurden Werften, Waffen- und Munitionsfabriken gebaut. Die materiell-technischen Voraussetzungen waren in China dafür jedoch nicht gegeben, denn es gab weder Manager für derartige Unternehmen noch Ingenieure, Techniker und ausreichend vorgebildete Arbeiter. Selbst die Kopien westlicher Modelle erwiesen sich im chinesischen Nachbau als unzureichend, eine Weiterentwicklung und damit das Schließen der technologischen Lücke zwischen China und der westlichen Zivilisation gelang nicht. Das lag an der Überschätzung Chinas und der Unterschätzung des Westens durch die konfuzianische Führungsschicht und die regierenden Mandschus. Die Männer der Reformbewegung (→*Hundert Tage der Reform*) gingen deshalb einen Schritt weiter, sie wollten nicht nur die westliche Technik übernehmen, sondern

auch in die geistige Welt, aus der sich diese Technik entwickelte, eindringen, ohne jedoch den Konfuzianismus und die klassischen Grundlagen Chinas (wie später z.B. die →*4.-Mai-Bewegung*) aufzugeben.

(4f; 4n; 4q)

Shamien-Affäre

auch: *Shamien-Zwischenfall, Shamien-Massaker*

In Auswirkung der →*30.-Mai-Bewegung* rief die KMT am 19. Juni 1925 zu einem Generalstreik in Kanton auf, der sich gegen die Briten in Hongkong richtete und deshalb mit einer britischen Blockade Kantons beantwortet wurde. Diese Ereignisse führten zu einer Demonstration am 23. Juni gegenüber der britisch-französischen Konzession auf der Insel Shamien (auch: Shameen) in Kanton. Britische und französische Marineinfanteristen eröffneten das Feuer auf die Demonstranten (nach britischer Version beantworteten sie einen chinesischen Angriff) und töteten 52 Demonstranten, darunter 46 Kadetten der →*Whampoa-Militärakademie*, und verletzten 117.

Die Folge war ein gezielter Boykott gegen Briten, Franzosen und Japaner, von dem die anderen westlichen Mächte ausdrücklich ausgenommen wurden. Dieser Boykott richtete sich gegen Waren aus diesen Ländern und gegen jede Arbeitsleistung für die drei Mächte. Hongkong war davon am schwersten betroffen, der wirtschaftliche Schaden wurde auf 250 000 Pfund geschätzt. Der Boykott dauerte knapp 15 Monate bis zum Oktober 1926.

(4f; 4g; 4k; 5c)

Sian-Zwischenfall

auch: *Zwischenfall von Sian; Sian-Ereignisse; Staatsstreich von Sian*

Die Verhaftung Chiang Kai-sheks durch die KMT-Generale Chang Hsueh-liang und Yang Hu-ch'eng am 12. Dezember 1936 in Sian (auch: Hsi-an). Der S. wird gewöhnlich als Wendepunkt von der Feindschaft zwischen KMT und KPCh zur →*Zweiten Einheitsfront* betrachtet.

1936 bereitete Chiang eine Offensive gegen das kommunistische Rätegebiet in Nordshensi (→*Rote Gebiete;* →*Langer Marsch*) vor, weil die KMT trotz ständiger Übergriffe der Japaner gegen Chinesen und chinesisches Territorium seit dem →*Mukden-Zwischenfall* 1931 überzeugt war, daß ein im Inneren gefährdetes Land sich nicht wirkungsvoll nach außen verteidigen kann. Die Kommuni-

sten, die personell und materiell unterlegen waren, versuchten diese Auseinandersetzung durch Propaganda für eine Einheitsfront zwischen KPCh und KMT hinauszuschieben, z.B. im Telegramm vom 5. Mai 1936 (T: M I, 328) und im Offenen Brief vom 25. August 1936. Einer „demokratischen Zentralregierung“ mit Beteiligung der KPCh sollten die Roten Gebiete und die Rote Armee unterstellt werden. Diese Propaganda soll ein Grund gewesen sein, weshalb die Armee Changs, die zu zwei Dritteln aus Soldaten der von den Japanern aus ihrer Heimat vertriebenen Tungpei-Armee (Tungpei = die Nordprovinzen Liaoning, Kirin und Heilungkiang) bestand, nicht zum Kampf gegen die Kommunisten bereit war. Chiang wollte deshalb nach Sian fliegen, traf sich, weil dort seine Sicherheit nicht zu garantieren war, zuerst mit Chang am 3. Dezember in Loyang. Als die Gespräche ergebnislos blieben, flogen beide am 7. Dezember nach Sian. Da Chiang den von Offizieren vorgetragenen und von den Generalen unterstützten Forderungen nach der Einheitsfront gegen Japan nicht entsprach, wurde er am 12. Dezember morgens überrumpelt und gefangen gesetzt.
An den Verhandlungen um Chiangs Freilassung waren seine Frau, die eine vom rechten KMT-Flügel geplante militärische „Strafexpedition“ verhindern wollte, und eine kommunistische Delegation unter Chou En-lai beteiligt. Am 25. Dezember konnte Chiang Sian verlassen, ohne irgendeine Vereinbarung unterschrieben zu haben. Ungeklärt ist, ob er bindende Zusagen für die Einheitsfront machte, ob – wie Chiang später behauptete – diese neue Politik bereits vorbereitet war (dagegen spricht allerdings, daß Chiang nach Sian flog, um einen Vernichtungsfeldzug zu leiten), oder ob erst die Ereignisse von 1937, der *→Zwischenfall an der Marco-Polo-Brücke,* einen Wechsel der Prioritäten bewirkten. Künftig stand der Kampf gegen Japan an erster Stelle. Basis war das in einem Gespräch zwischen Chiang und Chou ausgehandelte Manifest über die Zusammenarbeit zwischen KMT und KPCh, das am 22. September 1937 veröffentlicht wurde (T: 5b, 178).
Die Hintergründe der S. und Einzelheiten des Verlaufs werden widersprüchlich dargestellt. In der „Erklärung zur Erklärung Chiang Kai-scheks“ vom 28. Dezember 1936 behauptet Mao, Chiang verdanke seine Freilassung der Vermittlung der KPCh, da eine lange Haft nur den japanischen Imperialisten genützt hätte (M I, 301). Nach anderen Quellen trat Mao jedoch für einen öffentlichen Prozeß und die Hinrichtung Chiangs ein. Stalins Haltung spiegelten „Prawda“ und „Iswestia“, die Chang beschuldigten, gegen Chiang im Auftrag der Japaner gehandelt zu haben. Dement-

sprechend forderte die Komintern in einem Telegramm die KPCH auf, für Chiangs Freilassung einzutreten. Nach einer dritten Version handelten Chang und Yang in genauer Absprache mit den Kommunisten und nicht – wie wahrscheinlich zutreffend – allein. (2k; 4f; 4k; 4o; 5c; 11a)

7.-Mai-Schulen

auch: *Schulen des 7. Mai; Kaderschulen „7. Mai“*
Einrichtungen, um die Verbindung der →*Kader* mit den Massen durch Teilnahme an der körperlichen Arbeit zu fördern gemäß Maos →*Weisung vom 7. Mai* 1966. Damit sollen die →*Drei großen Revolutionären Bewegungen* verwirklicht werden. Die erste S. wurde 1968 am 2. Jahrestag der Weisung vom 7. Mai durch das *Revolutionskomitee* der Provinz Heilungkiang in Verbindung mit dem Staatsgut Liu-Ho eröffnet. Dem folgten sehr schnell S. fast aller Verwaltungsstellen und Behörden. Die S. sind nicht nur eine Einrichtung der *Kulturrevolution,* sie sollen verhindern, daß sich künftig ein Beamtendünkel oder der Hochmut der Intellektuellen wieder ausbreiten können. Deshalb müssen neben den *Kadern* beispielsweise auch Künstler (Maler, Schriftsteller, Musiker, Schauspieler) oder Wissenschaftler, Lehrer und Ärzte die S. ein oder mehrere Male durchlaufen. Als Grundregel gilt, daß sie mit den Bauern FÜNF DINGE teilen: 1. Arbeit, 2. Wohnung, 3. Essen, 4. Studium und 5. Freizeit. In der Praxis ist das selten der Fall, weil die S. häufig eine in sich geschlossene Einheit ohne unmittelbare Verbindung zur Umwelt bilden. Die Dauer des Aufenthaltes wird individuell festgelegt.
(6d; 6i; Ca Mai 72)

Sozialimperialismus

Bezeichnung für die sowjetische Politik, die wahrscheinlich zuerst nach dem Einmarsch der Warschauer-Pakt-Staaten in die Tschechoslowakei am 21. August 1968 in der *„jen-min jih-pao“* vom 23. August 1968 und von Chou En-lai bei einem Empfang anläßlich des rumänischen Nationalfeiertages am selben Tage benutzt wurde. Zuvor sprach die chinesische Presse vom „modernen Revisionismus“, dem „Sowjetrevisionismus“, der „sowjetrevisionistischen Renegatenclique“, der „konterrevolutionären ‚Heiligen Allianz‘“ und in Zusammenhang mit den Grenzstreitigkeiten von den „NEUEN ZAREN“.
Der S. wird als „Sozialismus in Worten, Imperialismus in der Tat“ definiert. So ist auch der 4. Abschnitt des Gedenkartikels zum 100.

Geburtstag Lenins am 22. April 1970 „Leninismus oder Sozialimperialismus“ überschrieben, der in den zentralen Zeitungen erschien. Darin werden der Warschauer Pakt und der Rat für gegenseitige Wirtschaftshilfe (COMECON) als Mittel einer ausbeuterischen hegemonistischen Politik beschrieben, während im Inneren die „alte Zarenpolitik der nationalen Unterdrückung wieder hergestellt“ wurde, der „die Sowjetunion in ein Zuchthaus der Völker zurückverwandelte“. Dazu kommt angeblich die Kollaboration mit dem amerikanischen US-Imperialismus.
Deshalb muß nach Maos Auffassung zuerst der S. bekämpft werden, um dann gemeinsam den US-Imperialismus bekämpfen zu können.
(2a; 9e)

Sozialistische Erziehungsbewegung
auch: *Sozialistische Erziehungsbewegung auf dem Lande*
Ausgangspunkt waren Beschlüsse des 10. Plenums des VII. ZK im September 1962, durch die die Liberalisierung der Besitz- und Produktionsverhältnisse (→*Ökonomismus*) zur Überwindung der →*Drei bitteren Jahre* wieder aufgehoben werden sollte.
Die S. begann 1962 in Hopei und Honan. Auf einer Arbeitstagung am 20. Mai 1963 wurden die ZEHN PUNKTE (auch: ZEHN ARTIKEL, ERSTEN ZEHN PUNKTE) als Richtlinien angenommen, die Maos Vorstellungen von der Fortsetzung des Klassenkampfes und damit des Kampfes zwischen →*Zwei Linien* widerspiegelten, während die ZWEITEN ZEHN PUNKTE, die im April 1964 erlassen wurden, der Linie Lius entsprachen, wonach die Produktion Vorrang haben sollte. Das sollte durch eine Verbesserung der technischen Ausstattung und der Bewässerungsanlagen geschehen. Gleichzeitig sollten →*Arbeitsgruppen* eine Säuberung der *Kader* durchführen, um die Verbindung von der Zentrale zur Basis zu sichern.
Den *Zweiten zehn Punkten* stellte die Gruppe um Mao das Dokument: „Einige gegenwärtig bei der sozialistischen Erziehungsbewegung auf dem Lande aufgestellten Fragen“ (auch: 23 PUNKTE, 23-PUNKTE-DIREKTIVE, 23-PUNKTE-DOKUMENT) entgegen, das Ende 1964 erarbeitet und am 14. Januar 1965 vom Politbüro angenommen wurde (T: 1h, 285f). Darin deutet sich zum ersten Mal die Mobilisierung der Massen gegen die →*Kader* an.
Dem dienten die VIER SÄUBERUNGEN (auch: SÄUBERUNG IN VIERFACHER HINSICHT, BEWEGUNG DES VIERFACHEN SÄUBERNS, VIER REINIGUNGEN), die als Fortsetzung der →*Fünf Anti* bezeichnet wurden. Den Säuberungen in 1. der Politik, 2. der Ideologie, 3.

der Organisation und 4. der Wirtschaft. Mao verstand darunter die Fortführung des Klassenkampfes durch die Organisierung der *armen Bauern und unteren Mittelbauern* in Vereinigungen, die die Kritik und Säuberung der *Kader* übernehmen sollten. Gleichzeitig sollte der Kampf gegen den kapitalistischen Weg durch Verminderung der privat genutzten Flächen und die Abschaffung der freien Märkte verstärkt werden.
Die S., deren Ziele im Sinne Maos nicht erreicht wurden, mündete in die →*Kulturrevolution*. In Punkt 13 der →*Sechzehn Punkte* wird die *Kulturrevolution* als eine höhere Ebene der S. bezeichnet. Im Kommuniqué des 11. Plenums des VIII. ZK vom 12. August 1966 werden die *Zehn Punkte* und die *23 Punkte* als auch für die *Kulturrevolution* verbindliche Dokumente genannt (T: 7n, 180f).
(6c; 6e; 7h)

Sprach- und Schriftreform
Seit April 1972 wird die S. wieder propagiert, nachdem während der *Kulturrevolution* entsprechende Aktivitäten ruhten. Dabei geht es um drei Bereiche:
1. Vereinfachung und Beschränkung der Schriftzeichen,
2. Einheitliche Aussprache in ganz China,
3. Einführung einer Buchstabenschrift.

1.
Die chinesische Schrift ist ein entscheidender Faktor der kulturellen Einheit. Seit Kaiser Ch'in Shih huang-ti (221–207 v. Chr.) nach der Einigung des Reiches 3000 Zeichen der in Ch'in üblichen Kanzleischrift als allgemein verbindlich erklärte, hat sich der Grundbestand der Schriftzeichen nicht mehr wesentlich verändert. Die Sprache entwickelte sich jedoch weiter, so daß Schriftsprache und gesprochene Sprache nicht mehr übereinstimmen.
Das Wörterbuch, das Kaiser K'ang-hsi 1716 zusammenstellen ließ, enthält 47021 Ideogramme, die einem immer einsilbigen Wort entsprechen. Da viele dieser Zeichen gleich ausgesprochen werden, werden in der gesprochenen Sprache die Begriffe durch zwei Einsilber bezeichnet. Geschriebene Texte sind infolgedessen sehr viel knapper. Dazu kommen Phrasen und Stilformen, die keine Entsprechungen in der Umgangssprache haben. Demzufolge ist die Literatur nur optisch, nicht akustisch zu erfassen, sie kann gelesen, jedoch nicht vorgelesen werden. Lesen und Schreiben konnte nur eine kleine Elite. Als gebildet galt, wer 4000 Zeichen, als gelehrt, wer etwa 8000 Ideogramme beherrschte. Die Vereinfachung und Beschränkung der Schriftzeichen ist deshalb Bedingung für

eine Alphabetisierung der Bevölkerung. Der erste Schritt war der Übergang von der Literatursprache *(wen-yen)* zur Umgangssprache *(pai-hua)*, um die geschriebene und die gesprochene Sprache in Übereinstimmung zu bringen. Hu Shihs ACHT VERBOTE, am 1. Januar 1917 von Ch'en Tu-hsiu in der „Neuen Jugend" veröffentlicht (→*Neue Kulturbewegung*), waren der entscheidende Vorstoß:

1. Den Worten muß ein konkreter Gehalt zugrunde liegen.
2. Ahme nicht (den Stil und die Ausdrucksweise) der Alten nach.
3. Achte auf (klare, einwandfreie) grammatikalische Konstruktion (der Sätze).
4. Stöhne nicht, wenn du nicht krank bist.
5. Mache dich frei von veralteten Phrasen und Redewendungen.
6. Verwende keine Zitate.
7. Vermeide allen (stilistischen und gedanklichen) Parallelismus.
8. Habe keine Scheu vor Wörtern und Redewendungen der volkstümlichen Sprache (zit. n. 4g, 163).

In der Folge entstanden zahlreiche Zeitungen und Zeitschriften, die die Umgangssprache benutzten. Seit 1920 wurde in den Elementarschulen meist *pai-hua* gelehrt. Eine eigenständige Literatur, die auf den populären, wenn auch als trivial eingestuften großen Romanen in der Umgangssprache (z.B. „Der Traum der roten Kammer", „Kin Ping Meh", „Die Räuber vom Liang-shan-Moor") aufbaute, entstand. Lü Hsün gilt als ihr bedeutendster Vertreter. Mao benutzt seit 1919 *pai-hua* mit Ausnahme seiner Gedichte im klassischen Stil (1f).

Da die Alphabetisierung Voraussetzung für die Politisierung der Massen war, organisierten die Kommunisten in den →*Roten Gebieten* Kurse zum Lesen- und Schreibenlernen. Nach Konsolidierung der VR China wurde 1954 beim Staatsrat ein Komitee für die Reform der chinesischen Schrift geschaffen. Es führte 1955 erstmals 145 vereinfachte Schriftzeichen und am 28. Januar 1956 durch einen Erlaß des Staatsraates insgesamt 425 verkürzte Zeichen ein. Zugleich wurde ein Grundbestand aus 800 am häufigsten benutzten Ideogrammen und weiteren 400, bei denen von zwei Schreibweisen nur noch eine gebraucht werden soll, gebildet. Presse und Verlage müssen hauptsächlich diese Zeichen verwenden. Außerdem wird nun in der VR China (nicht auf Taiwan) von links nach rechts in Zeilen und nicht mehr von oben nach unten und von rechts nach links geschrieben. Schüler lernen in sechs Jahren etwa 3500 Zeichen. Allgemein werden 5000 bis 6000 benutzt. Für Maos Werke sollen 3000 verschiedene Ideogramme ausreichen (JMJP 24. 8. 73).

2.
Der Pekinger Dialekt gilt als Hochsprache. Da er von den kaiserlichen Beamten gesprochen wurde, nannten ihn die Ausländer MANDARIN, die Beamten selbst *kuan-hua* (= Beamtensprache). Nach der Revolution von 1911 wurde diese Sprache als *kuo-yü* (= Reichssprache) bezeichnet. In der Volksrepublik wird sie *p'u-t'ung-hua* (= allgemein verständliche Sprache) oder STANDARDSPRACHE genannt. Sie wird von rund 65% der Chinesen gesprochen. Rund 30% sprechen südchinesische Dialekte (Kantonesisch, den am Unterlauf des Yangtze verbreiteten Wu-Dialekt, den Dialekt Nord- und Süd-Fukiens, den in Hunan und angrenzenden Provinzen gebräuchlichen Hsiang-Dialekt – den auch Mao spricht – sowie den Dialekt der Hakka in Südostchina). Die übrigen 5% entfallen auf die nationalen Minderheiten (→*Fünf große Rassen*). Obwohl sich Nord- und Südchinesen wegen der großen Abweichung der Dialekte nicht sprachlich miteinander verständigen können, bietet die Schrift eine Kommunikationsmöglichkeit, denn die Bedeutung der Schriftzeichen ist überall gleich. (Etwa mit den arabischen Zahlen zu vergleichen. Jede Ziffer bezeichnet dieselbe Menge, gleichgültig wie sie auf deutsch, englisch, russisch usw. ausgesprochen wird.) Aufgabe der dem Staatsrat unterstellten Zentralen Kommission für die Verbreitung von Hochchinesisch ist es, eine verbindliche Aussprache und Grammatik der *p'u-t'ung-hua* festzulegen, damit die *Umgangssprache* überall in China gelehrt werden kann und die unterschiedlichen Aussprachen verschwinden. Dem dient die Anordnung des Staatsrates vom 6. Februar 1956. Seit 1973 wird die Bedeutung einer im ganzen Land verständlichen Standardsprache erneut propagiert.

3.
Die einheitliche Aussprache ist Voraussetzung einer Phonetisierung des Chinesischen. Versuche der Transkription ins Lateinische gibt es seit den Anfängen der Sinologie (→*Anmerkungen zur Aussprache*). Aber auch für China selbst würde eine Buchstabenschrift vieles vereinfachen. Das Erlernen der Schrift fiele erheblich leichter und wäre in kürzerer Zeit möglich, beim Fernmeldeverkehr (z.B. Telegramme) müßte nicht mehr auf einen Zahlencode zur Übermittlung der Schriftzeichen zurückgegriffen werden, die Einführung von Schreibmaschinen, von Computern zum Drucken von Texten wäre möglich, Zeitungen müßten nicht mehr von Hand gesetzt werden. (Ein guter Setzer schafft pro Stunde etwa 1500 Schriftzeichen, eine Zeitungsseite enthält etwa 15000.) Die Kommunisten experimentierten bereits in Yenan mit einer lateinischen

Umschrift, die sie *latin-hua* nannten und die sich auf ein Alphabet mit 28 Buchstaben stützte. Sie sollte das Lesen- und Schreibenlernen vereinfachen. 1951 sprach sich Mao erneut für eine Phonetisierung des Chinesischen aus. Am 1. November 1957 wurde vom Staatsrat der „Plan einer phonetischen Schreibweise für die chinesische Sprache" verabschiedet, der am 11. Februar 1958 vom Nationalen Volkskongreß ratifiziert wurde. Seit Herbst 1958 wird diese *p'in-yin* genannte Umschrift in allen Schulen gelehrt. Sie dient vor allem als optisches Hilfsmittel zum leichteren Erlernen der Aussprache der Schriftzeichen, die sonst nur durch ständiges akustisches Wiederholen beigebracht werden konnte.
Während Chou En-lai in seiner Rede vom 10. Januar 1958 über die Schriftreform noch offenließ, ob die chinesische Schrift eines Tages durch ein lateinisches Alphabet ersetzt werden sollte, erklärte Kuo Mo-jo in einem Artikel der *„hung-ch'i"* vom April 1972, daß die Vereinfachung der Schriftzeichen nur eine Zwischenstation auf dem Weg zur Phonetisierung wäre. Dieser Beitrag markiert den Beginn zahlreicher Publikationen zur S. Die *„kuang-ming jih-pao"* veröffentlicht seit dem 10. Mai 1973 wieder ihre vierzehntätige Beilage zur S. Außerdem wird der Titel der Zeitung nun wieder zusätzlich in *p'in-yin* angegeben, wie es bei dieser Zeitung und der *„jen-min jih-pao"* bereits von 1958 bis zur *Kulturrevolution* 1966 üblich war.
Der Übergang zu einer Lautschrift wird häufig als ein schwerwiegender kultureller Verlust gewertet, weil dann für die Mehrheit der Chinesen das klassische literarische Erbe verloren sei. Vergessen wird dabei jedoch, daß diese Literatur immer nur einer gebildeten Minderheit zugänglich war.
(1g; 3n; 3p; 4e; 4g; 4p; 4q; 4s; 4t; 5a; 5d; 5i; 6h; 10h; 10m; PR 32/73; Ca Juni 73; Ca Aug. 73; Ca Sept. 73)

Staatsstreich vom 20. März 1926
Zu Beginn des Jahres 1926 verstärkten die Kommunisten ihren Einfluß im Bündnis mit der KMT erheblich (→*Erster revolutionärer Bürgerkrieg*). Die sowjetischen Berater übernahmen nun selbst Führungspositionen in der Armee. Sie versuchten, den Beginn des *Nordfeldzuges* (→*Warlords*) hinauszuzögern, weil sich ein Erfolg zugunsten des Militärbefehlshabers Chiang Kai-shek und der KMT auswirken mußte. Gleichzeitig verschärfte sich die Rivalität zwischen Chiang und Wang Ching-wei im Kampf um die Führung der →*Kuomintang*. Chiang nützte eine kurze Krankheit Wangs aus, um mit dem S. in Kanton den Einfluß der sowjetischen Berater und

der Kommunisten auszuschalten und gleichzeitig die Arbeitermilizen der Stadt zu entwaffnen. Ein Teil der Berater verließ wenige Tage später China, die Kommunisten durften – entsprechend einem Beschluß der KMT – keine Führungspositionen mehr einnehmen, und Wang Ching-wei trat von seinen Funktionen zurück und verließ im April China für eine längere Auslandsreise. Gleichzeitig verstand es Chiang jedoch, das Bündnis mit den Kommunisten fortzusetzen, indem er die Vorstöße der rechten Gruppen in der KMT (u.a. der *Westberggruppe*) für ein antikommunistisches Rechtsbündnis zurückwies. Die Komintern bemühte sich gleichfalls, den S. nicht zum Anlaß für einen Bruch mit der KMT werden zu lassen, denn der Weg der Kommunisten zur Macht durch den →*Block von innen* schien auch an der Seite Chiangs möglich. Diese Hoffnung zerstörte erst das →*Massaker von Shanghai.*
Domes (5c, 151) referiert drei verschiedene Theorien über die Hintergründe des S.:

1. Es war ein unprovozierter Staatsstreich, mit dem Chiang seine Alleinherrschaft begründen wollte.
2. Gemeinsam mit dem rechten Flügel der KMT wollte Chiang Wang Ching-wei und den linken Flügel der KMT ausschalten.
3. Die Kommunisten hätten einen Putsch und die Verhaftung Chiangs geplant, dem der Militärbefehlshaber zuvorgekommen sei. Chiang selbst vertritt diese These, die Beweise sind jedoch recht schwach.

Schram (1h, 43) weist darauf hin, daß der S. in der kommunistischen Geschichtsschreibung entstellt wird, um zu verschleiern, daß Mao, der bis Oktober der Ausbildungsabteilung der Bauernbewegung vorstand, länger als andere Kommunisten an der Zusammenarbeit mit der KMT festhielt und deswegen eine hohe Funktion einnehmen konnte.

Sturmzentrum der Weltrevolution

In dem 4. Kommentar des ZK der KPCh zum Offenen Brief des ZK der KPdSU vom 22. Oktober 1963 wird festgestellt:
„In den weiten Gebieten Asiens, Afrikas und Lateinamerikas konzentrieren sich die verschiedenen Arten von Widersprüchen in der gegenwärtigen Epoche, hier sind die schwächsten Kettenglieder in der Herrschaft des Imperialismus, hier sind heute die wichtigsten Sturmzentren der Weltrevolution, wo dem Imperialismus direkte Schläge versetzt werden" (zit. n. 9e, 147). Am 5. November 1967 schrieb *„jen-min jih-pao":* „Im späten 18. Jahrhundert war Frankreich Mittelpunkt der Revolution. Um die Mitte des 19. Jahrhun-

derts verschob sich das Zentrum nach Deutschland, als das Proletariat die politische Arena betrat und der Marxismus entstand. Anfang des 20. Jahrhunderts wanderte das Zentrum der Revolution dann nach Rußland. Der Leninismus entstand. Seither hat sich das Zentrum der Revolution schrittweise nach China verschoben. Die Gedanken Mao Tsetungs sind entstanden. Jetzt hat sich China, das Zentrum der Weltrevolution, durch die Große Proletarische Kulturrevolution gestärkt und befestigt." China erhebt damit gemäß der Theorie von den →*Zwischenzonen* Anspruch auf eine Führungsrolle, da der Sozialismus in der Sowjetunion zum Sowjetrevisionismus und →*Sozialimperialismus* verfälscht wurde. Nach sowjetkommunistischer Auffassung spiegelt diese Theorie den Groß-Han-Chauvinismus und Hegemonismus der Maoisten. Gleichzeitig sei das der Versuch, die internationale kommunistische Bewegung den lokalen Interessen der nationalen Befreiungsbewegungen unterzuordnen, die an die erste Stelle gerückt werde. Die These von der Verlagerung des weltrevolutionären Zentrums nach China entwickelte Li Li-san (→*Li-Li-san-Linie*) zuerst um 1930. Otto Braun (11a, 18) behauptet, Mao hätte daraus gefolgert, die Sowjetunion sei um jeden Preis, auch den Preis eines Krieges, verpflichtet, dem revolutionären Rätechina zu helfen.

(2d; 9e)

Sun-Joffe-Abkommen

auch: *Sun-Joffe-Kommuniqué; Sun-Joffe-Übereinkommen*

Vereinbarung, die das Ergebnis der Verhandlungen seit Ende Dezember zwischen dem sowjetischen Diplomaten Adolf Joffe und dem Vorsitzenden der KMT, Sun Yat-sen, zusammengefaßt. Das S. wurde am 26. Januar 1923 unterzeichnet. Es enthält vier Punkte:

1. Joffe bestätigt die Ansicht von Sun, daß die Einführung des Kommunismus oder eines Sowjetregimes in China nicht möglich ist. Als wichtigste Aufgabe wird die nationale Einheit und die nationale Unabhängigkeit Chinas bezeichnet. Die Sowjetunion will dabei helfen.
2. Die Sowjetunion ist bereit, die in der Note vom 27. September 1920 (zweite →*Karachan-Erklärung*) gegebene Absichtserklärung über den Verzicht auf die Rechte aus den →*Ungleichen Verträgen* zu wiederholen und in Verhandlungen zu realisieren.
3. Durch Verhandlungen soll die Frage der Ostchinesischen Eisenbahn, die in sowjetischem Besitz ist, gelöst werden. Bis dahin wird eine Umorganisation angestrebt, die den russischen

und den chinesischen Rechten und Sonderinteressen entspricht.

4. „Herr Joffe erklärt Dr. Sun kategorisch – und Dr. Sun ist in diesem Punkt vollkommen beruhigt –, daß es nicht die Absicht und das Ziel der gegenwärtigen russischen Regierung sei und auch niemals gewesen sei, in der Äußeren Mongolei eine imperialistische Politik zu verfolgen oder eine Unabhängigkeitsbewegung in der Äußeren Mongolei zu unterstützen." Deshalb verzichtet Sun auf die Forderung des Rückzuges der russischen Truppen aus der Äußeren Mongolei (T: 5b, 48; 5c, 84).

Das S. entsprach der internationalen Linie der Komintern des Bündnisses der Kommunisten mit den bürgerlich-nationalrevolutionären Parteien in den Kolonien und Halbkolonien. Es sollte der Stärkung des Einflusses der Kommunisten dienen, um langfristig deren Machtübernahme vorzubereiten. Die sowjetische Seite respektierte eigentlich nur Punkt 1 des S. Verhandlungen über Punkt 2 und 3 führten zu keinem Verzicht der Sowjetunion auf die Rechte aus den *Ungleichen Verträgen*. Punkt 4 war eine bewußte Täuschung Suns, denn die Sowjetunion hatte bereits am 5. November 1921 mit der Revolutionären Mongolischen Regierung, die von der (ganze 160 Mitglieder zählenden) Mongolischen kommunistischen Partei auf russischem Boden in Kiachta gebildet worden war, ein Geheimabkommen unterzeichnet. Der Bitte dieser Regierung entsprechend verwirklichte die Rote Armee 1924 die Mongolische Revolution, die am 26. November 1924 zur Gründung der Mongolischen Volksrepublik führte. China betrachtete die Äußere Mongolei trotzdem weiterhin als Teil Chinas. Mit dem sowjetisch-chinesischen Vertrag vom 14. August 1945 mußte China dann die Unabhängigkeit anerkennen, wenn sie durch eine Volksbefragung in der Äußeren Mongolei bestätigt würde. Da die Volksabstimmung am 20. Oktober 1945 bei einer Beteiligung von 98% der Wahlberechtigten nur Ja-Stimmen und keine Nein-Stimmen oder Enthaltungen erbrachte, mußte Chiang Kai-shek am 5. Januar 1946 die Mongolische Volksrepublik als von China unabhängig anerkennen.

(5c; 12g)

T

Tachai

auch: *Dadschai, Dazhai*

Name einer Produktionsbrigade der Tachai-Volkskommune im Distrikt Hsiyang der Provinz Shansi. Die Angaben über die Angehörigen der 83 Haushalte schwanken zwischen 380 und 430 Personen. Tachai gilt als eine Musterbrigade, seit Mao Tsetung 1964 verkündete „IN DER LANDWIRTSCHAFT – LERNT VON TACHAI" (auch: „LERNT VON TACHAI"). Die Produktionsbrigade soll während der →*Drei bitteren Jahre* nach dem *Großen Sprung* (→*Drei Rote Banner*) die Arbeitsweise der *Volkskommunen* beibehalten haben und nicht zum →*Ökonomismus* und damit zur Linie Liu Shao-ch'is zurückgekehrt sein. Als 1963 ein siebentätiger Wolkenbruch die in den Löß gebauten Terrassen zerstörte, bewährte sich der GEIST VON TACHAI. Die Mitglieder der Produktionsbrigade lehnten mit den DREI WEIGERUNGEN (Geld, Lebensmittel und Material vom Staat anzunehmen) jede Hilfe von außen ab und bauten, ganz auf sich selbst gestellt, die Felder wieder auf. Um die Verwaltungsarbeit zu reduzieren, wurde nach verschiedenen Versuchen ein neues Arbeitspunkte-System eingeführt. Während bis dahin – entsprechend dem sowjetischen Vorbild – jede Arbeit mit einer bestimmten Zahl von Arbeitspunkten gutgeschrieben wurde, führte T. ein, daß jedes Mitglied pro Arbeitstag immer dieselbe Zahl Arbeitspunkte bekam, weil die Brigade davon ausging, daß jeder jede Arbeit seinen Kräften entsprechend bestmöglich verrichtete. Die Höhe der Arbeitspunkte wird einmal im Jahr auf einer Versammlung festgelegt. Jeder schlägt die Zahl vor, die nach seiner Meinung seiner Leistung entspricht. Die Versammlung diskutiert dann, ob diese Zahl angemessen, zu hoch oder zu niedrig ist. Dadurch fiel die komplizierte Buchführung mit mehr als 300 verschiedenen Kategorien – einschließlich der besonderen Einstufungen der Kader, wenn sie nicht in der Produktion tätig waren – weg. Die Mitglieder von Tachai verzichteten auch auf privat zu bewirtschaftende Parzellen. Die Angaben über das Privatvieh weichen voneinander ab. Mehnert (10d) berichtet, daß nur Geflügel, jedoch keine Schweine privat gehalten wurden, während ein Schweizer Lehrer (NZZ 28. 10. 73) von Hühnern und ein bis zwei Schweinen als Privatbesitz schreibt.

Als wesentlich für den Arbeitsstil von T. gilt, daß die Mitglieder „gerüstet mit den Ideen Mao Tsetungs" die Politik an die erste Stelle setzten. Der treibende Motor war dabei Parteisekretär Ch'en

Yung-kuei, Mitglied des IX. ZK und des Politbüros des X. ZK. Erhebliche Ertragssteigerungen und der Übergang zu zwei Ernten sollen der Lohn für das Verfolgen des richtigen Weges (→*Zwei Linien*) gewesen sein. In dem Interview mit Edgar Snow erklärte Chou En-lai, T. habe nur einmal Geld vom Staat geliehen und es im folgenden Jahr zurückgezahlt (101, 260). Demgegenüber behaupten sowjetische Autoren, „daß diese Produktionsbrigade bei ihrer Gründung große materielle Hilfe sowohl vom Staat als auch von Nachbarbrigaden und -kommunen erhalten hatte" (6k, 135). Das ist ein schwerwiegender Vorwurf, denn T. markiert einen wichtigen Punkt in der Auseinandersetzung zwischen Mao und Liu. Als Mao T. als Beispiel heraushob, schickte Liu seine Frau Wang Kuang-mei ebenfalls 1963 zur Produktionsbrigade Taoyuan in der Provinz Hopei. Diese Brigade erhielt umfangreiche finanzielle Unterstützung, um sich moderne Arbeitsgeräte für eine Mechanisierung der Landwirtschaft anschaffen zu können. Damit sollte bewiesen werden, daß Maos These vom „Stützen auf die eigene Kraft" unrationell und wenig rentabel sei. 1965 während der Kulturrevolution mußte das Experiment in Taoyuan auf Maos Weisung abgebrochen werden.
Täglich sollen bis zu fünftausend Besucher nach T. kommen, „um zu lernen". Außerdem wird das Beispiel T. (ebenso wie →*Tach'ing*) in Büchern, Filmen und regelmäßigen Zeitungsartikeln propagiert.

(6k; 7e; 10d; 10e; NZZ 28.10.73; JMJP 28.2.74; PR 43/70; PR 52/72)

Tach'ing

auch: *Datjing, Daqing*

Name eines Erdölfeldes in der Mandschurei, das 1960 erschlossen wurde und wo 1962 eine Raffinerie die Produktion aufnahm. Wesentlich ist, daß beide Anlagen ohne ausländische Hilfe und angeblich gegen den Rat →*bürgerlicher Autoritäten* errichtet wurden. 1964 gab Mao die Losung aus: „IN DER INDUSTRIE – LERNT VON TACH'ING". Damit war neben dem „Vertrauen auf die eigene Kraft" vor allem auch die Verbindung von Landwirtschaft und Industrie gemeint. Die Frauen der Erdölarbeiter haben zwischen und um den Bohr- und Förderanlagen Felder urbar gemacht sowie zahlreiche Nebengewerbe (kleine Fabriken zur Verwertung der →*Drei Abfälle* und zur Selbstversorgung) begonnen. Dadurch gewann das Erdölfeld T. „das Aussehen eines städtischen Dorfes wie auch einer dörflichen Stadt". Damit entspricht T. der Forderung Maos in der →*Weisung vom 7. Mai* 1966, wonach die Arbeiter

sich neben der Produktion auch mit Militärwesen, Politik und Kultur mit der landwirtschaftlichen Produktion und der Nebenproduktion beschäftigen sollen. Während der *Kulturrevolution* gab es 1967 Schwierigkeiten in T. Sowjetische Veröffentlichungen behaupten, daß das an dem Wegfall der materiellen Anreize (→*Ökonomismus*) lag, durch die die Arbeiter von T. bis dahin etwa das Doppelte des durchschnittlichen Verdienstes eines Arbeiters erhielten. Inzwischen gilt T. wieder als Vorbild, das – wie →*Tachai* – durch Bücher und Presse popularisiert wird, weil es den →*Geist von Yenan* zeitgemäß fortentwickelt.
(6k; PR 30/71; PR 3/72; NZZ 29. 12. 71)

Taiping-Bewegung
auch: *Taiping-Rebellion, Taiping-Aufstand, Taiping-Revolution*
Bewegung, die im Sommer 1850 in Ost-Kuangsi begann und sich schnell nach Norden ausbreitete; 1852 in Hunan, 1853 in Hupei, wo sie im Frühjahr mit der Eroberung Nankings eine feste Basis gewann. Versuche, nach Peking vorzudringen, scheiterten. Trotz schwerer Auseinandersetzungen an der Spitze der Bewegung, die 1856 offenbar wurden, konnte Nanking bis 1864 gehalten werden. Mit der Rückeroberung der Stadt brach die Bewegung zusammen, die zeitweilig den Bestand der Mandschu-Dynastie gefährdet hatte.
Die charismatische Figur dieser Bewegung war Hung Hsiu-ch'üan, 1814 geboren, Sohn eines Bauern einer Hakka-Familie, d.i. eine nordchinesische Volksgruppe, die im 4./5. Jahrhundert n.Chr. nach Süden gezogen war, jedoch ihre abweichenden Sitten und Gebräuche beibehalten hatte. Nachdem Hung 1837 zum zweitenmal durch die unterste Beamtenprüfung gefallen war, erlitt er einen Nervenzusammenbruch, in dessen Verlauf er Visionen gehabt haben will (T: 4b, 386), die von christlichem Gedankengut beeinflußt waren, weil er im Jahr zuvor mit protestantischen Missionaren in Berührung gekommen war. Hung war dadurch überzeugt, der jüngere Bruder Jesu zu sein, dem der Auftrag zuteil wurde, ein „Reich des himmlischen Friedens" ('tai-p'ing t'ien-kuo) zu errichten. Hung wurde zum Führer einer Sekte der „Gesellschaft der Gottesanbeter" (auch: „Gottesverehrer"), der sich zuerst Mitglieder der Hakka-Gruppe, später auch andere, meist arme Bauern, anschlossen. Die Grundlage bildete eine Mischung aus oberflächlichen christlichen Elementen, traditionell chinesischem Gedankengut (z.B. waren die klassischen „Riten der Chou" Vorbild für den Aufbau des Militärs und der Verwaltung)

und nationalen, gegen die Mandschu-Dynastie gerichteten Ideen, wie sie vor allem in den Geheimgesellschaften verbreitet waren. Die Anhänger der T. trugen z. B. nicht den von den Mandschus verordneten Zopf bei kahlrasiertem Vorderschädel, sondern lange Haare. Deshalb wurden sie auch als LANGHAAR-REBELLEN bezeichnet. Durch radikale soziale Maßnahmen gewann die T. zahlreiche Anhänger. Dazu gehörte die Aufhebung des Privateigentums, die gleichmäßige Verteilung des Bodens (die allerdings kaum praktiziert wurde), die völlige Gleichstellung der Frau, das Verbot von Opium, Tabak und Alkohol (das jedoch nur am Anfang streng beachtet wurde). Die T. war in religiöser Hinsicht intolerant; sie vernichtete zahlreiche Insignien und Kunstwerke anderer Religionen sowie alle Bücher mit Ausnahme des Alten und Neuen Testaments und der „Erlasse vom wahren himmlischen Befehl", der Taiping-eigenen Schriften also. Obwohl sich die Taiping als Christen empfanden, wurden christliche Missionare nicht zugelassen. Das war ein Grund, weshalb sich die westlichen Mächte, die anfangs mit den Taiping sympathisierten, wieder den Mandschus zuwandten. Bei der Niederschlagung der T. wirkte die „Ever Victorious Army", eine chinesische Truppe mit britischen und französischen Offizieren (zu denen auch Charles George Gordon gehörte, der 1884 beim ägyptischen Mahdi-Aufstand den Tod fand), mit. Die militärische Bedeutung dieser Truppe wird allerdings recht unterschiedlich bewertet.
Zum Scheitern der T. führten die seit 1856 zunehmenden Rivalitäten und Intrigen in der Führung. Außerdem ging die Anhängerschaft unter der Bevölkerung entscheidend zurück. Die Gebildeten sahen die chinesischen Traditionen gefährdet, während der Egalitarismus und die Handelsfeindlichkeit alle Besitzenden abstieß.
Mao rechnete Hung Hsiu-ch'üan in der ursprünglichen Version „Über die Berichtigung falscher Ansichten in der Partei" vom Dezember 1929 unter die Führer „umherziehender Rebellenhaufen", die er als schlechtes Beispiel anführte (T: 1h, 240). In den neuen Ausgaben fehlt der Name Hungs. Dafür gilt der Taiping-Krieg nun als revolutionärer „Bauernkrieg".
Die These ist wissenschaftlich nicht haltbar. Untersuchungen ergaben, daß es der T. nicht gelang, die Mehrheit der Bauern für sich zu gewinnen.
(4b; 4g; 4q)

Tanaka-Memorandum

Geheime Studie, die im Auftrag der japanischen Regierung unter Giichi Tanaka von einer Kommission erarbeitet und am 25. Juli 1927 Kaiser Hirohito übergeben wurde. Im T. wird die Ansicht vertreten, weder die drei Nordprovinzen Liaoning, Kirin und Heilungkiang (Mandschurei) noch die Mongolei seien chinesische Gebiete. Deshalb solle Japan versuchen, diese Territorien aus dem chinesischen Staatsverband herauszulösen. Um das zu erreichen, solle Japan sich ständig neue Sonderrechte übertragen lassen und gegebenenfalls auch militärisch eingreifen.
Als das T. 1929 an die Öffentlichkeit gelangte, wurde es von Japan als Fälschung deklariert. Zielsetzungen des T. wurden nach dem →*Mukden-Zwischenfall* mit der Schaffung von Manchukuo verwirklicht.
In den Kriegsverbrecherprozessen nach der japanischen Kapitulation 1945 wurde das T. jedoch als echt betrachtet.
(4c; 5c)

U

Überwindungsbewegung (chen-feng)

auch: *Berichtigungskampagne; Rektifizierungskampagne; Tscheng-feng; Verbesserung des Arbeitsstiles*

Kampagnen der KPCh, damit die Parteimitglieder ihre Fehler erkennen und überwinden sowie ihr theoretisches Wissen und ihr ideologisches Bewußtsein verbessern, um Einheit und Disziplin der Partei zu festigen.
Die KPCh spricht von vier Ü:

1. 1942 während des antijapanischen Widerstandskrieges (→*Zweite Einheitsfront*) in den →*Roten Gebieten.* Eingeleitet durch Maos Rede vom 1. Februar „Den Arbeitsstil der Partei verbessern" und gerichtet gegen „Subjektivismus, Sektierertum und Parteischematismus" *(→Acht Anklagen gegen den Parteischematismus)*. Das theoretische Studium und die Erfahrungen der Praxis sollten gleichwertig entwickelt werden. Betont wird der chinesische Weg zum Sozialismus, der nicht durch Buchwissen und die Erfahrungen anderer ersetzt werden kann (M III, 35).
2. 1948 in den *Befreiten Gebieten* während des →*Dritten revolu-*

tionären Bürgerkrieges. Gerichtet gegen die neuen Mitglieder aus dem Kleinbürgertum und der *nationalen Bourgeoisie* (→*Klassen*).
3. 1950 nach der Gründung der VR China, um die Feinde und die Opportunisten in der Partei zu erkennen und auszuschalten.
4. 1957 nach dem Scheitern der →*Hundert Blumen.*

Als Ü. gelten oft auch: →*Drei-Anti-Kampagne,* →*Fünf-Anti-Kampagne,* die Säuberung nach der Ausschaltung von Kao Kang (→*Zehn feindliche Linien*), die →*Sozialistische Erziehungsbewegung,* die →*Kulturrevolution.*

Ziel der Ü. ist nach Mao: „Aus früheren Fehlern lernen, um künftige zu vermeiden" und „die Krankheit bekämpfen, um den Patienten zu retten" (M III, 52). Dem Kritisierten soll ein Weg zur Umkehr und Besserung offengelassen werden. Damit unterscheiden sich die Ü. – zumindest theoretisch – von den „Säuberungen" in der Sowjetunion und den anderen kommunistischen Staaten, bei denen die geforderten Schuldbekenntnisse nur Vorspiel des Parteiausschlusses und der Verurteilung (oft Hinrichtung) sind. Von sowjetkommunistischer Seite wird Mao allerdings vorgeworfen, die Ü. zur Ausschaltung und Liquidierung seiner Feinde, der „wahren Internationalisten" benutzt zu haben.

(2k; 5b; 6c; 10c)

Ungleiche Verträge

Ein im Völkerrecht umstrittener Begriff, der in der gegenwärtigen Auseinandersetzung Chinas mit der Sowjetunion eine entscheidende Rolle spielt. Stark vereinfacht lassen sich drei Formen U. unterscheiden:

1. Nach dem Zustandekommen.

Ein Vertrag, der unter Zwang geschlossen wurde, bei dem die Willens- und Entscheidungsfreiheit eines Partners entscheidend eingeschränkt war.

2. Nach dem Inhalt.

Ein Vertrag, der Rechte und Pflichten der Partner ungleich und nicht nach dem Prinzip der Gegenseitigkeit verteilt.

3. Verträge zwischen zwei oder mehreren Partnern zuungunsten eines dritten Nichtbeteiligten.

Zwischen diesen drei Formen gibt es noch vielfältige Zwischenstufen, die eine genaue Definition der U. fast unmöglich machen. Nach chinesischer Auffassung beginnt die Periode der U. mit dem Vertrag von Nanking (29. August 1942) nach dem Verlust des →*Opiumkrieges.* Die vorhergehenden Verträge mit Rußland, der

Vertrag von Nertschinsk vom 6. September 1689 wurde ebenso wie der Zusatzvertrag von Kiachta vom 29. Oktober 1768 weitgehend beiden Vertragspartnern gerecht, während die Verträge von Bur/Kiachta (chinesisch: Schriftstück der elf Artikel), deren Ratifikationsurkunden am 1. November 1727 ausgetauscht wurden, Rußland territoriale Vorteile brachten. Der Vertrag von Nanking und der Zusatzvertrag von 1843 umfaßten alle Nachteile der U.: Gebietsabtretungen, die Öffnung von Häfen, Zulassung der exterritorialen →*Konzessionen* und *Internationalen Siedlungen*, die völlige Befreiung der Ausländer von der chinesischen Gerichtsbarkeit (Extrajurisdiktion), feste Seezölle unter ausländischer Verwaltung, Meistbegünstigung, d. h., jedes Recht, das einer ausländischen Macht eingeräumt wurde, kam automatisch auch den anderen zugute.

Zu den vier U. mit Rußland, auf die China heute immer verweist, gehören:

1. Der Vertrag von Aigun vom 28. Mai 1858, durch den China das Gebiet links des Amur (rund 450000 qkm) verlor.
2. Der Friedens-, Freundschafts-, Handels- und Schiffahrtsvertrag von Tientsin vom 13. Juni 1858, der ohne Kenntnis der Abmachungen von Aigun unterzeichnet wurde und durch den Rußland die gleichen Rechte in China gewann wie die westlichen Mächte. Unmittelbar darauf unterzeichneten auch die anderen Staaten in Tientsin Verträge mit China, durch die sie ihre Rechte ausdehnten: 18. Juni Amerika; 26./27. Juni Großbritannien und Frankreich.
3. Vertrag von Peking vom 14. November 1860, durch den Rußland ein rund 300000 qkm großes Gebiet nördlich des Ussuri beanspruchte, das nach dem Vertrag von Aigun von beiden Staaten gemeinsam verwaltet werden sollte. Durch das Protokoll von Tschugutschak (Tarbagatai) vom 7. Oktober 1864 dehnte Rußland seinen Einfluß auf weitere 800000 qkm bis dahin von China kontrollierte Gebiete aus.
4. Vertrag von St. Petersburg vom 24. Februar 1881, durch den Rußland zwar das Ili-Tal, das es 1871 „vorläufig" besetzt hatte, bis auf einen Teil, den China abtreten mußte, wieder freigab.

Zu den U. werden auch gerechnet:

a) der Vertrag von Shimonoseki vom 17. April 1895, durch den China nach dem chinesisch-japanischen Krieg Taiwan und die Pescadoren abtreten und den Anspruch auf die Oberhoheit über Korea aufgeben mußte;
b) die Verträge über die →*Pachtgebiete;*

c) das *Boxerprotokoll* vom 7. September 1901 (→*Boxeraufstand*). Die Verträge, die die Republik China schloß, werden, obwohl sie ebenfalls Elemente der „Ungleichheit" aufweisen, nicht zu den U.n gerechnet.

Das Bemühen um die Aufhebung der U. prägte die Politik der chinesischen Republik. Die Sowjetunion hatte zwar in den →*Karachan-Erklärungen* auf ihre Vorrechte aus den U.n verzichtet, doch diese Erklärungen wurden in der Praxis des chinesisch-sowjetischen Vertrages vom 31. Mai 1924 nur teilweise realisiert. Durch den sowjetisch-chinesischen Vertrag vom 14. August 1945 ließ sich die Sowjetunion sogar erneut Rechte einräumen, die einst das zaristische Rußland nach dem russisch-japanischen Krieg 1905 an Japan abtreten mußte. Der Vertrag von 1945 wird deshalb auch als der „letzte U." bezeichnet. Mit der →*30.-Mai-Bewegung* entwickelte sich eine breite Volksbewegung gegen die U. Nach Beendigung des *Nordfeldzuges* (→*Warlords*) erklärte die Nationalregierung in einem Manifest vom 7. Juni 1928, daß sie mit den ausländischen Mächten neue Verträge auf der Basis absoluter Gleichberechtigung abzuschließen beabsichtige.

Die drei Hauptziele waren:

1. Wiederherstellung der chinesischen Zollhoheit.
2. Aufhebung der Sonderrechte für Ausländer.
3. Aufhebung der Exterritorialität der *Konzessionen* und *Internationalen Siedlungen*, Rückgabe der *Pachtgebiete*.

Die Zollhoheit war weitgehend am 1. Januar 1931 hergestellt. Die Rückgabe der meisten *Konzessionen* und *Pachtgebiete* erfolgte ebenfalls bis 1931. Schwieriger war die Frage der Extrajurisdiktion zu lösen, da die ausländischen Mächte zuerst forderten, daß China ein den westlichen Maßstäben entsprechendes Rechtssystem aufbaue. Erst am 11. Januar 1943 wurden mit Großbritannien und den USA entsprechende Verträge abgeschlossen, denen Abkommen mit den übrigen Vertragsstaaten folgten. Da eine Reihe von Signatarstaaten des Washingtoner Abkommens von 1922 erklärt hatten, daß sie auf ihre Vorrechte in China verzichten würden, sobald das die Hälfte der Mitunterzeichner getan hätten, war damit der Weg frei. Mit dem Sieg der Kommunisten 1949 fielen alle ausländischen Vorrechte weg.

Die Frage der territorialen Ansprüche, die sich für China aus der Aufhebung der U. ergeben könnte, war zwar verschiedentlich angedeutet, jedoch nie konsequent verfolgt worden, weil China sich seiner Machtlosigkeit bewußt war. Mit dem Ausbruch des chinesisch-sowjetischen Konfliktes wurde von chinesischer Seite jedoch

wiederholt auf die ungelöste Frage der Abtretungen an Rußland durch die U. hingewiesen. Die Sowjets vertreten den Standpunkt, daß die Verträge nicht ungleich waren. Aigun und Peking (1860) werden als eine Rückgewinnung der russischen Gebiete interpretiert, die das Zarenreich angeblich durch die Verträge von Nertschinsk und Kiachta verloren hat.
China verlangt zwar nicht eine Rückgliederung der seit dem Vertrag von Aigun →*verlorenen Gebiete,* fordert von der Sowjetunion jedoch das Eingeständnis der Ungleichheit der Verträge als Voraussetzung für Ergebnisse der Grenzverhandlungen, die nach Kossygins Besuch in Peking am 11. September 1969 wieder aufgenommen wurden. Dazu ist die Sowjetunion nicht bereit. Wegen dieser Intransigenz werden die Sowjets von Peking als die NEUEN ZAREN bezeichnet, die nur die alte zaristische Politik fortsetzen. Moskau wiederum spricht vom chinesischen GROSSMACHTCHAUVINISMUS, der nach der Eroberung sowjetischen Gebiets trachte.
(3c; 5c; 12g; Ca Juni 72; Ca Nov. 72)

Ussuri-Zwischenfälle
auch: *Zwischenfälle am Ussuri, Kämpfe am Ussuri*
Am 2. März 1969 gab die sowjetische Nachrichtenagentur TASS bekannt, daß es auf der sowjetischen Insel DAMANSKI im Ussuri zu einer chinesischen Grenzprovokation gekommen sei. Die chinesische Agentur Hsinhua sprach – wenig später – dagegen von einer sowjetischen Provokation auf der chinesischen Insel CHENPAO (auch: Dschenpao). Nach TASS (7. 3. 69) wurden 31 sowjetische Soldaten getötet, 14 verwundet; nach chinesischen Angaben wurden 20 Chinesen getötet und 34 verwundet. Die Kämpfe sollen etwa eine Stunde gedauert haben. Es war das erste Mal, daß solche Grenzzwischenfälle sofort bekanntgegeben wurden. Daß es Ähnliches bereits vorher gab, ist aus Veröffentlichungen im Zusammenhang mit den U.n zu ersehen. Am 3. März 1969 schrieb Hsinhua, daß es vom 23. Januar 1967 bis zum 2. März 1969 bereits 16 Zwischenfälle um Chenpao und vom November 1967 bis zum 5. Januar 1968 weitere 18 Zwischenfälle um die nächste nördlich gelegene Insel Chiliching sowie eine Reihe von Zwischenfällen um eine südlichere Insel im Ussuri „in der kalten Jahreszeit“ (weil dann der gefrorene Fluß mit gepanzerten Fahrzeugen befahren werden kann) gegeben hat. Von solchen Zwischenfällen berichtete auch Konstantin Simonow am 19. Juli 1967 in der „Prawda“. In einer Note der VR China wurde die Sowjetunion am 13. März beschuldigt, fast täglich weitere Provokationen mit Fahrzeugen,

Hubschraubern und Soldaten durchgeführt zu haben. Am 14. März und erneut am 15. März kam es zu Kämpfen, die sechs bis sieben Stunden dauerten, dabei gab es auf sowjetischer Seite 60 Tote und – nach sowjetischen Angaben – über hundert Tote bei den Chinesen, während die Chinesen die Zahl von 12 Toten und 21 Verwundeten nannten (FAZ 28. 12. 73).

Weitere Grenzzwischenfälle gab es:

am 10. Juni 1969 an der Grenze zwischen Sinkiang und Kasachstan;

am 8. Juli auf der Insel Goldinski (russ.)/Pacha (chin.) im Amur/Heilungkiang;

am 13. August erneut an der Grenze zwischen Sinkiang und Kasachstan.

In einer Protestnote vom 19. August 1969 sprach China von 429 Grenzprovokationen allein im Juli 1969. Die Sowjetunion warf China am 10. September dagegen für die Zeit von Juni bis Mitte August 488 Fälle vor.

Wahrscheinlich hörten die Zwischenfälle nach dem Treffen zwischen Chou En-lai und Kossygin (der auf dem Rückflug von der Beerdigung Ho Chi-minhs einen Abstecher nach Peking machte) im Pekinger Flughafen am 11. September auf. Dort wurden Grenzverhandlungen vereinbart und wahrscheinlich ein gegenseitiger Truppenrückzug, um Zusammenstöße zu vermeiden. Die Grenzverhandlungen, die im Oktober 1969 begannen, führten zu keinen greifbaren Ergebnissen, weil China von der Sowjetunion fordert, die Grenzziehung zwischen beiden Staaten als Ergebnis →*Ungleicher Verträge* anzuerkennen. Die Sowjetunion bestreitet dagegen, daß es zwischen beiden Staaten „Territorialfragen“ gibt (FAZ 20. 3. 74).

Welche Seite die U. und die anderen Grenzkämpfe ausgelöst hat, ist nicht zu entscheiden, da es keine objektiven Unterlagen gibt. Die wenige Kilometer entfernt parallel zum Ussuri verlaufende einzige Eisenbahnlinie nach Wladiwostok (Transsibirische Eisenbahn) kann sowohl Grund einer chinesischen Drohung als eines sowjetischen Präventivschlages sein. Ebenso ungeklärt ist, welchem Land diese und andere umstrittene Inseln gehören. Die Sowjets behaupten, dem Vertrag von Peking (1860) sei eine Karte beigefügt gewesen, wonach die Grenze auf dem chinesischen Ufer verlaufe und alle Inseln demnach sowjetisch seien. Demgegenüber gehen die Chinesen davon aus, daß für den Ussuri die international übliche Regelung gelte, wonach die Schiffahrtslinie gleichzeitig Grenzlinie sei, die Inseln westlich dieser Linie (und dazu gehört

Damanski/Chenpao) also chinesisch seien. Verbindliche Karten über den Grenzverlauf in diesen nur spärlich bewohnten Gebieten gibt es nicht. Jede Seite behauptet jedenfalls, heute im Besitz der Insel zu sein.
(12a–k)

V

Vergeßt Chu nicht
auch: *Vergeßt nicht, was in Tschu geschah*
Slogan der KMT auf Taiwan. Erinnert an die Kämpfe zwischen den Staaten Yen und Ch'i im Jahre 284 v. Chr. (Zeit der kämpfenden Staaten). Der gesamte Staat mit Ausnahme zweier Städte wurde vom Feind erobert. Chu, eine dieser beiden Städte, wurde die Zelle des Widerstandes und der Befreiung. V. wurde in der Handschrift Chiang Kai-sheks auf einem der festlandnahen Punkte der Inselgruppe Quemoy in einen Felsen geschlagen.
(9h; 10e)

Verlorene Gebiete
Das Schriftzeichen für „verloren" bedeutet „durch Verrat zeitweilig verloren". Damit wurden im kaiserlichen China Städte und Territorien bezeichnet, die zwar unter fremder Herrschaft standen, jedoch von Peking weiterhin als zum chinesischen Reich gehörend angesehen wurden. In diesem Sinne gelten alle Territorien, auf die China infolge der →*Ungleichen Verträge* verzichten mußte, als V. Nach einem Schulbuch für den Geographieunterricht aus dem Jahre 1946 sind das:

1689	240000 qkm	Nordseite der Stanowoi-Bergkette	Rußland
1727	100000 qkm	Tal der unteren Selenga	Rußland
1842	83 qkm	Hongkong	Großbritannien
1858	480000 qkm	Norden vom Heilungkiang (Amur)	Rußland
1858	8 qkm	Kowloon	Großbritannien
1860	344000 qkm	Gebiet jenseits des Ussuri	Rußland
1864	900000 qkm	Gebiet des Balchasch-Sees	Rußland
1879	2386 qkm	Ryu-Kyu-Inseln	Japan
1882/83	21000 qkm	Tal des unteren Ili	Rußland
1883	20000 qkm	Irtysch-Tal östlich des Zaissan-Sees	Rußland

1884	9000 qkm	Tal des oberen Koksol	Rußland
1885/89	738000 qkm	Indochina	Frankreich
1886	574100 qkm	Birma	Großbritannien
1890	7750 qkm	Sikkim	Großbritannien
1894	122400 qkm	Gebiet westlich des oberen Salween	Großbritannien
1894	91300 qkm	Gebiet westlich des oberen Jangtse	Großbritannien
1894	100000 qkm	Oberbirma	Großbritannien
1895	220334 qkm	Korea	Japan
1895	35845 qkm	Taiwan	Japan
1895	127 qkm	Pescadores (Penghu-Ins.)	Japan
1897	760 qkm	Grenzbezirk in Birma	Großbritannien
1897	2300 qkm	Grenzbezirk in Birma	Großbritannien

Zusammen etwa 4000000 qkm. (Die Mongolische Volksrepublik mit 1500000 qkm und die Autonome Tuwinische Republik mit 166000 qkm werden in dieser Aufstellung nicht erwähnt (zit. n. 12g, 102).

Auf einer Karte, die 1952 zuerst in dem Oberschullehrbuch „Kurze Geschichte des modernen China“ erschien und die 1954 erneut aufgelegt wurde, werden weitgehend dieselben Gebiete als „Chinesische Territorien, die in der alten demokratischen revolutionären Ära (1840–1919) vom Imperialismus geraubt wurden“, bezeichnet. Bemerkenswert an dieser Karte ist, daß sie auch die Äußere Mongolei in die V. einbezieht, obwohl die Volksrepublik durch den Vertrag mit der Sowjetunion vom 14. Februar 1950 (wie vorher die chinesische Republik mehrfach) die Unabhängigkeit der Mongolischen VR anerkannt hat. Inwieweit die Chinesen an eine Rückgewinnung zumindest eines Teiles der V. denken, ist niemals ausgesprochen worden, genauso wie es keinen offiziellen Verzicht gibt. Die Chinesen betrachten die Territorialfragen als offene Fragen, die in bilateralen Verhandlungen geklärt werden sollten. Für China ist Voraussetzung einer Lösung und deswegen bisher unüberwindliches Hindernis bei Verhandlungen (insbesondere mit der Sowjetunion) die Anerkennung der derzeitigen Grenzen das Ergebnis ungleicher Verträge.

(3c; 12g; 12i; 12k)

Vernichtungsfeldzüge

auch: *Ausrottungsfeldzüge, Einkreisungsfeldzüge*

Sammelbezeichnung für die Versuche der Zentralregierung unter Chiang Kai-shek in den Jahren 1930 bis 1934, die kommunisti-

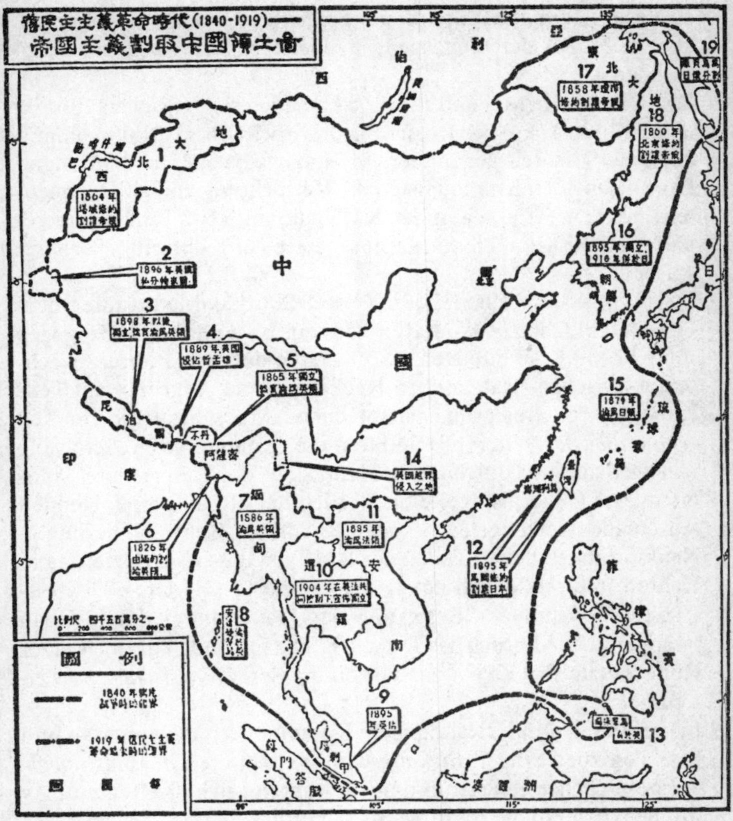

Aus: Harrison E. Salisbury, Krieg zwischen Rußland und China. S. Fischer, Frankfurt a. M.

schen Stützpunktgebiete (→*Rote Gebiete*) in Südchina zu vernichten.

Erster V.: Den Regierungstruppen (die Angaben schwanken zwischen 30000 und 100000 Mann) standen etwa 40000 Soldaten in den Rätegebieten gegenüber. In zwei Gefechten zwischen dem 27. Dezember 1930 und dem 1. Januar 1931 gelang es den Kommunisten, rund 9000 Mann mit ihrem General, der nach einem Prozeß vor den örtlichen Bauern verurteilt und hingerichtet wurde, gefangenzunehmen. Die Position der Kommunisten war zu diesem Zeitpunkt durch den →*Fut'ien-Zwischenfall* geschwächt, aber auch bei der Gegenseite handelte es sich nicht um Elitetruppen.

ZWEITER V.: Im Mai und Juni 1931 standen sich zwischen 100000 und 200000 Mann der Regierung und etwas über 30000 kommunistische Soldaten gegenüber. In einem Überfall aus bedrängter Lage gelang den Kommunisten die Vernichtung von elf Regimentern, weil zwei Einheiten der KMT, die nur etwa fünf Kilometer und rund 20 Kilometer entfernt lagen, nicht rechtzeitig alarmiert wurden.

DRITTER V.: Zwischen 200000 und 300000 Mann unter dem Oberbefehl Chiangs kämpften von Juli bis Oktober 1931 gegen rund 30000 Kommunisten. Die Kämpfe der *Roten Armee* wechselten zwischen strategischen Rückzügen und Angriffen auf Teileinheiten der Regierung entsprechend Maos Strategie für den →*Guerillakrieg*. Im Juli mußten die Kommunisten zeitweilig Kuangch'ang und Juichin, die Hauptstadt des Rätegebietes, räumen. Eine Generalsrevolte im Norden am 20. Juli, die folgenden Auseinandersetzungen zwischen den von der Zentralregierung in Nanking abgefallenen Teilen der KMT um die Gegenregierung in Kanton und schließlich am 18. September 1931 der →*Mukden-Zwischenfall* mit der Besetzung der Mandschurei durch Japan zwangen zum Abbruch des *Dritten V.* Die folgende Periode kurzer Ruhe nutzte die KPCh zur Gründung der *Chinesischen Sowjetrepublik.*

In den ersten drei V. wandten die Kommunisten die von Mao und Chu Teh zuerst im *Chingkangshan* angewandte *Guerillastrategie* der beweglichen Kriegsführung an, während sich die Regierungstruppen bemühten, schrittweise vorzurücken und das eroberte Territorium zu halten. Im *Dritten V.* gingen die KMT-Truppen zu einer Taktik schneller tiefer Vorstöße über.

VIERTER V.: Die Angaben über die Dauer und die beteiligten Truppen sind sehr unterschiedlich. Wahrscheinlich fanden die Vorbereitungen seit Sommer 1932 statt, die Hauptkämpfe im September und Oktober. Der Versuch, das *Zentrale Rätegebiet* in Kiangsi zu spalten, scheiterte, dagegen gelang die Vernichtung der kommunistischen Stützpunktgebiete in Anhui, Honan und den größten Teilen von Hupei und Hunan. Ein Vorstoß der Japaner auf Peking soll der Hauptgrund für den Abbruch des Feldzuges gewesen sein.

Die Regierungstruppen hatten inzwischen ihre Taktik geändert.

Nun wurden nicht mehr alle gefangenen Guerillas erschossen, sondern nur die Führer, während die anderen in „Arbeitskompanien“ zusammengefaßt und, falls sich drei Bürgen fanden, sogar in ihre Dörfer entlassen wurden.

FÜNFTER V.: Der letzte V. begann im Oktober 1933 und endete ein Jahr später mit der Aufgabe des *Zentralen Rätegebietes* durch die Kommunisten und dem Beginn des →*Langen Marsches* zwischen dem 14. und 16. Oktober 1934. Anfangs setzte die Regierung rund 150000 Mann ein, im April 1934 300000 und im Oktober etwa 550000 Mann. Insgesamt sollen fast 900000 Mann gegen die verschiedenen *Roten Gebiete* vorgegangen sein. Auf kommunistischer Seite standen zwischen 150000 und 180000 reguläre Soldaten sowie etwa 200000 in kleinen Einheiten kämpfende Partisanen.

Die Regierungstruppen stützten sich auf die von den deutschen Militärberatern von Seeckt und von Falkenhausen ausgearbeitete BLOCKHÜTTEN-TAKTIK, die teilweise bereits im *Vierten V.* ausprobiert worden war. Das eroberte Gebiet wurde sofort durch ein System von befestigten Stellungen und Wachtürmen gesichert, so daß sich ein geschlossener Ring um das Rätegebiet bildete. Das erlaubte eine fast totale Wirtschaftsblockade und zwang gleichzeitig die Kommunisten zum Stellungskrieg, da die Regierungstruppen nur aus den gesicherten Stellungen operierten.

Die Niederlage der Kommunisten war auch eine Folge der strategischen Fehlbeurteilungen der Lage der Regierungstruppen. Die Komintern war überzeugt, daß das Regime Chiang Kai-sheks erschöpft, die Kommunisten aber ungeheuer erstarkt waren, so daß einer offenen Feldschlacht nicht mehr ausgewichen werden mußte. Demzufolge wurde ein Bündnis mit den meuternden Truppen in Fukien (→*Fukien-Affäre*) abgelehnt. Die Verantwortlichkeiten sind kaum eindeutig zu klären, da sich die Beteiligten widersprechen. Für Mao waren die Fehler die mangelnde Initiative und Energie, der Verzicht auf die Guerillataktik und das Hinnehmen des Stellungskrieges. Der Kominternberater Li Teh (d.i. Otto Braun) behauptet, Mao habe auf dem Stellungskrieg beharrt, während er für den Ausbruch eintrat. Es gibt auch Hinweise, daß Mao in der entscheidenden Phase unter Hausarrest stand und an den Beratungen, die die Entscheidung für den →*Langen Marsch* trafen, nicht teilnahm.

(M I, 209; 1h; 5c; 5i; 11a)

Vier Alt

auch: *Vier alte Dinge*

Im 1. Punkt der →*Sechzehn-Punkte*-Erklärung des ZK der KPCh über die Kulturrevolution vom 8. August 1966 werden die Massen vor den V. der Ausbeuterklassen gewarnt: 1. den alten Ideen, 2. der alten Kultur, 3. den alten Sitten und 4. den alten Gebräuchen. Mit den V. versuche die Bourgeoisie, obwohl gestürzt, die Massen zu korrumpieren und eine Restauration zu erreichen. Das Proletariat soll dieser Herausforderung mit den VIER NEU begegnen: 1. neuen Ideen, 2. neuer Kultur, 3. neuen Sitten und 4. neuen Gebräuchen (T: 7n, 147).

Gleichzeitig hat Mao wiederholt hervorgehoben, daß Neues nicht aufgebaut werden könne, wenn Altes nicht niedergerissen werde (so im *Rundschreiben vom 16. Mai* und einer Weisung vom 8. Juni 1966; T: 1g, 145 + 150).

Mit dem Abklingen der Kulturrevolution trat der Kampf gegen die V. und für die *Vier Neu* zurück. Nun rückten wieder Thesen in den Vordergrund wie Maos Ausspruch: „Altes in den Dienst der Gegenwart stellen" (PR 42/71).

Vier Erste

auch: *Vier Primate, Vier vorrangige Dinge*

Parole für die Ausrichtung der *Volksbefreiungsarmee*, die im Oktober 1960 von Lin Piao (gewöhnlich zusammen mit dem →*Drei-Acht-Arbeitsstil*) propagiert wurde:

1. In der Beziehung zwischen Mensch und Waffen dem Menschen die erste Stelle einräumen.
2. In der Beziehung zwischen politischer und anderer Arbeit der politischen Arbeit die erste Stelle einräumen.
3. In den Beziehungen zwischen ideologischen und Routine-Aufgaben in der politischen Arbeit der ideologischen Arbeit die erste Stelle einräumen.
4. In der Beziehung zwischen lebendigen Ideen und den Ideen in Büchern den lebendigen Ideen in der ideologischen Arbeit die erste Stelle einräumen.

(1g; 1h; 1l; NCNA 31. 7. 67)

Vier Freiheiten

Eines der Gifte, das die Gruppe um Liu auf dem Lande angeblich verbreitete. Die Freiheit 1. Wucher zu treiben, 2. Arbeitskräfte zu mieten, 3. Land zu kaufen und zu verkaufen, 4. private Betriebe zu unterhalten. Die V. und die →*Drei Erweiterungen, eine Fest-*

legung, gehören zu den Kennzeichen des →*Ökonomismus* auf dem Lande.

(PR 31/1969)

Vier Groß

Die während der Kulturrevolution üblichen Epitheta für Mao Tsetung: „Großer Lehrer, Großer Führer, Großer Oberbefehlshaber, Großer Steuermann". Ch'en Po-ta soll die V. 1966 geprägt und lanciert haben. In seinem Interview mit Edgar Snow am 10. Dezember 1970 soll Mao erklärt haben, daß die V. früher oder später eliminiert würden (101, 195). Nach Maurice Ciantar (7c, 319) soll die „Peking-Information" vom 15. April 1968 zum erstenmal seit der Kulturrevolution auf die V. verzichtet haben. Allerdings wurde Maos Anregung gegenüber Snow, nur den „Lehrer" beizubehalten, nicht aufgenommen. Meist wird er noch als „großer Führer" bezeichnet.

Vier große Familien

auch: *die vier Familien*

Abschätzige Bezeichnung für die herrschende Gruppe in der KMT, die Chiang, K'ung, Soong (auch: Sung; reiche Familie, deren Töchter mit Sun Yat-sen, Chiang Kai-shek und Finanzminister K'ung Hsiang-hsi verheiratet waren) und Ch'en.

Der Begriff wurde durch eine Schrift Chen Po-tas „Die V." von der kommunistischen Propaganda popularisiert.

Nach dem IX. Parteitag der KPCh sprach die sowjetische Propaganda von den neuen V., die die Vorherrschaft im ZK innehätten. Gemeint waren damit Mao Tsetung (dessen Frau Chiang Ching und dessen mutmaßlicher Schwiegersohn Yao Wen-yüan dem Politbüro angehören), Lin Piao (dessen Frau Yeh Chün dem Politbüro angehörte und dessen Sohn Lin Li-kuo stellvertretender Leiter für Luftoperationen war) sowie Chou En-lai und K'ang Sheng (deren Frauen Teng Ying-ch'ao und Ts'ao Yi-ou Mitglieder des ZK sind) (TASS 28.5.69).

(5d; 6f)

Vier große Freiheiten

Regierungserlaß vom September 1966:

1. Es ist erlaubt, jede Ansicht zu vertreten.
2. Jeder darf seine Meinung äußern.
3. Versammlungen jeder Art sind gestattet.
4. Es ist erlaubt, Wandzeitungen zu veröffentlichen.

Die V. wurden durch die →*Roten Garden* bekanntgegeben. Trotzdem waren sie nicht nur eine Legalisierung ihrer Aktivitäten, sie enthielten gleichzeitig die Warnung vor dem Dogmatismus der *Roten Garden,* die abweichende Meinungsäußerungen nicht zulassen wollten. Dasselbe gilt für die SECHS KLEINEN FREIHEITEN, die die V. wenig später ergänzten:

1. Redefreiheit,
2. Publikationsfreiheit,
3. Freiheit, Flugschriften zu verbreiten,
4. Freiheit, Karikaturen anzufertigen,
5. Versammlungsfreiheit,
6. Demonstrationsfreiheit.

Bemerkenswert sind die Punkte 2 und 3, denn sie versprechen eine Aufhebung der in China – wie allen kommunistischen Ländern als für die Phase der Diktatur des Proletariats notwendig geltenden – Zensur. Der Punkt 4 erklärt sich möglicherweise daraus, daß er eigentlich nicht mit dem Punkt 11 der →*Sechzehn Punkte,* der die namentliche Kritik der Funktionäre von der Genehmigung der Partei abhängig macht, zu vereinbaren ist. Die V. galten nur in der ersten Phase der *Kulturrevolution,* die von den Roten Garden bestimmt war. Als im Februar 1968 die „Militärischen Kontrollkommissionen" – die bereits im Herbst 1966 den *Roten Garden* zugeteilt worden waren – eine strenge Kontrolle auszuüben begannen, durften keine *Wandzeitungen* und Flugschriften mehr ohne deren Genehmigung verteilt werden.
(2a; 6c; 7b)

Vier-Gut-Kompanien
auch: *Kompanie mit vierfachen Vorzügen*
Parole, die am 1. Januar 1961 von Lin Piao für die Volksbefreiungsarmee ausgegeben wurde:

1. gute politische und ideologische Arbeit,
2. guter →*Drei-Acht-Arbeitsstil,*
3. gute militärische Ausbildung,
4. gute Regelung des Alltagslebens.

Während der *Kulturrevolution* spielte die V.-Bewegung eine besondere Rolle. Seit 1969 traten regionale Kongresse der besten V. und →*Fünf-Gut-Kämpfer* zusammen. Entsprechend wurden auch *Vier-Gut-Familien* propagiert. Inzwischen sind diese Parolen, die propagandistisch mit Lin Piao verbunden waren, in den Hintergrund getreten.
(4n, 71; Ca Juni 74; NCNA 31. 7. 67; Radio Wuhan 21. 1. 71)

4.-Mai-Bewegung
auch: *Bewegung des 4. Mai*
Aus Anlaß der Wiederkehr des Jahrestages, an dem 1915 von Japan die →*Einundzwanzig Forderungen* als Ultimatum erneut erhoben worden waren, hatten die Studenten Pekings für den 7. Mai 1919 eine Demonstration geplant. Am 2. Mai wurden in China die das Land betreffenden Artikel des Friedensvertrages von Versailles bekannt. Entgegen der Annahme, daß China für seinen Kriegsbeitritt an der Seite der Alliierten gegen Deutschland die volle Souveränität über die deutschen →*Pachtgebiete* zurückerhalten würde, hatten die Westmächte entsprechend den während des Krieges zwischen Japan und Frankreich, Großbritannien, Italien und Rußland geschlossenen Geheimverträgen (in den Artikeln 156–158 des Versailler Vertrages) Japan diese Rechte in Shantung übertragen. Die Vierzehn Punkte des amerikanischen Präsidenten Wilson, die einen gerechten Frieden für die Besiegten und den Völkern das Selbstbestimmungsrecht versprochen hatten, erwiesen sich damit als nicht durchsetzbar. Das löste in China – vor allem unter der studentischen Jugend – große Empörung aus. Die Demonstration wurde vom 7. auf den 4. Mai vorverlegt. Sie galt nun als Protest gegen die Friedensbedingungen. Die Angaben über die Zahl der Teilnehmer schwanken zwischen 3000 und 10000, obwohl die niedrigere Zahl wahrscheinlicher ist, da in Peking damals insgesamt nur 6111 Studenten immatrikuliert waren (5c, 39). Die Demonstration stand unter der Parole „Nach außen: widersteht den Großmächten! Nach innen: jagt die Verräter fort!" Damit waren die Minister gemeint, die zu einem gegenüber Japan nachgiebigen Kurs bereit waren.
Da die in Peking herrschenden →*Warlords* die Demonstration durch Verhaftungen zu unterdrücken versuchten, hielt die Protestbewegung an und breitete sich auch auf andere Städte aus. Im Verlauf der V. wurde zuerst in Peking ein alle Hochschulen der Stadt umfassender Studentenverband gegründet, aus dem am 16. Juni 1919 in Shanghai ein nationaler Studentenverband entstand. Diese Formen der politischen Organisation waren Ausdruck eines neuen Selbstbewußtseins und der Bereitschaft zu nationaler Zusammenarbeit, die sich allerdings vorerst noch weitgehend auf die Städte beschränkte. Die ländlichen Gebiete wurden nicht von der V. erfaßt. Auf einer Massenkundgebung am 3. Juni in Shanghai wurden die Arbeiter zu einem politischen Streik gegen Japan und die Kaufleute und der Handel zu einem Boykott japanischer Waren aufgefordert. Der Streik und der Boykott begannen am

5. Juni. Als Folge dieses Druckes der Öffentlichkeit entließ die Zentralregierung drei der als japanfreundlich geltenden Minister und verweigerte die Unterschrift unter den Versailler Vertrag.
Die V. war aus der →*Neuen Kulturbewegung* erwachsen, mit der sie oft gleichgesetzt wird. Bei der V. spielten Auswirkungen – wenn auch noch keine direkten Einflüsse – der Oktoberrevolution eine Rolle. Bianco (4c, 74) sieht in der V. einen Übergang von dem vor allem kulturell modifizierten Sinozentrismus zu einem politischen Nationalismus.
Mao äußerte sich wiederholt zur V. (M II, 275 + 279 + 395). Die historische Bedeutung der V. sieht Mao in einem Merkmal, „das der Revolution von 1911 fehlte, nämlich in ihrer unbedingten und kompromißlosen Opposition gegenüber dem Imperialismus und dem Feudalismus". Damit markiert die V. den Übergang von der alten Demokratie zur →*Neuen Demokratie.* Maos Beschreibung der V. entspricht kaum den historischen Ereignissen. Aus ideologischen Gründen konstruiert er eine Führungsrolle des Proletariats, die zu dieser Zeit nicht gegeben war. Auch die KPCh, die als eine der Folgen der V. entstand, blieb lange Zeit eine Partei von Intellektuellen, die vorgaben, im Namen des Proletariats zu handeln. Zum 20. Jahrestag der V. wurde der 4. Mai von den Kommunisten zum „Tag der chinesischen Jugend" erhoben. Die KMT stimmte zuerst diesem Beschluß zu, verlegte diesen Tag jedoch später auf den 29. Mai zum Gedenken an die Toten von 1911. Im Dezember 1949 wurde der 4. Mai auch für die Volksrepublik China zum „Tag der Jugend" erklärt.
(3p; 4c; 4k; 5c; NCNA 4. 5. 69; PR 19/72)

Vier Waffen
Ausdruck, den Wang Hung-wen in seinem Bericht an den X. Ptg. der KPCh benutzte. Die V. sind:
1. freie Meinungsäußerungen,
2. freimütige Aussprachen,
3. →*Wandzeitungen,*
4. große Debatten.

Es sollen die V. der Parteimitglieder im Kampf der →*Zwei Linien.* sein. Wang griff damit auf Formulierungen der →*Sechzehn Punkte* (Punkt 2) des ZK der KPCh über die Kulturrevolution vom 8. August 1966 zurück, die sich auch in Art. 13 des Verfassungsentwurfs abgewandelt finden.
(PR 35–36/73; FAZ 10. 11. 73; Ca Sept. 73)

Volk

Für Mao nicht – wie gewöhnlich nach westlichem Verständnis – die gesamte Bevölkerung, die häufig synonym für Nation verwendet wird. Das V. verkörpert den revolutionären Teil der Nation unter der Führung des Proletariats. Dementsprechend umfaßt der Begriff V. je nach der geschichtlichen Situation unterschiedliche *Klassen*. Sein einzig konstanter Teil sind die Arbeiter, Bauern und die Soldaten des Volkes. Bei den anderen *Klassen* entscheidet die revolutionäre Einstellung über die Zugehörigkeit zum V. Den Gegenpol bilden die *Feinde des Volkes,* die Konterrevolutionäre, Reaktionäre und Imperialisten, deren Anteil an der Bevölkerung Mao wiederholt mit fünf bis zehn Prozent angab (z.B. 1h, 187; 7n, 157).

Mao hat den Begriff V. ausführlich in der Abhandlung „Über die demokratische Diktatur des Volkes“ vom 30. Juni 1949 (M IV, 437ff) und in der Rede vom 27. Februar 1957 „Über die richtige Behandlung der Widersprüche im Volk“ (MAS, 189) erläutert. Neben der unterschiedlichen Bedeutung des Begriffs in den verschiedenen Geschichtsepochen hebt er dabei hervor, daß die Menschenrechte und die bürgerlichen Rechte nur dem V., nicht aber den *Feinden des Volkes* zustehen: „Gegenüber den reaktionären Klassen üben wir keine humane Politik aus. Wir verfolgen lediglich innerhalb des Volkes eine humane Politik “ (M IV, 446). Die Diktatur des Proletariats wird dementsprechend als eine „demokratische Diktatur des V.es oder die demokratische Alleinherrschaft des V.es“ unter Führung des Proletariats verstanden. Die →*Massenlinie* ist das leitende Prinzip für die Beziehungen zwischen der Partei und dem V. Der →*Widerspruch* zwischen dem V. und den *Feinden des Volkes* besteht auch unter dem Sozialismus weiter. Deshalb lehnen die chinesischen Kommunisten die Formel aus dem Parteistatut der KPdSU von 1961 von der Sowjetunion als „Staat des gesamten Volkes“ (→*25 Thesen vom 14. Juni 1963*), in dem die antagonistischen Widersprüche aufgehoben sind, ab. Die sowjetischen Kommunisten werfen Mao vor, er gehe mit seiner Unterscheidung des Yes und der *Feinde des Volkes* von antimarxistischen Positionen aus, weil er nicht die Ausbeuterklassen, sondern die Gegner der maoistischen Linie, die internationalistischen Kommunisten also, zu *Feinden des Volkes* erkläre.

(1g; 1h; 2a; 2d; 6h)

W

Wandzeitung

auch: *ta-tzu-pao, tatzepao, Dazibao, Dadsepao*

Eigentlich Zeitung der großen Schriftzeichen. Gemeint sind die – oft handgeschriebenen – Anschläge, die besonders während der *Kulturrevolution* allgemein üblich waren. Sie unterscheiden sich von den in allen kommunistischen Ländern üblichen W.en, die Teil der von der Partei gelenkten Indoktrinierungskampagnen sind. In den chinesischen W.en wurden Meinungen geäußert, die in der offiziellen Presse keinen Platz finden, weil sie führende Funktionäre kritisieren und damit den engen Rahmen der sonst allein zugelassenen systemimmanenten Kritik sprengen. Vorbild sind die W.en, die während der →*Hundert Blumen* zuerst am 19. Mai 1957 in der *Pekinger Universität (Peita)* an der sogenannten Demokratischen Wand angeschlagen wurden. Damals hatte Mao wiederholt auf die W.en als Medium der Kritik, als Medium der Massen und als nützliche Waffe im Kampf hingewiesen. (T: 2a, 66ff, 122ff, 191ff).

Die erste W. der *Kulturrevolution* verfaßte die Dozentin Nieh Yüan-tzu mit sechs Kollegen am 25. Mai 1966 ebenfalls in der *Peita.* Nach einer Äußerung K'ang Shengs vom 8. September 1966 hatte Mao bereits am 1. Juni die Weisung erlassen, diese W. in Presse und Rundfunk zu veröffentlichen. Außerdem hob Mao in mehreren Reden die Bedeutung der W.en für die *Kulturrevolution* hervor (T: 1g, 42f, 47f). Am 5. August 1966 ließ Mao seine eigene W. „Das Hauptquartier bombardieren" veröffentlichen (T: 1g, 154; 2a, 122), in der er den Wert der marxistisch-leninistischen W.en betont, weil „in den letzten über fünfzig Tagen ... gewisse führende Genossen ... eine Diktatur der Bourgeoisie ausgeübt" haben. In den →*Sechzehn Punkten* wird in Punkt 2 und 4 der Gebrauch der W.en empfohlen, gleichzeitig aber in Punkt 11 die namentliche Kritik von der Genehmigung der Partei abhängig gemacht. Die W.en dienten zuerst der Kritik von Personen und Erscheinungen in den Institutionen, in denen sie verfaßt wurden, richteten sich dann aber gegen die Gegner Maos im Parteiapparat, die über die Massenmedien verfügten. Als die Gruppe um Mao/ Lin Piao das Übergewicht gewann, wurden die W.en eingedämmt. Am 16. März 1967 wurden allen Strafen angedroht, die Partei- und Staatsgeheimnisse in W.en benutzten. Im Mai 1967 entstand die Forderung, daß die Texte nicht zu den Kaderakten genommen und politisch gegen den Verfasser verwendet werden sollten. Ende

1967 gingen die Auseinandersetzungen mit den W.en stark zurück, hörten aber nie ganz auf. Den W.en sind wichtige Informationen über die *Kulturrevolution*, aber auch über die vorhergehende Politik zu verdanken. Das Fotografieren und Abschreiben der W.en durch Ausländer galt als „Einmischung in die inneren Angelegenheiten Chinas".

(7b; 7e; 7g; 7h)

Warlords

auch: *Kriegsherren, Provinzgenerale, Militärmachthaber*

In der chinesischen Geschichte gab es wiederholt lokale und regionale Machthaber, die gestützt auf eine eigene Armee und die herrschende Schicht in ihrem Amtsbereich, so stark waren, daß sie die Weisungen der Zentralregierung mißachten und gelegentlich sogar ihre Existenz gefährden konnten. Die Sieger über die →*Taiping-Bewegung,* Tseng Kuo-fan und Li Hung-chang, gelten als Modell für die W. Der Begriff wird hauptsächlich auf die Regionalmachthaber während der Jahre nach dem Sturz des Kaiserreiches 1911 angewendet. Die mächtigsten waren:

1. Chang Tso-lin, ein ehemaliger Räuberhauptmann, der weitgehend die Mandschurei beherrschte. Er pflegte Beziehungen zu Japan, das an einem schwachen, zersplitterten China interessiert war. Chang kam 1928 bei einem Bombenanschlag auf seinen Sonderzug, der wahrscheinlich von den Japanern veranlaßt worden war, ums Leben.
2. Wu P'ei-fu, ein klassisch gebildeter Mann, der zusammen mit Ts'ao K'un das Gebiet zwischen dem Gelben Fluß und dem Yangtze beherrschte.
3. Feng Yü-hsiang, der CHRISTLICHE GENERAL, ein Bauernsohn, der 1917 mit seinen Soldaten zum Christentum übertrat. Er beherrschte mit seiner „Volksarmee" (KUOMINCHÜN) Teile Nordchinas und war mit Chang Tso-lin verbündet, ehe er sich durch sowjetischen Einfluß und nach einem Besuch der Sowjetunion auf die Seite der Kuomintang stellte. Er wechselte noch wiederholt die Fronten. 1948 kam Feng an Bord eines sowjetischen Schiffes ums Leben.

Es gab noch eine Reihe anderer W., die kleinere Gebiete beherrschten. Kämpfe und wechselnde Koalitionen untereinander waren an der Tagesordnung. Die Bekämpfung der W. war eines der Hauptanliegen Sun Yat-sens. Da ihm westliche Hilfe verweigert wurde, baute er mit sowjetischen Beratern die →*Whampoa-Militärakademie* auf, die die militärischen Führer einer Parteiar-

mee der KMT zur Niederwerfung der W. heranbilden sollte. Das war erst nach dem Tode Suns möglich.
Der NORDFELDZUG (auch: NORDEXPEDITION, *pei-fa*) sollte die Macht der Nationalregierung auf ganz China auszudehnen helfen. Er begann unter dem Oberbefehl Chiang Kai-sheks am 1. Juli 1926 in Kanton und endet mit der Einnahme von Peking und Tientsin am 8. Juni 1928. Der Nordfeldzug war nicht nur ein rein militärisches Unternehmen, sondern er wurde durch Propagandaunternehmen vorbereitet und begleitet, um die Bevölkerung zu gewinnen. Mit Beendigung des Nordfeldzuges beherrschte die Zentralarmee direkt nur 7,6% der Fläche Chinas mit etwa 20% der Bevölkerung, während die anderen Provinzen weiterhin W. unterstanden, die mehr formell als tatsächlich an die Weisungen der KMT-Regierung in Nanking gebunden waren. Chiang bemühte sich deshalb – wie bereits im Verlauf des Nordfeldzuges – die W. durch Vereinbarungen und Kompromisse zu gewinnen, indem er sie in hohe Ämter in den von ihnen beherrschten Provinzen berief. Dadurch wurden sie – meist nur pro forma – zu Gliedern der KMT-Administration, obwohl sie weiterhin über eine starke Hausmacht und eine meist uneingeschränkte Befehlsgewalt über ihre Privatarmeen verfügten.
(3d; 4c; 4d; 4f; 5c)

Weisung vom 7. Mai
auch: *Direktive vom 7. Mai; 7.-Mai-Weisung*
Brief Maos vom 7. Mai 1966 an Lin Piao, in dem er zu dem Vorschlag der weiteren Verbesserung der Mitarbeit der Armee in der Landwirtschaft Stellung nimmt. Danach soll die Armee neben ihrer militärischen Hauptaufgabe an der politischen und kulturellen Ausbildung sowie an der landwirtschaftlichen Produktion teilnehmen. Dieselben Forderungen werden an die Arbeiter und Bauern gestellt. Auch sie sollen sich neben ihrer Hauptaufgabe mit Militärwesen, Politik und Kultur befassen. Die Angestellten und Studenten sollen ebenfalls diese Bedingungen erfüllen und an der Produktion in Industrie und Landwirtschaft teilnehmen. Mao betont, daß diese Forderungen keineswegs neu seien, bisher jedoch in der Praxis nicht überall durchgesetzt wurden (T: 1g, 138). Damit greift Mao auf das *Yenan-Ideal* (→*Geist von Yenan*) zurück, die Ablehnung der Arbeitsteilung und die Verbindung vielfältiger Fähigkeiten und Fertigkeiten in einer Person. Seit der Gründung der VR China hat es wiederholt Versuche gegeben, dieses Ideal zu verwirklichen. Es wird 1958 in den →*Sechzig Punkten über*

Arbeitsmethoden gefordert, fand Niederschlag in dem ZK-Beschluß über die Teilnahme der leitenden Mitarbeiter an körperlicher Arbeit vom 25. September 1959 und sollte im Rahmen der →*Sozialistischen Erziehungsbewegung* verwirklicht werden.
Die →*7.-Mai-Schulen* für die →*Kader* sind eine direkte Auswirkung der W.
(1g; 6i; PR 44/72)

Werkstudentenbewegung
auch: *Arbeiterstudentenbewegung*
Nach der Niederlage im →*Boxeraufstand* verstärkte sich die Tendenz, daß China vom Westen lernen müsse, um wieder Anschluß an die Gegenwart finden zu können. Da China nur wenige Ausbildungsstätten nach westlichem Vorbild besaß, wuchs das Interesse an einem Auslandsstudium. Bevorzugt wurden neben Japan vor allem Amerika und Frankreich, dann Großbritannien und Deutschland. (Über chinesische Studenten in Deutschland: 11b, 173ff; 11c, 159ff.) Um einer möglichst großen Zahl das teure Auslandsstudium zu erlauben, entstanden Hilfsgesellschaften. So vor dem Ersten Weltkrieg in Paris die „Gesellschaft für bescheidenes Studium während des Frankreichaufenthaltes". Eine entsprechende Gesellschaft wurde 1912 von aus Frankreich zurückgekehrten Studenten gegründet. Die eigentliche W. entstand, als die Alliierten im Ersten Weltkrieg zwischen 1916 und 1918 insgesamt 175 000 chinesische Arbeiter anwarben, die vor allem in Frankreich beschäftigt waren. Gesellschaften wie die „Französisch-Chinesische Gesellschaft für Erziehung" oder die „Gesellschaft für fleißiges Arbeiten und bescheidenes Studium" übernahmen die Betreuung in Frankreich und die Vorbereitung der Studenten in China. Mao nahm 1918 an einem solchen Kurs teil, hatte aber nach seinen Angaben gegenüber Edgar Snow nie die Absicht, nach Frankreich zu gehen (5i, 190). Die Werkstudenten sollten in Fabriken arbeiten, nicht nur um das notwendige Geld zu verdienen, sondern um den Unterschied zwischen Arbeitenden und Intellektuellen zu überwinden. Außerdem sollten sie Abendschulen und Fortbildungskurse für die in Frankreich lebenden Arbeiter übernehmen.
Unter den Werkstudenten waren Anarchisten und Marxisten besonders stark vertreten. Chou En-lai, Li Li-san und einige andere gründeten in Frankreich die Chinesische Kommunistische Liga. Die aus dem Ausland zurückkehrenden Studenten förderten dann die Ausbreitung revolutionärer Ideen in China. Sie gehörten zur

→*Neuen Kulturbewegung,* und nicht wenige übernahmen führende Positionen sowohl in der KPCh als auch in der KMT.
(2m; 3a; 4b; 5c)

Whampoa-Militärakademie
auch: *Huangpu-Militärakademie; Militärakademie Whampoa; Militärakademie Huangpu*
Benannt nach ihrem Standort auf einer Insel im Perlfluß ungefähr 30 km unterhalb Kantons.
Die W. entstand im Rahmen sowjetischer Hilfe aufgrund des →*Sun-Joffe-Abkommens.* Sowjetische Berater, vor allem General Galen (d.i. Wassilij Konstantinowitsch Blücher), bauten die W. nach dem Vorbild der sowjetischen Frunse-Militärakademie auf.
Von Sun Yat-sen war Chiang Kai-shek am 24. Januar 1924 zum Vorsitzenden des Vorbereitungsausschusses ernannt worden. Als die sowjetischen Berater Chiang zu überspielen versuchten, trat er am 21. Februar von dieser Aufgabe zurück. Er übernahm sie erst wieder am 20. März, nachdem seine Forderungen über die Aufteilung der Kompetenzen erfüllt und ihm die Leitung der Aufnahmekommission zugesichert worden waren.
Über das Eröffnungsdatum gibt es unterschiedliche Angaben: 1. Mai (4q); 5. Mai (4k); 8. Mai (5c).
Die Eröffnungszeremonie, bei der Chiang die sowjetische Rote Armee als Vorbild für die Kadetten hervorhob, fand am 16. Juni 1924 statt.
Die W. sollte im Geiste der KMT Offiziere heranbilden, die die Nationalregierung brauchte, um China wieder unter einer Zentralgewalt zu einen. Erster Rektor der W. war Chiang. Neben ihm stand Liao Chung-k'ai (nach seiner Ermordung 1925 Wang Ching-wei) als gleichberechtigter politischer Kommandeur. Stellvertretender Leiter der politischen Abteilung war Chou En-lai, damit der ranghöchste Kommunist in der W.
Im ersten Jahrgang wurden von rund 3000 Bewerbern 499 aufgenommen. Die Ausbilder der W. und späteren Generale der Zentralarmee, die zum engen Kreis um Chiang gehörten, wurden meist als HUANGPU-CLIQUE bezeichnet. Der Geist von Whampoa gilt noch heute auf Taiwan als beispielhaft. Nachfolger der W. wurde die ZENTRALE MILITÄRAKADEMIE in Nanking mit den 1935/36 eröffneten Nebenstellen in Loyang, Wuhan, Ch'engtu und K'unming.

Widerspruch
Chinesisch mit dem Ideogramm für Lanze *(mao)* und Schild *(tun)*, d.i. Gegensatz, Widerspruch, Antagonismus geschrieben. Trotzdem meint der Begriff bei Mao nicht allein einander ausschließende Gegensätze, sondern häufig auch die Stufen eines Entwicklungsprozesses, zwei Seiten einer Sache oder einfache Unterschiede. Theorie und Praxis stellen somit gleichzeitig einen dialektischen W. und eine dialektische Einheit dar. Die ständige Wechselbeziehung zwischen Praxis und Erkenntnis ist deshalb entscheidend für die Lösung der W.e.
Mao hat seine Theorie vom W., die ein wesentlicher Teil der →*Mao Tsetung-Ideen* ist, vor allem in der aus Vorlesungen in Yenan im August 1937 entstandenen Abhandlung „Über den Widerspruch" (T: M I, 365) und in der Rede vom 27. Februar 1957 „Über die richtige Behandlung der Widersprüche im Volk" (MAS, 189) dargelegt.
Mao unterscheidet zum einen die antagonistischen W.e, das sind die „W.e zwischen uns und unseren Feinden", die mit äußerster Schärfe bekämpft werden müssen, und zum anderen die nichtantagonistischen W.e, die „We.e im Volk", die durch →*Einheit – Kritik – Einheit* gelöst werden können. Grundvoraussetzung ist deshalb die Unterscheidung zwischen dem →*Volk* und den *Feinden des Volkes*, um zu entscheiden, ob es sich um einen antagonistischen W. oder einen nicht-antagonistischen W. handelt. Da ein Prożeß mehrere W.e enthalten kann, ist es wichtig zu erkennen, was der Hauptwiderspruch und was der Nebenwiderspruch ist, was die hauptsächlichste und was die sekundäre Seite des W.s darstellt. Jede Lösung eines W.s führt nach Maos Verständnis zu einem neuen W. (→*Eins teilt sich in zwei*). Daraus folgt die These von der Permanenz der W.e und damit der Notwendigkeit einer *permanenten* →*Revolution:* „Gäbe es in der Partei keine W.e und keinen ideologischen Kampf zur Lösung dieser W.e, dann würde das Leben der Partei aufhören" (M I, 373).
Die weltpolitische Lage wird für die chinesischen Kommunisten durch vier große W.e bestimmt:

1. den W. zwischen den unterjochten Nationen und dem Imperialismus und →*Sozialimperialismus,*
2. den W. zwischen Proletariat und Bourgeoisie in den kapitalistischen und revisionistischen Ländern,
3. den W. zwischen den imperialistischen Staaten und den sozialimperialistischen Staaten sowie den W. unter den imperialistischen Staaten,

4. den W. zwischen den sozialistischen Staaten und dem Imperialismus und Sozialimperialismus (Lin Piao auf dem IX. Ptg; 7n, 92f).

Der W. zwischen den Staaten des Warschauer Paktes und der Tschechoslowakei unter Dubček war nach chinesischem Verständnis kein antagonistischer W., der mit Gewalt gelöst werden mußte; dasselbe gilt für den W. zwischen Moskau und Peking. Von sowjetkommunistischer Seite wird Mao vorgeworfen, daß seiner Lehre vom W. die ökonomische Begründung mangele. Außerdem seien „die von Mao Tse-tung ‚entdeckten‘ Widersprüche ... in den wenigsten Fällen objektive Widersprüche der gesellschaftlichen Entwicklung oder gar der sozialistischen Gesellschaft“ (Einheit 9/73, 1120). Innenpolitisch wird die These vom Weiterbestehen antagonistischer W.e im Sozialismus als unmarxistisch kritisiert, außenpolitisch das Ersetzen der Analyse der Klassenbeziehungen durch die Theorie von den W.en und der damit verbundenen Gleichsetzung der imperialistischen und sozialistischen Staaten als „Supermächte“.

(1h; 2a; 2d; 3i; 3l; 3n; 6h)

Wuhan-Zwischenfall

auch: *Wuhan-Meuterei, Wuhan-Rebellion, Wuhan-Affäre, Zwischenfall von Wuhan*

Im Frühjahr 1967 ergab sich als Folge der →*Kulturrevolution* eine Konfrontation zweier rivalisierender Gruppen in der aus den drei Städten Wuchang, Hank'ou und Hanyang gebildeten Stadt Wuhan. Die weitgehend aus Arbeitern – gestützt auf die Arbeitermilizen – gebildete Organisation EINE MILLION HELDEN (auch HELDENMILLION, ARMEE DER MILLION KÄMPFER) blockierte die strategisch wichtige Brücke über den Yangtse, um einen weiteren Zustrom der →*Roten Garde* zu verhindern. Ende Juni kam es zu Kämpfen, bei denen 350 Personen getötet und 1500 verwundet worden sein sollen. Am 12. Juli eroberten die *Roten Garden* das Wehrbereichskommando und verhafteten mehrere Offiziere, weil sie die angeblich konterrevolutionäre *Eine Million Helden* unterstützten. Daraus ergab sich ein Sympathiestreik gegen die als linksextrem deklarierten *Roten Garden*, der zu neuen Kämpfen führte. Um den Streit zu schlichten, entsandte Peking den Minister für Öffentliche Sicherheit, Hsieh Fu-chih und das Mitglied der *Gruppe Kulturrevolution beim ZK*, Wang Li, nach Wuhan, wo sie am 15. Juli eintrafen. Nach anderen Berichten kamen sie erst am 18. Juli zusammen mit Chou En-lai und zwei weiteren hohen

Funktionären in die Stadt. Chou verließ Wuhan am nächsten Tag, während Hsieh und Wang, die sich angeblich mit den Linken gegen die *Eine Million Helden* solidarisiert hatten, in der Nacht vom 19. zum 20. verhaftet und vor eine Anklageversammlung gestellt wurden. Darauf kam Chou am 20. Juli erneut (nach anderen Angaben erstmals) nach Wuhan. Am 21. Juli fand in Peking eine große Demonstration gegen den Oberbefehlshaber des Wehrbereichs Wuhan, Ch'en Tsai-tao, und für die Befreiung Wangs statt. Ch'en hatte, indem er mit seiner Garnison die Arbeiterorganisation stützte, praktisch gegen Peking Stellung genommen. Er wurde deshalb am 21. nach Peking zurückgerufen. Am 22. fanden erneute Demonstrationen statt, am selben Tag kehrten Hsieh und Wang mit Chou nach Peking zurück. Ob Kanonenboote und Fallschirmjäger diese Lösung erzwangen oder ob sie erst nach dem 22. in Wuhan eintrafen, ist ebenfalls nicht eindeutig geklärt. Der W. stellt jedenfalls einen Wendepunkt in der *Kulturrevolution* dar. Er markiert das Eingreifen der Armee als Ordnungsfaktor. Auch wenn die Organisation *Eine Million Helden* verboten wurde, so soll doch gleichzeitig auch die radikale Linke wesentlich eingeengt worden sein.
(6c; 6d; 7b; 7h)

Z

Zehn feindliche Linien
auch: *Zehn große Kämpfe; Zehnmal große Kämpfe zweier Linien*
In einer Zusammenfassung der Gespräche, die Mao mit verantwortlichen Genossen während seiner Inspektionsreise durch verschiedene Landesteile von Mitte August bis 12. September 1971 führte, spricht er von zehn größeren Linienkämpfen, die die KPCh in ihrer fünfzigjährigen Geschichte durchgestanden hat:
1. dem „rechtsabweichlerischen Opportunismus" Ch'en Tu-hsius (auch Tschen Du-hsiu),
2. dem Linienfehler Ch'u Ch'iu-pais (auch Tjü Tjiu-bai),
3. Li Li-san,
4. der „rechtsabweichlerischen Gruppe des Lo Chang-lung",
5. der Wang-Ming-Linie,
6. den Spaltungsversuchen Chang Kuo-t'aos (auch Dschang Guo-tao),

7. der parteifeindlichen Allianz von Kao Kang (auch Gao Gang) und Jao Shu-shih (auch Jao Schu-schi),
8. dem Oppositionsversuch P'eng Teh-huais (auch Peng Döhuai),
9. dem Versuch Lui Shao-ch'is (auch Liu Schao-tschi), die Partei zu spalten,
10. und dem Überraschungsangriff auf der Lushan-Konferenz 1970, wobei Mao Lin Piao nur indirekt angreift.
(Ca Oktober 1972.)

Bei den Z. handelt es sich um die Unterlegenen in innenparteilichen Auseinandersetzungen:

1. Ch'en Tu-hsiu *(→Neue Kulturbewegung)* gehörte zu den Gründern der *→Kommunistischen Partei* und war bis 1927 deren erster Generalsekretär. Er wurde für das Scheitern der Komintern-Politik der Einheitsfront *(→Erster revolutionärer Bürgerkrieg; →Massaker von Shanghai)* verantwortlich gemacht, obwohl er nur die Moskauer Weisungen ausführte. 1931 gründete er in Shanghai die trotzkistische „Partei der linken Opposition".
2. Ch'u Ch'iu-pai wurde auf der *→Notstandskonferenz vom 7. August* 1927 zum Generalsekretär gewählt, bereits auf dem VI. Parteitag der KPCh, der im Sommer 1928 in Moskau stattfand, wegen „Linksopportunismus" kritisiert und durch Hsiang Chung-fa abgelöst. Ch'u mußte die Schuld für das Scheitern der Aufstandsversuche *(→Herbsternteaufstände, →Kanton-Kommune)* übernehmen. Später wurde er rehabilitiert und – da er von der KMT 1935 hingerichtet wurde – als Märtyrer gefeiert. Die Kritik begann erst mit der *Kulturrevolution* erneut. Mao wirft Ch'u vor, daß er ihn aus seiner Stellung als nichtständiges Mitglied des Politbüros warf.
3. *→Li-Li-san-Linie*
4. Lo Chang-lung war einer der wirklichen Arbeiterführer in der KPCh; er wurde durch die Gruppe um Wang Ming aus der Partei gedrängt. Lo gehörte mit Ch'en Tu-hsiu zur Führung der „Partei der linken Opposition" in Shanghai.
5. *→Achtundzwanzig Bolschewiken*
6. Chang Kuo-t'ao ist der einzige spätere Kommunist, der führend an der *→4.-Mai-Bewegung* beteiligt war. Er gehörte zu den Gründungsmitgliedern der KPCh. Während des *→Langen Marsches* bestritt er die Legalität der *Tsunyi-Konferenz* und damit des Führungsanspruchs von Mao. Chang blieb mit seinen Truppen in West-Szechuan und zog nicht mit nach Nord-

Shensi. Erst als seine Truppen durch die KMT aufgerieben wurden, schlug er sich nach Yenan durch, wechselte jedoch 1938 zur KMT über.

7. Kao Kang war 1949 Politkommissar für die Mandschurei und 1950 Sekretär des Nordostbüros und Kommandeur des Militärbezirkes. 1953 wurde er Vorsitzender der Staatlichen Planungskommission, Jao Shu-shi sein Stellvertreter. Beide wurden am 31. März 1955 aus der Partei ausgeschlossen. Kao beging daraufhin Selbstmord. Ihm wurde vorgeworfen, er habe versucht, ein „unabhängiges Königreich" in der Mandschurei zu gründen. Deshalb habe er enge Kontakte zur Sowjetunion unterhalten.
8. →*Lushan-Konferenz*
9. →*Kulturrevolution*
10. →*Projekt 571*

Die Z. gelten als Ausdruck des Kampfes der →*Zwei Linien.*

(3k; 5c; 5i; 7d)

Zehn große Beziehungen

auch: *zehnfache Wechselbeziehungen*

Rede Maos auf einer erweiterten Sitzung des Politbüros am 25. April 1956, in der er die Beziehungen analysiert zwischen:

1. Industrie und Landwirtschaft sowie Schwerindustrie und Leichtindustrie,
2. der industriellen Entwicklung in den küstennahen Gebieten und im Landesinneren,
3. dem ökonomischen Aufbau und dem Aufbau der Landesverteidigung,
4. dem Staat, den Produktionseinheiten und den individuellen Produzenten,
5. der Zentrale und den örtlichen Organen,
6. den Han (Chinesen) und den nationalen Minderheiten,
7. der KPCh und den Kräften außerhalb der Partei,
8. Revolution und Konterrevolution,
9. Richtigem und Falschem,
10. China und dem Ausland.

Bei den Punkten 1 bis 5 geht es Mao um eine gleichgewichtige Entwicklung. Er merkt dabei zu Punkt 1 an, daß andere sozialistische Länder Fehler begingen, indem sie die Schwerindustrie einseitig bevorzugten. Außerdem zeige die Erfahrung gewisser sozialistischer Länder, „daß man – wenn die Kollektivierung der Landwirtschaft schlecht durchgeführt werde – auch die übrige

Produktion nicht steigern kann". Wichtig ist für Mao, daß der Lebensstandard der Bevölkerung steigt, deshalb ist für ihn (vor allem bei Punkt 4) die Ausgewogenheit von Akkumulation und Konsum wichtig. In Punkt 5 entwickelt Mao Gedanken über einen größeren Entscheidungsspielraum der örtlichen Organe bei Wahrung der Autorität der Zentrale. In Punkt 8 hebt Mao hervor, daß den Konterrevolutionären die Chance der Rehabilitierung durch produktive Arbeit *(→Erziehung durch Arbeit)* gegeben werden soll. Nur die Unbelehrbaren müßten vernichtet werden. Obwohl in Punkt 10 hervorgehoben wird, wie wichtig es für China sei, von anderen Ländern – insbesondere der Sowjetunion – zu lernen, ist die Distanzierung von entscheidenden Methoden der wirtschaftlichen Entwicklung in diesen Ländern nicht zu übersehen. Mao hat mehrfach betont, daß die Z. eigentlich zehn *→Widersprüche* seien, wobei er das Fortbestehen antagonistischer Widersprüche hervorhebt, ein Thema, das zwei Jahre später im Mittelpunkt seiner Rede „Über die richtige Behandlung der Widersprüche im Volk" *(→Hundert Blumen)* steht. Außerdem taucht das Bild, daß China *→arm und unbeschrieben* sei, zuerst in der Rede über die Z. auf.
(1h; 2f; 2h; 3d; 6c)

Zehn-Punkte-Programm für den Widerstand gegen Japan und für den Schutz der Nation

auch: *Zehn-Punkte-Programm von Lochuan; Zehn große Grundsätze der KPCh für den Widerstand gegen Japan und die Rettung der Nation*

Beschluß einer erweiterten Sitzung des Politbüros in Lochuan vom 15. August 1937:

1. Ablehnung aller Kompromisse, Abbruch der diplomatischen Beziehungen zu Japan, Kampf bis zum bitteren Ende, um den japanischen Imperialismus zu stürzen.
2. Totale militärische Mobilmachung des Volkes durch eine Bewaffnung des Volkes und den Übergang von der passiven Verteidigung zu einer aktiven Strategie.
3. Totale Mobilmachung des Volkes durch Gewährung der Rede-, Presse-, Versammlungs- und Vereinigungsfreiheit für die antijapanische Propaganda; Aufhebung aller Gesetze, die „patriotische Volksbewegungen" verbieten; Freilassung aller aus patriotischen oder revolutionären Gründen Inhaftierten.
4. Reform des politischen Apparates durch Einberufung einer „echten Volksvertretung" und Wahl einer Regierung der nationalen Verteidigung.

5. Antijapanische Außenpolitik und Unterstützung der Friedensparteien in Deutschland, Japan und Italien.
6. Änderung der Finanz- und Wirtschaftspolitik; Besteuerung der Reichen; Selbstversorgung; Boykott japanischer Waren.
7. Besserung der sozialen Verhältnisse durch Herabsetzung der Pacht- und Kapitalzinsen, durch Einführung einer Arbeitslosenunterstützung, durch Abschaffung drückender und ungerechter Steuern.
8. Schaffung eines antijapanischen Erziehungssystems mit Schulzwang, freiem Schulbesuch und militärischer Ausbildung der Studenten.
9. Ausrottung aller Verräter, Werkzeuge der Imperialisten und projapanischer Gruppen.
10. Schaffung der nationalen Einheit auf der Grundlage der Zusammenarbeit zwischen KPCh und KMT (T: 5b, 175ff).

Die Z. waren eine gute propagandistische Waffe der Kommunisten, um die Massen für ihre Ziele im antijapanischen Widerstandskrieg *(→Zweite Einheitsfront)* zu gewinnen und die Basis für einen siegreichen Bürgerkrieg gegen die KMT *(→Dritter revolutionärer Bürgerkrieg)* zu schaffen.

Zwei Linien

Nach Maos Auffassung bestehen auch im Sozialismus neben den nicht-antagonistischen →*Widersprüchen (Widersprüchen im Volk)* auch antagonistische *Widersprüche (Widersprüche zwischen dem Volk und seinen Feinden)* weiter. Ausdruck dessen ist in der Partei der Kampf zwischen zwei →*Klassen:* dem Proletariat und der Bourgeoisie; Zwei Wegen: dem sozialistischen und dem kapitalistischen *(→Machthaber in der Partei, die den kapitalistischen Weg gehen);* und Z.: der proletarisch-revolutionären Linie Maos und der bürgerlich-revisionistischen Linie Liu Shao-ch'is (und seit 1971 Lin Piaos.) Einen Mittelweg oder eine neutrale Position zwischen den Z. gibt es nicht. Deshalb wird im Rahmen der →*Kritik an Lin Piao und Konfuzius* Lin und Liu vorgeworfen, sie hätten die konfuzianische Doktrin der „goldenen Mitte" *(chung yung)* gepredigt und damit versucht, „die Einheit der Gegensätze des bestehenden Widerspruchs zu verewigen", also den Fortschritt zu blockieren (NCNA 15. 2. 74). Diese Doktrin widerspricht Maos These →*Eins teilt sich in zwei.* Trotz des Sieges der sozialistischen Revolution steht der siegreichen Klasse des Proletariats weiterhin die Klasse der Bourgeoisie als eine Minderheit gegenüber, die versucht, den Kapitalismus zu restaurieren. „Da der Klassenkampf niemals aufhört, so hört auch der Kampf der Z. innerhalb unserer Partei niemals auf“ (PR 9/71). Deshalb muß jeder an der Umwandlung seines Bewußtseins durch das Studium der Werke Maos arbeiten, um die Z. in jeder Situation unterscheiden zu können. Feste Regeln, wie die proletarische Linie von der bürgerlichen zu unterscheiden sei, gibt es natürlich nicht, weil sich die Kriterien im Laufe des Kampfes der Z. ändern. Das Beispiel Lin Piaos belegt das *(→Zehn feindliche Linien).*

(7m; 10d)

Zweite Einheitsfront

Die Zeit von 1937 bis 1945; von den Kommunisten Periode des Widerstandskrieges gegen die japanischen Aggressoren genannt. Es ist umstritten, ob der *→Sian-Zwischenfall* vom 12. Dezember 1936 der Ausgangspunkt konkreter Vereinbarungen über die Z. der KMT und KPCh gegen das Vordringen der Japaner in China war, die nach dem *→Zwischenfall an der Marco-Polo-Brücke* vom 7. Juli 1937 zum offenen Krieg übergingen. Die von den Kommunisten beherrschten Gebiete *(→Rote Gebiete)* und die kommunistischen Armeen *(→Rote Armee)* wurden der Oberhoheit der Zentralregierung unterstellt. Für beide Seiten war das weitgehend ein taktisches Zugeständnis. Die KMT änderte nur die Prioritäten ihrer Politik. Nun stand der Krieg gegen Japan an erster, die Vernichtung der Kommunisten an zweiter Stelle. Für die KPCh sollte die Z. – wie bereits die *Erste Einheitsfront (→Erster Revolutionärer Bürgerkrieg)* – eine Massenbasis in den bislang von der KMT beherrschten Gebieten schaffen, um damit den Weg zur Macht zu ebnen *(→Zehn-Punkte-Programm für den Widerstand gegen Japan).* Mao hat auch während der Z. nie verheimlicht, daß der Klassenkampf nur zurückgestellt, nicht aber aufgegeben wurde. Die Folge waren seit 1941 wiederholt offene Kämpfe zwischen den Armeen der KMT und der *Roten Armee* (z.B. *der Zwischenfall der Neuen Vierten Armee).* Mit der Kapitulation Japans am 14. August 1945 endete die Z. Versuche der Amerikaner, zwischen KMT und KPCh zu vermitteln, um die Z. in eine Koalitionsregierung überzuleiten, mißlangen *(→Doppel-Zehn-Abkommen).* Die Folge war der *→Dritte revolutionäre Bürgerkrieg.*

Zweiter revolutionärer Bürgerkrieg

Periode von 1927 bis 1937, vom Scheitern der Zusammenarbeit der KPCh mit der KMT während des *→Ersten revolutionären Bürgerkriegs* bis zur Bildung der *→Zweiten Einheitsfront.* Rückzug der

Kommunisten in das Landesinnere, nachdem der Versuch, eine breitere Basis durch den →*Aufstand von Nanch'ang* und die →*Herbsternteaufstände* zu gewinnen, fehlgeschlagen war. Entstehung der →*Roten Gebiete*. Nach dem Fehlschlagen der →*Li-Li-san-Linie* Verzicht auf das Modell der proletarischen Revolution in den städtischen Zentren. Gründung der *Chinesischen Sowjetrepublik* und offensive Auseinandersetzung mit der KMT in den →*Vernichtungsfeldzügen*. Nach der *Tsunyi-Konferenz* 1935 während des →*Langen Marsches* ist Mao unbestrittener Führer der KPCh. Nach dem Ausbau der neuen Basis in Nord-Shensi streben die Kommunisten auf der Grundlage einer nationalen Einheitsfront gegen das weitere Vordringen der Japaner *(→Mukden-Zwischenfall)* erneut die Zusammenarbeit mit der KMT an. Dazu gehörte der Vorschlag Mao Tsetungs in seiner Rede vom 27. Dezember 1935, eine REGIERUNG DER VOLKSREPUBLIK (auch: REGIERUNG ZUR NATIONALEN VERTEIDIGUNG) zu bilden. Nach dem →*Sian-Zwischenfall* vom 12. Dezember 1936 kommt es zu einer Zusammenarbeit zwischen KMT und KPCh, jedoch nicht zu einer gemeinsamen Regierungskoalition.

Zwischenfall an der Marco-Polo-Brücke

auch: *Zwischenfall von Lugoutjiao, Liukochiao-Zwischenfall*

Die „Brücke über den Schilfgraben“ (Luk'ouch'iao) etwa 20 km südwestlich von Peking bei Wanp'ing wurde bereits von Marco Polo beschrieben. Deshalb hat sich in der westlichen Literatur der Name Marco-Polo-Brücke eingebürgert. Dort kam es am 7. Juli 1937 zu einem Zwischenfall, der nach japanischer Darstellung von chinesischen Truppen, die eine japanische Patrouille beschossen, verursacht worden war. Von chinesischer Seite wurde jedoch betont, daß die Japaner die Provokation durch Nachtübungen auf chinesischem Gebiet ausgelöst hätten. Japan benutzte den Z. als Anlaß, um die Besetzung Chinas, die im →*Tanaka-Memorandum* konzipiert und mit dem →*Mukden-Zwischenfall* begonnen worden war, auf das gesamte Land auszudehnen. Mit dem Z. beginnt der antijapanische Widerstandskrieg *(→Zweite Einheitsfront)*.

(5c; 5i; 10i; PR 39/71)

Zwischenzonen

auch: *Zwischenzonentheorie; Theorie von den zwei Zwischenzonen, zwei Zwischenzonen*

Nach dieser – von Mao entwickelten Theorie – stehen den „Supermächten“ USA und UdSSR zwei Z. gegenüber. Die erste

Z. umfaßt die Länder Asiens, Afrikas und Lateinamerikas; die zweite Z. die „wichtigsten kapitalistischen Länder in Ost und West..., die bis heute in verschiedenem Grad der Kontrolle, der Intervention und der Tyrannei der beiden Supermächte ausgesetzt sind“ (PR 46/72).
Mao benutzte den Begriff zuerst im August 1946: „Die USA und die Sowjetunion sind voneinander durch eine sehr ausgedehnte Zone getrennt, die viele kapitalistische sowie koloniale und halbkoloniale Länder Europas, Asiens und Afrikas umfaßt. Bevor die USA-Reaktionäre diese Länder nicht unterworfen haben, kann von einem Angriff auf die Sowjetunion nicht die Rede sein“ (M IV, 99). Am 21. Januar 1964 wurde dieser Begriff in einem Artikel der *„jen-min jih-pao“* aufgegriffen. Die Z.-Theorie wurde erst beachtet, als „Kommunist“, die theoretische Zeitschrift der KPdSU, sich damit im Mai 1964 (Nr. 7) kritisch auseinandersetzte. Mao kam danach in Gesprächen mit ausländischen Besuchern mehrfach auf die Theorie von den Z. zurück. Während der Kulturrevolution trat sie in den Hintergrund und tauchte erst im November 1972 in *„hung-ch'i“* und der „Peking Rundschau“ wieder auf. Mit der Theorie von der Z. löst sich Mao von der – von Shdanow verkündeten – Theorie der „Zwei Lager“, dem imperialistischen Lager und dem „Weltfriedenslager“, zwischen denen es keine dritte, neutrale Position geben kann. Die Z. nähern sich in ihrer ersten Fassung der Idee von der „Dritten Kraft“, wie sie eine Zeitlang von den selbständig gewordenen ehemaligen Kolonien propagiert wurde. China selbst rechnet sich dabei als Entwicklungsland zur ersten Z. Der Kampf der Z. gegen die Macht- und Hegemonialpolitik der Supermächte sei eine Tendenz der Weltgeschichte, heißt es.
Die sowjetkommunistischen Kritiker behaupten, die Unterteilung der globalen Zwischenzone in zwei Z. sei eine Folge der sowjetischen Kritik gewesen, die auf die Unvereinbarkeit der Zusammenfassung kapitalistischer, kolonialer und halbkolonialer Staaten hingewiesen habe. Hauptgefahr dieser Theorie sei aber, daß sie den Imperialismus verharmlose. Sie erlaube China in der ersten Z., seine wahren Ziele hinter antiamerikanischer Propaganda zu verstecken, und in der zweiten Z., die Zusammenarbeit mit den Kapitalisten auf der Grundlage einer angeblich antiimperialistischen Haltung zu suchen. Die Theorie der Z. sei unmarxistisch und unleninistisch, weil sie geopolitische Maßstäbe an Stelle eines konsequenten Klassenstandpunktes setze.

(9a; OE 1–2/65; Ca Nov. 72)

Erläuterungen zu den „Worten des Vorsitzenden Mao“

(Römische Zahlen in Klammern bezeichnen die Kapitel, arabische Zahlen die Seiten in der zweiten Auflage von 1967; 1b)

Die erste Auflage wurde im Mai 1964, eine revidierte Fassung am 1. August 1965 veröffentlicht. Das Rote Buch wurde zuerst an die Soldaten der Volksbefreiungsarmee ausgegeben. Es steht am Anfang einer Indoktrinierungskampagne, die die Armee befähigen sollte, als politische Kraft aufzutreten. Ab 1966 wurden die „Worte des Vorsitzenden Mao“ – die bis September 1966 durch einen eingedruckten Vermerk ausdrücklich als „intern“ (7b) gekennzeichnet waren – auch an Zivilisten kostenlos verteilt.

Im Januar 1967 erscheint die zweite Auflage, „um den breiten Massen behilflich zu sein... die Ideen Mao Tse-tungs mit noch größerem Erfolg zu studieren“. Damit gewinnen die Regeln, die ursprünglich für die politische Erziehung der Soldaten ausgewählt worden waren, Gültigkeit für das ganze Volk. Das Schwenken des Roten Buches und das Zitieren der Worte Maos bestimmen das äußere Bild der Kulturrevolution. Nach einer Meldung von Hsinhua sollen von 1966 bis 1968 allein 740 Millionen Exemplare der „Worte des Vorsitzenden Mao“ gedruckt worden sein.

Aus der zweiten Auflage war der Name Liu Shao-ch'is getilgt worden, und in der dritten Auflage, die 1972 erschien, verschwand das Vorwort Lin Piaos *(→Projekt 571)*. In seiner Rede vor dem X. Ptg. nannte Chou En-lai den gestürzten Verteidigungsminister und seine Anhänger „eine konterrevolutionäre Verschwörerclique, die ‚den Zitatenband niemals aus der Hand legte, stets in Hochrufe ausbrach, ins Gesicht schönredete, aber hinterrücks Mordpläne schmiedete‘“ (PR 35–36/73).

Das Rote Buch spielt deshalb heute nicht mehr die zentrale Rolle wie in der Kulturrevolution. Es muß nicht mehr – sozusagen als Ausweis der revolutionären Gesinnung – stets griffbereit zur Hand sein. Es wird weiterhin verbreitet, und es ist noch immer ein gutes Beispiel für die Tendenzen und Ziele der politisch-ideologischen Erziehung.

Das Buch enthält in 33 Kapiteln rund 430 Zitate von Mao Tsetung. Weniger als ein Drittel davon (etwa 130) sind nicht den „Ausgewählten Werken“ entnommen. Etwa zehn Zitate stammen aus Abhandlungen und Reden, die Mao zwar vor 1949 verfaßt hat, die jedoch nicht in der vierbändigen Auswahl zu finden sind, rund 120 Zitate wurden von Mao nach 1949 geprägt, einer Zeit, die in der Werkauswahl nicht berücksichtigt wurde. Die Schwerpunkte der Auswahl liegen in drei Perioden:

1. der Zeit der →Zweiten Einheitsfront 1937 bis 1945 mit etwa 180 Zitaten,
2. der Zeit des →Dritten revolutionären Bürgerkrieges 1945 bis 1949 mit etwa 90 Zitaten,
3. den Jahren 1955 bis 1958 mit etwa 100 Zitaten.

Unberücksichtigt blieben (wie auch in den „Ausgewählten Werken“) die Zeit vor 1926 sowie die Jahre 1933 und 1959, in denen Mao immerhin eine Reihe Artikel verfaßte. Schwach vertreten sind die Jahre vor dem →Langen Marsch (26 Zitate), nach der Ankunft in Nord-Shensi und vor der Zweiten Einheitsfront (12 Zitate), nach Gründung der VR China bis 1954 (3 Zitate) und 1963/64 (14 Zitate).
(In den Jahren 1931, 1932 und 1960 bis 1962 hat Mao kaum etwas geschrieben.)
Dementsprechend wird der Konflikt mit Moskau nur in einem Zitat (327) beiläufig erwähnt, ebenso wie der Ungarnaufstand (69). Überhaupt fehlen in den Zitaten Berichte über konkrete Ereignisse oder die Gleichnisse und Beispiele aus der Geschichte oder der klassischen Literatur, die Maos Reden sonst so anschaulich machen. Eine Ausnahme bildet nur die Geschichte von Yü Gung (→Drei ständig zu lesende Artikel). Personennamen werden nur selten genannt. Chiang Kai-shek und Hitler werden als negative Beispiele erwähnt, außerdem finden sich neben Verweisen auf die marxistischen Klassiker Marx, Engels, Lenin und Stalin noch Hinweise auf den Kriegstheoretiker Sun Dsi (d. i. Sun Tze; 4u) und den Politiker und Historiker We Dscheng (580–643).
Im Vorwort bezeichnet Lin Piao die Ideen Mao Tsetungs als eine „mächtige ideologische Waffe“, eine „geistige Atombombe“, die es zu studieren gelte, um danach zu handeln. Wobei es wesentlich sei, die Werke Maos „in Verbindung mit der Praxis (zu)lernen und das Gelernte in der Praxis an(zu)wenden“. Die Auswahl der Zitate zielt nicht auf eine Darstellung der Mao-Tsetung-Ideen, sie erlaubt auch nicht, Maos Analysen nachzuvollziehen, denn die meist kurzen Passagen aus den gewöhnlich umfangreicheren Werken wurden in einen neuen Zusammenhang gestellt, um als Anleitung zum Handeln dienen zu können. Im Mittelpunkt steht dabei der Appell

an den einzelnen, sich dem Volke unterzuordnen. Als wichtig gilt zu erkennen: „Wer sind unsere Feinde? Wer sind unsere Freunde?“ (15). Gewarnt wird seit 1949 vor allem vor den „Feinden ohne Gewehre“ (20), denn „Es wird noch eine ziemlich lange Zeit brauchen, ehe auf ideologischem Gebiet der Kampf zwischen Sozialismus und Kapitalismus in unserem Lande entschieden ist“ (22) (→Revolution).

Während einerseits betont wird, daß der Sozialismus siegen wird, fehlt es andererseits nicht an Warnungen vor den Feinden, auch wenn diese sich in der Minderheit befinden (III. Kapitel) (→Volk). Im Gegensatz zu dem Wandel sowjetkommunistischer Anschauungen hält Mao weiterhin an der These von der Unvermeidbarkeit des Krieges fest (V + VII). Der Satz aus „Probleme des Krieges und der Strategie“ (M II, 261), daß die politische Macht aus den Gewehrläufen kommt, steht in der Zitatensammlung isoliert (74) von der im Originaltext unmittelbar folgenden Erläuterung: „Die Partei kommandiert die Gewehre, und niemals darf zugelassen werden, daß die Gewehre die Partei kommandieren“ (121). Der →Papiertiger-These wurde ein eigener Abschnitt (VI) eingeräumt, um die Unterschiede zwischen Strategie und Taktik herauszuheben.

Die Partei wird als führende Kraft bezeichnet, ohne die kein Sieg möglich sei (I). Die Parteimitglieder werden jedoch gewarnt, sich als allwissend hinzustellen und auf eine kollektive Führung zu verzichten (X), denn „die wahren Helden sind die Massen“ (140) (→Massenlinie).

Da die „Worte des Vorsitzenden Mao“ zuerst für die Armee ausgewählt wurden, stehen Zitate, die für die Anleitung der Soldaten wichtig sind, im Vordergrund. Den Offizieren wird eingeschärft, die Sorge für die Soldaten nicht zu vernachlässigen, keinen Zwang auszuüben (XIII) und gute Beziehungen zu den Massen zu pflegen (XIV). Die Armee soll dem Volke dienen und sich auf die Volksmassen stützen (XVII). Die Soldaten sollen zu jedem Opfer bereit sein (XIX). Gleichzeitig wird betont, daß es eine Führung geben muß (XVII) und „daß die Wurzeln der extremen Demokratisierung in der kleinbürgerlichen individualistischen Undiszipliniertheit zu suchen sind“ (195). Grundsatz ist es, die Politik an die erste Stelle zu setzen (XII), denn „keinen richtigen politischen Standpunkt haben bedeutet keine Seelen haben“ (169). Ähnliche Regeln gelten auch für die zivilen Kader. Sie sollen die →Drei großen revolutionären Bewegungen fördern, sich vor Einseitigkeit, vor Hochmut nach Erfolgen und vor Geltungssucht hüten (XXIV).

Ein Parteimitglied soll nicht den leichten Ausweg suchen, sondern die schwierigste Aufgabe übernehmen.
Die ganze Zitatensammlung durchziehen Warnungen vor einem Verwischen der Grenzen zwischen dem Volk und den Feinden des Volkes. Die Einheit und Geschlossenheit ist höchstes Ideal, eine neutrale Position zwischen Freund und Feind darf es nicht geben. Deshalb werden die Kommunisten zur Disziplin angehalten (XXVI) und zu Kritik und Selbstkritik (XXVII) aufgefordert, wobei sie keine Angst vor Rückschlägen und Kritik haben sollen. Kennzeichen des Kommunisten sei Selbstlosigkeit, so daß er Vorhut und Vorbild zugleich sein könne (XXVIII). Maos Zweifel, ob die Jugend das revolutionäre Erbe zu schätzen wisse, klingen immer wieder an. Er beklagt, daß viele Jugendliche nicht fähig seien, „einen richtigen Vergleich zwischen dem alten und dem neuen China zu ziehen. Es fällt ihnen schwer, gründlich zu begreifen, welch unglaublich harten und schweren Kampf unser Volk durchzustehen hatte" (342). Die Kader müssen sich deshalb um die „Heranbildung von Fortsetzern der revolutionären Sache des Proletariats" (327) bemühen.
Die Emanzipation der Frauen wird in der „Teilnahme an der Produktionsarbeit" gesehen. Die Frauen gelten als „riesige Arbeitskraftreserve" (352). Wirtschaftliche Fragen nehmen nur verhältnismäßig geringen Raum ein. Die Bedeutung der Sozialisierung der Landwirtschaft, um der Restauration des Kapitalismus entgegenzuwirken, wird hervorgehoben (III). Ansonsten wird daran erinnert, daß es das Land „mit Fleiß und Genügsamkeit" aufzubauen (XX) gelte und deshalb auf Sparsamkeit zu achten und gegen die Vergeudung zu kämpfen sei. Oberstes Prinzip sind „Selbstvertrauen und harter Kampf" (XXI), das Vertrauen auf die eigene Kraft (229), denn – das wird immer wieder betont – China ist ein „großes sozialistisches Land und zugleich ein wirtschaftlich rückständiges, armes Land" (219).
Fragen von Kultur und Kunst (XXXII) gelten speziell nur acht Zitate, in denen sich Mao gegen den „Plakat- und Schlagwortstil" und den administrativen Zwang für einen bestimmten Kunststil ausspricht (358), gleichzeitig aber hervorhebt, daß die Kunst „für die Arbeiter, Bauern und Soldaten geschaffen und von ihnen benutzt" werden muß (355).
Probleme der Außenpolitik klingen in dem Abschnitt über „Patriotismus und Internationalismus" (XVIII) an, spielen aber, da der Zitatenband der Erziehung der Massen dienen soll, keine wesentliche Rolle. Dementsprechend schließt er mit Zitaten über

das richtige Studium. Der Marxismus-Leninismus soll nicht als Dogma, sondern als Anleitung zum Handeln verstanden werden (362). Wichtig ist die Verbindung von Theorie und Praxis, denn „Lesen ist Lernen, aber praktische Betätigung ist auch ein Lernen, und zwar eine noch wichtigere Art des Lernens" (365).
Von den wesentlichen Gesichtspunkten der →Mao-Tsetung-Ideen treten im Roten Buch der Nationalismus und das Betonen des Vertrauens auf die eigene Kraft, die Überzeugung von der Veränderbarkeit des Menschen durch Erziehung und die Theorie vom →Widerspruch und der permanenten Revolution hervor. Das Auswendiglernen und Rezitieren der verschiedenen Abschnitte darf allerdings nicht allein mit westlichen Augen als sture Indoktrination gesehen werden. Lernen ist in China wegen der Eigenart der chinesischen Schrift (→Sprach- und Schriftreform) immer auch auswendiglernen gewesen, weil anders der Sinn und die Aussprache eines Schriftzeichens nicht eingeprägt werden konnten. Wesentliches Ziel der Verbreitung der „Worte des Vorsitzenden Mao" war aber, ein neues Menschenbild zu propagieren, das von Eigenschaften wie Bescheidenheit, Selbstlosigkeit, Opferbereitschaft, Hinnahme von Kritik, Verzicht auf die Autorität einer Funktion, Achtung vor praktischer Arbeit, Disziplin und Einordnung in eine Gruppe bestimmt war. Denn ohne diese Tugenden, die im alten China nichts galten, ist der Aufbau eines kommunistischen Staates nicht möglich. Die Frage, ob die Erziehung dieses Neuen Menschen gelingen wird, ist allerdings bislang noch nicht zu beantworten.

Bibliographie

+ = Dokumente mit Erläuterungen oder Dokumentensammlungen
Ü = Übersetzungen (mit Ausnahme der aus dem Chinesischen)
aPZ = „aus Politik und Zeitgeschichte“, Beilage zu „Das Parlament“

1. Texte von Mao Tsetung

a) Mao Tse-tung: Ausgewählte Werke, Bd. I–IV, Peking 1968/69
b) Worte des Vorsitzenden Mao, Peking ²1967
c) Mao Tse-tung: Vom Krieg, Gütersloh 1969
d) Mao Tse-tung: Über Praxis und Widerspruch, Berlin 1968
e) Mao Tse-tung: Über die Revolution. Ausgewählte Schriften, herausgegeben von Tilemann Grimm, Frankfurt a.M. 1971
f) Mao Tse-tung: 37 Gedichte. Übersetzt und erläutert von Joachim Schickel, München 1967
g) Ch'en, Jerome: Mao Papers, München 1972
h) Schram, Stuart R.: Das Mao-System, München 1972

2. Mao-Tsetung-Biographien und Mao-Tsetung-Ideen

a) Cheng Tien-mu: Maos Dialektik des Widerspruchs, Hamburg 1971
b) Grimm, Tilemann: Mao Tse-tung in Selbstzeugnissen und Bilddokumenten, Reinbek 1968
c) Han Suyin: Die Morgenflut, Zürich 1972 Ü
d) Kritk der theoretischen Auffassungen Mao Tse-tungs, Berlin (Ost) 1973 Ü
e) Mehnert, Klaus: Der Maoismus – Etwas Neues unter der Sonne? Mainz 1970
f) Opitz, Peter (Hrsg.): Der Maoismus, Stuttgart 1972 Ü
g) Paloczi-Horvath, Georg: Der Herr der blauen Ameisen Mao Tse-tung, Frankfurt a.M. 1963
h) Rumjanzew, A. M.: Quellen und Entwicklungen der Ideen Mao Tsetungs, Berlin (Ost) 1973 Ü
i) Schickel, Joachim: Guerilleros, München 1970 +
k) Schram, Stuart R.: Mao Tse-tung, Frankfurt a. M. 1969 Ü

l) Schram Stuart R.: Die permanente Revolution in China, Frankfurt a. M. 1966 + Ü
m) Siao-yu: Maos Lehr- und Wanderjahre, Gütersloh 1973 Ü
n) Wladimirow, O./Rjasanzew, W.: Aus der politischen Biographie Mao Tse-tungs, Berlin (Ost) 1973 Ü

3. Nachschlagewerke, Bibliographien, Übersichten

a) Bartke, Wolfgang: Chinaköpfe, Hannover 1966
b) Bartke, Wolfgang: Der diplomatische Dienst der VR China nach der Kulturrevolution, Hamburg 1972
c) van Briessen, Fritz: China, Stuttgart 1972
d) China. Gesellschaft, Politik, Staat, Wirtschaft, Düsseldorf 1973
e) Fochler-Hauke, Gustav: Die Machtblöcke des Ostens, Berlin 1970
f) Herzer, Christine: Die Volksrepublik China. Eine annotierte Zeitschriftenbibliographie 1960–1970, Wiesbaden 1971
g) Hoffmann, Rainer: Bücherkunde zur chinesischen Geschichte, Kultur und Gesellschaft, München 1973
h) Informationen zur politischen Bildung. Folge 96 + 99: China, Bonn 1961/62
i) Kernig, Claus D. (Hrsg.): Sowjetsystem und Demokratische Gesellschaft Bd. 1–6, Freiburg i. Br. 1966–1972
k) Kernig, Claus D. (Hrsg.): Die kommunistischen Parteien der Welt, Freiburg i. Br. 1969
l) Kernig, Claus D. (Hrsg.): Person und Revolution: Marx – Lenin – Mao, Freiburg i. Br. 1972
m) Länderlexikon Weltatlas, Gütersloh 1973
n) Piasek, Martin: Chinesisch-deutsches Wörterbuch, Leipzig 1960, ²1972
o) Solich, Eduard J.: China heute, Bonn 1968
p) Wiethoff, Bodo: China, Hannover ³1973
q) Wörterbuch der deutschen Aussprache, Leipzig ²1969

4. Geschichte und Geistesgeschichte

a) Bauer, Wolfgang: Chinas Vergangenheit als Trauma und Vorbild, Stuttgart 1968
b) Bauer, Wolfgang: China und die Hoffnung auf Glück, München 1971
c) Bianco, Lucien (Hrsg.): Das moderne Asien, (Fischer Weltgeschichte Bd. 33), Frankfurt a. M. 1969
d) China und Europa, Ausstellungskatalog Berlin 1973
e) Eberhard, Wolfram: Geschichte Chinas, Stuttgart 1971
f) Franke, Herbert/Trauzettel, Rolf: Das Chinesische Kaiserreich, (Fischer Weltgeschichte Bd. 19), Frankfurt a. M. 1968
g) Franke, Wolfgang: Das Jahrhundert der Chinesischen Revolution 1851–1949, München 1959

h) Gollwitzer, Heinz: Die gelbe Gefahr, Göttingen 1962
i) Kindermann, G.-K./Domes, J./Gerhardt, H.: Der chinesische Kommunismus, Bonn 1966
k) Kindermann, Gottfried-Karl: Der ferne Osten, (dtv-Weltgeschichte des 20. Jahrhunderts) München 1970
l) Kindermann, Gottfried-Karl: Konfuzianismus, Sunyatsenismus und chinesischer Kommunismus, Freiburg i. Br. 1963 +
m) Kindermann, Gottfried-Karl: Agrarrevolution und Agrarreform als Alternativen der Selbstentwicklung.
in: Kindermann, G.-K. (Hrsg.): Kulturen im Umbruch, Freiburg i. Br. 1962
n) Kuo Heng-yü: China und die „Barbaren", Pfullingen 1967
o) Kwok, Jünam: China aus erster Hand, Würzburg 1973 +
p) Loewe, Michael: Das China der Kaiser, Wien 1966 Ü
q) Opitz, Peter J. (Hrsg.): Chinas große Wandlung, München 1972
r) Opitz, Peter J.: Chinesisches Altertum und konfuzianische Klassik, München 1968
s) Schickel, Joachim: Große Mauer, Große Methode, Stuttgart 1968
t) Schickel, Joachim: Sieben Tage Chinesisch, München 1963
u) Sun Tze: Die dreizehn Gebote der Kriegskunst, München 1972

5. China 1911–1949

a) Bianco, Lucien: Der Weg zu Mao, Berlin 1969 Ü
b) Brandt, Conrad/Schwartz, Benjamin/Fairbank, J. K.: Der Kommunismus in China, München 1955 +Ü
c) Domes, Jürgen: Vertagte Revolution, Berlin 1969
d) Fitzgerald, Charles Patrick: Revolution in China, Frankfurt a. M. 1956, [2]1968 Ü
e) Hudelot, Claude: Der lange Marsch, Frankfurt a. M. 1972 Ü
f) Leuenberger, Theodor: Chinas Durchbruch ins zwanzigste Jahrhundert, Zürich 1971
g) Räte-China. Dokumente der chinesischen Revolution 1927–31, Berlin 1973
h) Scharping, Thomas: Der demokratische Bund und seine Vorläufer, Hamburg 1972
i) Snow, Edgar: Roter Stern über China, Frankfurt a. M. 1970

6. VR China, Innenpolitik

a) Bartke, Wolfgang: Das Politbüro des 8. Zentralkomitees der KPCh, Wiesbaden 1969
b) Domes, Jürgen: Politik und Herrschaft in Rotchina, Stuttgart 1965
c) Domes, Jürgen: Die Ära Mao Tse-tung, Stuttgart 1971

d) von Groeling, Erik: Chinas langer Marsch – wohin? Stuttgart 1972
e) Hoffmann, Rainer: Entmaoisierung in China, München (1973)
f) Houn, Franklin W.: Anatomie des chinesischen Kommunismus, Bern 1969 Ü
g) Scheck, Frank Rainer: Chinas sozialistischer Weg, Frankfurt a. M. 1972 +
h) Tomson, Edgar/Su, Jyun-hsyong: Regierung und Verwaltung der Volksrepublik China, Köln 1972 +
i) Weggel, Oskar: Die Alternative China, Hamburg 1973 +
k) Die VR China. Wirtschaft, Staat und Recht, Kultur, Berlin (Ost) 1972 Ü
l) Das Mädchen aus der Volkskommune. Chinesische Comics, Reinbek 1972 +Ü

7. Große Proletarische Kulturrevolution

a) Albrecht, Dietmar: Die Roten Garden, Bonn 1969 (aPZ)
b) Blumer, Giovanni: Die chinesische Kulturrevolution 1965/67, Frankfurt a. M. 1968
c) Ciantar, Maurice: 1000 Tage Peking, Berlin 1970 Ü
d) Glaubitz, Joachim: Opposition gegen Mao, Olten 1969 +
e) Hsia, Adrian: Die chinesische Kulturrevolution, Neuwied 1971
f) Kuntze, Peter: Der Osten ist rot, München 1970 +
g) Kuo Heng-yü: Maos Kulturrevolution, Pfullingen 1968 +
h) Leys, Simon: Maos neue Kleider, München 1972 Ü
i) MacFarquhar, Roderick: Maos letzte Revolution, Bonn 1966 (aPZ)
k) Mehnert, Klaus: Peking und die neue Linke, Stuttgart 1969 +
l) Schickel, Joachim (Hrsg.): Der Große Strategische Plan, Berlin 1969 +
m) Weggel, Oskar: Die Partei als Widersacher der Revolutionskomitees, Bonn 1971 (aPZ)
n) Wichtige Dokumente der Großen Proletarischen Kulturrevolution, Peking 1970
o) Wittfogel, Karl A.: Die Rote Garde und die „Lin-Pia-Linie"; Glaubitz, Joachim: Chinas Weg in die Krise; Dahm, Helmut: Militärpolitische Aspekte der chinesischen Kulturrevolution, Bonn 1967 (aPZ)

8. Wirtschaft

a) Bettelheim, Charles u. a.: China 1972, Berlin 1972 Ü
b) Boettcher, Erik (Hrsg.): Wirtschaftsbeziehungen mit dem Osten, Stuttgart 1971
c) Deleyne, Jan: Die chinesische Wirtschaftsrevolution, Reinbek 1972 Ü
d) Voß, Werner: China auf dem Sprung nach vorn, Bad Honnef 1972

9. Außenpolitik und Fragen des Völkerrechts

a) Die Außenpolitik der VR China, Berlin (Ost) 1971 Ü
b) Bechtoldt, Heinrich: Die Allianz mit der Armut, Freiburg i. Br. 1967
c) Chen Yuan Chuyan: Die Diskussion der Zwei-China-Frage in der UNO, Hamburg 1972
d) Cho, M. Y.: Die Volksdiplomatie in Ostasien, Wiesbaden 1971
e) Domes, Jürgen/Näth, Marie-Luise: Die Außenpolitik der Volksrepublik China, Düsseldorf 1972
f) Kaminski, Gerd: China – Taiwan, Frankfurt a. M. 1971
g) Kaminski, Gerd: Chinesische Positionen zum Völkerrecht, Berlin 1973
h) Röper, Erich: Geteiltes China, Mainz 1967 +
i) Tomson, Edgar: Das Staatsangehörigkeitsrecht der ostasiatischen Staaten, Frankfurt a. M. 1971 +
k) Solich, Eduard J.: Die Überseechinesen in Südostasien, Hamburg 1960
l) Schlomann, F. W./Friedlingstein, P.: Die Maoisten, Frankfurt a. M. 1970

10. Reiseberichte

a) Hamm, Harry: China, München 1970
b) Hamm, Harry: China öffnet seine Tore, Düsseldorf 1972
c) Hinton, William: Fanshen (2 Bände), Frankfurt a. M. 1972 Ü
d) Mehnert, Klaus: China nach dem Sturm, Stuttgart 1971 +
e) Molden, Otto: Zweikampf um das Gelbe Reich, Wien 1968
f) Myrdal, Jan: Bericht aus einem chinesischen Dorf, München 1966 Ü
g) Myrdal, Jan: China: Die Revolution geht weiter, München 1971 Ü
h) Portisch, Hugo: So sah ich China, Wien 1965, ^{2}1969
i) Schickel, Joachim: Die Mobilisierung der Massen, München 1971
k) Simon, Werner: Die lächelnde Großmacht, Esslingen 1973
i) Snow, Edgar: Die lange Revolution, Stuttgart 1973 +Ü
m) Terril, Ross: 800 Millionen, Hamburg 1973 Ü

11. Deutschland und China

a) Braun, Otto: Chinesische Aufzeichnungen, (1932–1939), Berlin (Ost) 1973
b) Chi Chen: Die Beziehungen zwischen Deutschland und China bis 1933, Hamburg 1973
c) Fabritzek, Uwe G.: Gelber Drache, Schwarzer Adler, München 1973
d) Majonica, Ernst: Bonn – Peking, Stuttgart 1971
e) Ray, Hemen: Die Deutschlandpolitik des kommunistischen China, Bonn 1969 (aPZ)
f) Ruland, Bernd: Deutsche Botschaft Peking, Bayreuth 1973

g) Schenke, Wolf: Mit China allein, Hamburg 1949, [2]1971
h) Wang, Anna: Ich kämpfte für Mao, Hamburg 1964, [2]1973

12. Rußland-Sowjetunion und China

a) Bräker, Hans: Sinkiang im sowjetisch-chinesischen Spannungsfeld. Koch, Erwin Erasmus: Der sowjetisch-chinesische Konflikt, Bonn 1970 (aPZ)
b) Grothusen, Klaus-Detlev: Moskau contra Mao, Düsseldorf 1971 +
c) Hamm, Harry/Kun, Joseph: Das rote Schisma, Köln 1963 +
d) Kirsch, Botho: Sturm über Eurasien, Stuttgart 1970
e) Kuntze, Peter: Peking contra Moskau, München 1971
f) Mehnert, Klaus: Peking und Moskau, Stuttgart 1962
g) Pommerening, Horst: Der chinesisch-sowjetische Grenzkonflikt, Olten 1968
h) Quaroni, Pietro: Russen und Chinesen, Frankfurt a.M. 1968
i) Salisbury, Harrison E.: Krieg zwischen Rußland und China, Frankfurt a.M. 1970 Ü
k) Schulz-Heidorf, Walter: Die permanente Herausforderung, Bergisch-Gladbach 1970

13. Amerika und China

a) Kubek, Anthony: Die Amerasia-Affaire, Boppard 1972 Ü
b) Schweitzer, Carl-Christoph: Amerikas chinesisches Dilemma, Köln 1969
c) Reischauer, Edwin O.: Was kommt nach Vietnam? Stuttgart 1970 Ü
d) Tuchman, Barbara: Sand gegen den Wind, Stuttgart 1973

Zeittafel

16.–11. Jh. v. Chr.	Shang-Dynastie
11. Jh.–771	Westliche Chou-Dynastie
771–221	Östliche Chou-Dynastie
722–481	Frühlings- und Herbst-Periode
551–479	Konfuzius
481–221	Zeit der Kämpfenden Staaten
221–207	Ch'in-Dynastie (Einigung des Reiches unter Kaiser Shih huang-ti)
206–8 n. Chr.	Westliche Han-Dynastie
8–23	Wang Mang
25–220	Östliche Han-Dynastie
221–280	Zeit der Drei Reiche
265–316	Westliche Chin-Dynastie
317–419	Östliche Chin-Dynastie
420–588	Nördliche und Südliche Dynastien sowie Sechs Dynastien
589–617	Sui-Dynastie
618–906	T'ang-Dynastie
907–979	Zehn Reiche
907–959	Fünf Dynastien
937–1125	Liao-Dynastie
960–1126	Nördliche Sung-Dynastie
1038–1227	Hsi-hsia Reich
1115–1234	Chin-Dynastie
1127–1279	Südliche Sung-Dynastie
1280–1367	Yüan-Dynastie (Mongolen)
1368–1643	Ming-Dynastie
1644–1911	Ch'ing-(Mandschu-)Dynastie
6. 9. 1689	Vertrag von Nertschinsk (Rußland:China)
1. 11. 1727	Verträge von Bur/Kiachta (Rußland:China)
29. 10. 1768	Vertrag von Kiachta (Rußland:China)
1839–1842	Opiumkrieg
29. 8. 1842	Vertrag von Nanking (Großbritannien:China)
3. 7. 1844	Vertrag von Wanghia (USA:China)
24. 10. 1844	Vertrag von Huangpu (Frankreich:China)
1850–1864	Taiping-Bewegung
1856–1858	Zweiter Opiumkrieg

28.5.1858	Vertrag von Aigun (Rußland:China)
13.6.1858	Vertrag von Tientsin (Rußland:China)
18.6.1858	Vertrag von Tientsin (USA:China)
26./27.6.1858	Verträge von Tientsin (Großbritannien:China und Frankreich:China)
1850–1895	Selbststärkungsbewegung
14.11.1860	Vertrag von Peking (Rußland:China)
7.10.1864	Vertrag von Tschugutschak/Tarbagatai (Rußland: China)
12.11.1866	Sun Yat-sen geboren
1871–1881	Rußland besetzt das Ili-Tal
24.2.1881	Vertrag von St. Petersburg (Rußland:China)
31.10.1887	Chiang Kai-shek geboren
26.12.1893	Mao Tsetung geboren
1894–1895	Chinesisch-japanischer Krieg
17.4.1895	Friede von Shimonoseki (Japan:China)
6.3.1898	Deutsch-chinesischer Vertrag über das Pachtgebiet Kiautschou
11.6.–21.9.1898	Hundert Tage der Reform
1899–1900	Boxeraufstand
6.9.1899	Der amerikanische Außenminister John Hay proklamiert die „Politik der offenen Tür"
Mai 1900	Die „Boxer" unterbrechen die Eisenbahn Peking – Tientsin
11.6.1900	Ermordung des Kanzlers der japanischen Gesandtschaft in Peking
19.6.1900	Ermordung des deutschen Gesandten von Ketteler
20.6.–14.8.1900	Belagerung des Gesandtschaftsviertels in Peking
7.9.1901	Unterzeichnung der Boxerprotokolle
1904–1905	Russisch-japanischer Krieg
	Die russischen Pachtgebiete fallen an Japan
1905	Sun Yat-sen gründet den t'ung-meng-hui
10.10.1911	Beginn der Revolution, Sturz der Mandschu
29.12.1911	Sun Yat-sen wird Provisorischer Präsident der Republik China
14.2.1912	Yüan Shih-k'ai wird Präsident
12.8.1912	Sun Yat-sen gründet die Kuomintang
18.1.1915	Einundzwanzig Forderungen Japans
7.5.1915	Tag der nationalen Demütigung
1.9.1915	Erste Ausgabe der „Neuen Jugend"; Beginn der Neuen Kulturbewegung
6.6.1916	Tod Yüan Shih-k'ais
	Herrschaft der Warlords
1918	Li Ta-chao begründet einen marxistischen Studienkreis an der Peita
4.5.1919	4.-Mai-Bewegung

26. 8. 1919	Erste Karachan-Erklärung
Anfang 1919	Der Kominternbeauftragte Voitinski kommt nach China
27.9.1920	Zweite Karachan-Erklärung
1.7.1921 (oder später)	I. Ptg. der KPCh
Juli 1922	II. Ptg. der KPCh
26.1.1923	Sun-Joffe-Abkommen
7.2.1923	Massaker vom 7. Februar
Juni 1923	III. Ptg. der KPCh
6.10.1923	Sowjetische Berater unter Führung von Borodin und Galen treffen in China ein
20.–30.1.1924	1. Nationalkongreß der KMT
Mai 1924	Gründung der Whampoa-Militärakademie
31.5.1924	Chinesisch-sowjetischer Vertrag
26.11.1924	Gründung der Mongolischen Volksrepublik
Jan. 1925	IV. Ptg. der KPCh
12.3.1925	Tod Sun Yat-sens
30.5.1925	30.-Mai-Bewegung
23.6.1925	Shamien-Affäre
23.11.–5.12.1925	Westbergkonferenz des rechten Flügels der KMT
20.3.1926	Staatsstreich vom 20. März
1.7.1926	Beginn des Nordfeldzuges gegen die Warlords
Dez. 1926	Bildung der Wuhanregierung durch den linken Flügel der KMT mit der KPCh
März 1927	Maos „Untersuchungsbericht über die Bauernbewegung in Hunan“
24.3.1927	Nanking-Zwischenfall
12.4.1927	Massaker von Shanghai
18.4.1927	Chiang Kai-shek bildet die Nanking-Regierung
April od. Mai 1927	V. Ptg. der KPCh
25.7.1927	Das Tanaka-Memorandum wird Kaiser Hirohito übergeben
1.8.1927	Aufstand von Nanch'ang
7.8.1927	Notstandskonferenz vom 7. August
Sept. 1927	Herbsternteaufstände
11.–14.12.1927	Kanton-Kommune
Mai 1928	Vereinigung der Truppen von Mao und Chu Teh im Chingkangshan
8.7.1928	Die Einnahme Pekings beendet den Nordfeldzug
Juni od. Juli – Sept. 1928	VI. Ptg. der KPCh
Aug. 1929	Bildung des Kiangsi-Sowjets
Nov. 1929	Kut'ien-Konferenz
Dez. 1929	Maos „Über die Berichtigung falscher Ansichten in der Partei“

5.1.1930	Maos „Aus einem Funken kann ein Steppenbrand entstehen“
Mai 1930	Pavel Mif und die Achtundzwanzig Bolschewiken kommen nach China
Juli/Aug. 1930	Scheitern der Li-Li-san-Linie
Dez. 1930	Erster Vernichtungsfeldzug
Dez. 1930	Fut'ien-Zwischenfall
Mai–Juni 1931	Zweiter Vernichtungsfeldzug
Juli–Okt. 1931	Dritter Vernichtungsfeldzug
18.9.1931	Mukden-Zwischenfall
7.11.931	Erster Allchinesischer Rätekongreß, Gründung der Chinesischen Sowjetrepublik
1.3.1932	Gründung Manchukuos
Herbst 1932	Vierter Vernichtungsfeldzug
Okt. 1932	Das ZK der KPCh verlegt seinen Sitz von Shanghai in die Chinesische Sowjetrepublik
Okt. 1933	Beginn des Fünften Vernichtungsfeldzuges
20.11.1933	Beginn der Fukien-Affäre
14.–16.10.1934	Beginn des Langen Marsches
13.1.1935	Tsunyi-Konferenz
10.6.1935	Edikt des guten Willens
Okt. 1935	Mao erreicht Nord-Shensi; Ende des Langen Marsches
8.10.1935	Drei Grundsätze der japanischen Chinapolitik
Febr. 1936	Gründung der Antijapanischen Universität
12.12.1936	Sian-Zwischenfall
Dez. 1936	Maos „Strategische Probleme des revolutionären Krieges in China“
7.7.1937	Zwischenfall an der Marco-Polo-Brücke
15.7.1937	Gespräche zwischen Chiang Kai-shek und Chou En-lai über die Zweite Einheitsfront
Juli 1937	Maos „Über die Praxis“
Aug. 1937	Maos „Über den Widerspruch“
15.8.1937	Zehn große Grundsätze der KPCh für den Widerstand gegen Japan und die Rettung der Nation
Mai 1938	Maos „Strategische Probleme des Partisanenkrieges gegen die japanische Aggression“
Mai 1938	Maos „Über den langwierigen Krieg“
6.11.1938	Maos „Probleme des Krieges und der Strategie“
21.12.1939	Maos „Dem Gedenken Bethunes“
Jan. 1940	Maos „Über die Neue Demokratie“
Frühjahr 1940	Einführung des Drei-Drittel-Systems
20.8.1940	Beginn der Offensive der hundert Regimenter
4.1.1941	Zwischenfall der Neuen Vierten Armee
1.2.1942	Maos Rede „Den Arbeitsstil in der Partei verbessern“ leitet die erste Überwindungsbewegung ein

Mai 1942	Maos „Reden bei der Aussprache in Yenan über Literatur und Kunst“
8.9.1944	Maos „Dem Volke dienen“
März 1945	Amerasia-Fall
23.4.–11.6.1945	VII. Ptg. der KPCh
24.4.1945	Maos „Über die Koalitionsregierung“
11.6.1945	Maos „Yü Gung versetzt Berge“
14.8.1945	Kapitulation Japans
14.8.1945	Sowjetisch-chinesischer Vertrag
10.10.1945	Doppel-Zehn-Abkommen
10.–31.1.1946	Politische Konsultativkonferenz
4.5.1946	Direktive über die Bodenfrage
Aug. 1946	Interview Maos mit Anna Louise Strong, u.a. „Papiertiger“ und „Zwischenzonen“ zuerst erwähnt.
7.1.1947	General Marshall verläßt China; Ende der amerikanischen Vermittlungsversuche
19.3.1947	Truppen der Nationalarmee erobern Yenan
22.4.1948	Rückeroberung Yenans durch die Kommunisten
Frühjahr 1948	Beginn der zweiten Überwindungsbewegung
31.1.1949	Volksbefreiungsarmee erobert Peking
25.5.1949	Volksbefreiungsarmee erobert Shanghai
30.6.1949	Maos „Über die demokratische Diktatur des Volkes“
1.10.1949	Gründung der Volksrepublik China
30.11.1949	Volksbefreiungsarmee besetzt Chungking, den Regierungssitz der KMT während des Krieges
16.12.1949	Mao in Moskau
14.2.1950	Sowjetisch-chinesischer Vertrag; Anerkennung der Unabhängigkeit der Mongolei
20.2.1950	Mao kehrt nach Peking zurück
30.4.1950	Neues Ehegesetz; Gleichberechtigung der Frau
30.6.1950	Gesetz über die Landreform
25.10.1950	Chinesische „Freiwillige“ greifen in den Koreakrieg ein (Beginn 25. Juni)
Sommer 1950	Dritte Überwindungsbewegung
20/21.2.1951	Vorschriften zur Unterdrückung der Konterrevolutionäre
Aug. 1951	Beginn der Drei-Anti-Kampagne
1951	Bildung von Gruppen der gegenseitigen Hilfe auf dem Lande
Jan. 1952	Beginn der Fünf-Anti-Kampagne
1.1.1953	Beginn des 1. Fünfjahresplanes
5.3.1953	Tod Stalins
27.7.1953	Waffenstillstandsabkommen in Korea
Herbst 1953	Beginn der Bildung von halbsozialistischen Produktionsgenossenschaften

28.6.1954	Chou En-lai und Nehru verkünden die Fünf Prinzipien der friedlichen Koexistenz
20.9.1954	Verfassung der VR China
Jan. 1955	Entwurf zur Vereinfachung der Schrift
31.3.1955	Parteiausschluß von Kao Kang und Jao Shu-shih
Mai 1955	Die Sowjetunion gibt Port Arthur zurück
31.7.1955	Maos Rede „Zur Frage der Kollektivierung der Landwirtschaft"
25.12.1955	Vertrag über Freundschaft und Zusammenarbeit mit der DDR
28.1.1956	Beschluß über vereinfachte Schriftzeichen
6.2.1956	Beschluß über p'u-t'ung-hua
25.4.1956	Maos Rede über die „Zehn großen Beziehungen"
2.5.1956	Maos Hundert-Blumen-Rede
15.–27.9.1956	VIII. Ptg. der KPCh
27.2.1957	Maos Rede „Über die richtige Behandlung von Widersprüchen im Volk" (veröffentlicht in erweiterter Fassung am 18. Juni)
27.4.1957	Veröffentlichung eines Beschlusses über eine erneute Überwindungsbewegung
Herbst 1957	Beginn des Hinunterschickens
2.–21.11.1957	Maos zweiter Besuch in Moskau anläßlich des 40. Jahrestages der Oktoberrevolution
17.u.18.11.1957	Mao: „Der Ostwind ist stärker als der Westwind"
1.1.1958	Beginn des zweiten Fünfjahresplanes
Febr. 1958	Beschluß über die Phonetisierung der Schrift
Febr. 1958	Sechzig Punkte über Arbeitsmethoden
April 1958	Gründung der ersten Volkskommune
29.8.1958	Beschluß der Drei Roten Banner
28.11.1958	Revision des Beschlusses über die Volkskommunen
10.12.1958	Rücktritt Maos als Staatsoberhaupt
März 1959	Aufstand in Tibet; Flucht des Dalai Lama nach Indien
27.4.1959	Liu Shao-ch'i zum Staatsoberhaupt gewählt
Juli/Aug. 1959	Lushan-Konferenz
17.9.1959	Lin Piao löst P'eng Teh-huai als Verteidigungsminister ab
1960	Beginn der Drei bitteren Jahre
Mai 1960	Beginn der Kampagne für den Drei-Acht-Arbeitsstil
16.7.1960	Abzug der sowjetischen Techniker aus China
1.1.1961	Lin Piao fordert die Bildung von Vier-Gut-Kompanien
Jan. 1961	Veröffentlichung der Peking-Oper „Hai Juis Entlassung"

Febr. 1961	Beginn umfangreicher Getreidekäufe im Westen
März 1961	Teng T'os „Abendgespräche am Yenshan"
Okt. 1961	„Notizen aus dem Dreifamiliendorf"
Sept. 1962	Beginn der Sozialistischen Erziehungsbewegung
Mai 1963	Maos „Woher kommen die richtigen Ideen der Menschen?"
14.6.1963	25 Thesen gegen die KPdSU
21.1.1964	JMJP greift die Zwischenzonentheorie wieder auf
13.7.1964	Maos „Über den Pseudokommunismus Chruschtschews
14.10.1964	Sturz Chruschtschews
16.10.1964	Erster chinesischer Atomversuch
Jan. 1965	23 Punkte zur Sozialistischen Erziehungsbewegung
Febr. 1965	„Lernt von Lei Feng"-Kampagne beginnt
Mai 1965	Die 1955 nach sowjetischem Vorbild eingeführten Rangabzeichen in der Armee werden wieder abgeschafft
3.9.1965	Lin Piaos „Lang lebe der Sieg des Volkskrieges"
10.11.1965	Yao Wen-yüan kritisiert „Hai Juis Entlassung" Beginn der Kulturrevolution
1.1.1966	Beginn des dritten Fünfjahresplanes
Febr. 1966	Februarthesen der Gruppe Kulturrevolution
7.5.1966	Weisung vom 7. Mai
16.5.1966	Rundschreiben vom 16. Mai
25.5.1966	Erste Wandzeitung der Kulturrevolution
8.8.1966	Sechzehn-Punkte-Beschluß des ZK der KPCh über die Große Proletarische Kulturrevolution
18.8.1966	Erste Massenkundgebung der Roten Garden
27.10.1966	Erste chinesische Mittelstreckenrakete
Dez. 1966	Lernbewegung der Drei ständig zu lesenden Artikel
31.1.1967	Erstes Revolutionskomitee in Heilung-kiang
17.6.1967	Erste Wasserstoffbombe
Juli 1967	Wuhan-Zwischenfall
Aug. 1967	Zerschlagen des 16.-Mai-Corps
8.10.1967	Dringendes Zirkular vom 8. Oktober
7.5.1968	Erste 7.-Mai-Schule
27.6.1968	Bildung der Arbeiterpropagandatrupps der Ideen Mao Tsetungs
5.8.1968	Mao schickt dem Arbeiterpropagandatrupp an der Ch'ing-hua-Universität Mango-Früchte
5.9.1968	Die letzten Revolutionskomitees auf Provinzebene werden in Tibet und Sinkiang gebildet
13.–31.10.1968	ZK-Sitzung enthebt Liu Shao-ch'i aller seiner Ämter
2.3.1969	Erster der Ussuri-Zwischenfälle

1.–24.4.1969	IX. Ptg. der KPCh
11.9.1969	Treffen zwischen Chou En-lai und Kossygin auf dem Pekinger Flughafen
Okt. 1969	Beginn der Grenzverhandlungen zwischen China und der Sowjetunion
24.4.1970	Erster Start eines chinesischen Erdsatelliten
Herbst 1970	Wiedereröffnung der Universitäten nach der Kulturrevolution
Okt. 1970	Mit Kanada und Italien beginnt die weltweite diplomatische Anerkennung der VR China
März 1971	Projekt 571 angeblich ausgearbeitet
14.4.1971	Chou En-lai empfängt die amerikanischen Tischtennisspieler (Ping-pong-Diplomatie)
15.7.1971	Nixon nimmt die Einladung nach China an
Aug./Sept. 1971	Maos Inspektionsreise durch die Provinzen
13.9.1971	Absturz Lin Piaos über der Mongolischen VR
25.10.1971	Die VR China übernimmt die Vertretung Chinas in den Vereinten Nationen
21.–28.2.1972	Nixon in China
28.2.1972	Deklaration von Shanghai
15.–28.7.1972	Gerhard Schröder in China
10.–14.10.1972	Scheel in China
11.10.1972	Aufnahme der diplomatischen Beziehungen zwischen der Bundesrepublik Deutschland und der VR China
24.–28.8.1973	X. Ptg. der KPCh
Sept. 1973	Beginn der Kritik an Lin Piao und Konfuzius
18.–20.1.1974	Bewaffnete Auseinandersetzungen zwischen China und Südvietnam um die Paracel-Inseln

Verzeichnis der abgekürzt zitierten Zeitungs-, Zeitschriften- und Buchtitel sowie der abgekürzten Begriffe

APo	„Außenpolitik", Hamburg
Ca	„China aktuell", Hamburg
FAZ	„Frankfurter Allgemeine Zeitung"
HC	„hung-ch'i" (Rote Fahne) Theoretische Zeitschrift des ZK der KPCh
JMJP	„jen-min jih-pao" (Volkszeitung, Peking) Tageszeitung des ZK der KPCh
KMJP	„kuang-ming jih-pao" (Tageszeitung „Erleuchtung") Zeitung der „demokratischen Parteien"
KMT	Kuomintang
KPCh	Kommunistische Partei Chinas
KPdSU	Kommunistische Partei der Sowjetunion
M I–IV	Mao Tse-tung „Ausgewählte Werke" Band I-IV (1a)
MAS	Mao Tse-tung „Über die Revolution" (1e)
MWo	„Worte des Vorsitzenden Mao" (1b)
NCNA	New China News Agency (Hsinhua, Neues China) Offizielle Nachrichtenagentur der VR China
NZZ	„Neue Zürcher Zeitung"
OE	„Osteuropa", Stuttgart
OP	„Ost-Probleme", Bonn
PR	„Peking-Rundschau", Peking
Ptg.	Parteitag
T:	Text = Fundort des vollständigen Zitats oder Dokuments
TASS	Telegrafnoe Agenstvo Sowjetskogo Sojusa (Telegraphenagentur der Sowjetunion) Offizielle sowjetische Nachrichtenagentur
VR	Volksrepublik
zit. n.	zitiert nach
ZK	Zentralkomitee

Verzeichnis der Artikel und Verweisungen

Einer gegen zehn – Zehn gegen einen
Einheit – Kritik – Einheit
Einheitsaktion →Rote Garde
Einkreisen der Städte durch die Dörfer der Welt →Landgebiete der Welt
Einkreisungsfeldzüge →Vernichtungsfeldzüge
Eins teilt sich in zwei
Einundzwanzig Forderungen
Die Entlassung Hai Juis →Hai Juis Entlassung
Erhebung vom 30. Mai →30.-Mai-Bewegung
Erhebung von Nanch'ang →Aufstand von Nanch'ang
Ernteaufstände →Herbsternteaufstände
Erste Einheitsfront →Erster revolutionärer Bürgerkrieg
Erster Allchinesischer Rätekongreß
Erster Ausrottungsfeldzug →Vernichtungsfeldzüge
Erster Einkreisungsfeldzug →Vernichtungsfeldzüge
Erster revolutionärer Bürgerkrieg
Erster Vernichtungsfeldzug →Vernichtungsfeldzüge
Erste Zehn Punkte →Sozialistische Erziehungsbewegung
Erziehung durch Arbeit
Erziehungsdiktatur →Drei Grundlehren vom Volk

F
Februar-Bericht →Kulturrevolution
Februar-Gegenströmung →Rote Garde
Februarthesen →Kulturrevolution →Rundschreiben vom 16. Mai
Fisch im Wasser
Fortwährende Revolution →Revolution
Fraktion der westlichen Hügel →Kuomintang
Fukien-Affäre
Fukien-Meuterei →Fukien-Affäre
Fukien-Rebellion →Fukien-Affäre
Fünf-Anti-Kampagne
Fünf Dinge →7.-Mai-Schulen
Fünfergruppe →Kulturrevolution
Fünf-Funktionen-Verfassung →Drei Grundlehren vom Volk
Fünf Garantien
Fünf-Gewalten-Verfassung →Drei Grundlehren vom Volk
Fünf große Rassen
Fünf Grundsätze →Fünf Prinzipien der friedlichen Koexistenz
Fünf-Gut-Kämpfer
Fünf Nationalitäten →Fünf große Rassen
Fünf negative Elemente →Fünf schwarze Elemente
Fünf Prinzipien der friedlichen Koexistenz
Fünf Rot →Fünf rote Elemente
Fünf rote Elemente
Fünf Schwarz →Fünf schwarze Elemente
Fünf schwarze Elemente
25 Thesen vom 14. Juni 1963
Fut'ien-Putsch →Fut'ien-Zwischenfall
Fut'ien-Umsturz →Fut'ien-Zwischenfall
Fut'ien-Zwischenfall

G

Ganbu →Kader
Gedanken Mao Tse-tungs →Mao Tsetung-Ideen
Gedankenreform
Gedenktag der nationalen Schande →Einundzwanzig Forderungen
Gehirnwäsche →Gedankenreform
Geist von Tachai →Tachai
Geist von Yenan
Gelbe Gefahr
Gemetzel vom 7. Februar →Massaker vom 7. Februar
Generallinie →Drei Rote Banner
Gesellschaft für die Wiedergeburt Chinas →Kuomintang
Grabt tiefe Tunnel, legt Getreidevorräte an und trachtet niemals nach Hegemonie
Grenzgebiet →Rote Gebiete
Grenzgebiet Shensi-Kansu-Ninghsia →Geist von Yenan →Rote Gebiete
Große Allianz →Dreierverbindung
Große Gemeinschaft →Große Gleichheit
Große Gleichheit
Große Harmonie →Große Gleichheit
Große Proletarische Kulturrevolution →Kulturrevolution
Großer Sprung nach vorn →Drei Rote Banner
Großer Sprung voran →Drei Rote Banner
Großer Sprung vorwärts →Drei Rote Banner
Großes Hinterland →Rote Gebiete
Große Sozialistische Kulturrevolution →Kulturrevolution
Großmachtchauvinismus →Ungleiche Verträge
Grundlehre von der Volkseinheit →Drei Grundlehren vom Volk
Grundlehre von der Volksherrschaft →Drei Grundlehren vom Volk
Grundlehre von der Volksmacht →Drei Grundlehren vom Volk
Grundlehre von der Volksnation →Drei Grundlehren vom Volk
Grundlehre vom Volksleben →Drei Grundlehren vom Volk
Grundlehre vom Volkslebensunterhalt →Drei Grundlehren vom Volk
Grundlehre von den Volksrechten →Drei Grundlehren vom Volk
Grundlehre vom Volkstum →Drei Grundlehren vom Volk
Grundlehre vom Volkswohl →Drei Grundlehren vom Volk
Grundlehre von der Volkswohlfahrt →Drei Grundlehren vom Volk
Gruppe Kulturrevolution →Kulturrevolution
Gruppe Kulturrevolution beim ZK →Kulturrevolution
Gruppen der gegenseitigen Hilfe →Landreform
Gruppe „16. Mai“ →16. Mai-Corps
Gruppe Wiedergeburt →Kuomintang
Guerilladoktrin →Guerillakrieg
Guerillakrieg
Guerillastrategie →Guerillakrieg
Guerillataktik →Guerillakrieg
Guomindang →Kuomintang

H

Hai Juis Entlassung
Hai Jui wird entlassen →Hai Juis Entlassung
Hai Jui wird seines Amtes enthoben →Hai Juis Entlassung
Halb arbeiten, halb studieren →Hinunterschicken

Kompradoren
Konfuzianer-Bude →Neue Kulturbewegung
Konfuzius des heutigen China →Kritik an Lin Piao und Konfuzius
Konzessionen
Korps des 16. Mai →16.-Mai-Corps
Kramladen des Konfuzius →Neue Kulturbewegung
Kriegsherren →Warlords
Kritik an Lin Piao und Konfuzius
Kulturrevolution
Kuominchün →Warlords
Kuomintang (KMT)
Kut'ien-Konferenz →Rote Armee

L
Das Land dem Pflüger →Das Land denen, die es bebauen
Das Land denen, die es bebauen
Landgebiete der Welt
ländliche Gebiete der Welt →Landgebiete der Welt
Landreform
Langer Marsch
Langhaar-Rebellen →Taiping-Bewegung
Laßt hundert Blumen blühen, laßt hundert Gedankenschulen (auch: Ideenschulen) miteinander streiten →Hundert Blumen
latin-hua →Sprach- und Schriftreform
Lei Feng →Lernt von Lei Feng
Lernbewegung der drei ständig zu lesenden Artikel →Drei ständig zu lesende Artikel
Lernt von der Volksbefreiungsarmee →Rote Armee
Lernt von Lei Feng
Lernt von Ou-yang Hai
Lernt von Tachai →Tachai
Lernt von Tach'ing →Tach'ing
Leute innerhalb der Partei, die Autorität besitzen und den kapitalistischen Weg gehen →Machthaber in der Partei...
Liandong →Rote Garde
Liäschen →Schenschi
lien-tung →Rote Garde
Li-Li-san-Linie
Linie Li Li-sans →Li-Li-san-Linie
Linie Mao Tse-tungs →Mao-Tsetung-Ideen
Liukochiao-Zwischenfall →Zwischenfall an der Marco-Polo-Brücke
Lorchakrieg →Opiumkrieg
Lugoutjiao-Zwischenfall →Zwischenfall an der Marco-Polo-Brücke
Lushan-Konferenz

M
Machthaber in der Partei, die den kapitalistischen Weg gehen
Mandarin →Sprach- und Schriftreform
Mandat des Himmels →Revolution
Mango-Früchte →Arbeiterpropagandatrupp der Ideen Mao Tsetungs
Maotsetungdenken →Mao-Tsetung-Ideen
Mao-Tsetung-Ideen
Mao-Tsetung-Gedanken →Mao-Tsetung-Ideen